甘肃省中小学舞蹈教育研究文集

邓小娟 主编

中国社会科学出版社

图书在版编目（CIP）数据

甘肃省中小学舞蹈教育研究文集／邓小娟主编．—北京：中国社会科学出版社，2020.9
　ISBN 978－7－5203－6391－4

　Ⅰ.①甘…　Ⅱ.①邓…　Ⅲ.①舞蹈—教学研究—中小学—文集　Ⅳ.①G633.951.2－53

　中国版本图书馆 CIP 数据核字（2020）第 069335 号

出 版 人	赵剑英
责任编辑	周晓慧
责任校对	刘　念
责任印制	戴　宽

出　　版	中国社会科学出版社
社　　址	北京鼓楼西大街甲 158 号
邮　　编	100720
网　　址	http://www.csspw.cn
发 行 部	010－84083685
门 市 部	010－84029450
经　　销	新华书店及其他书店
印　　刷	北京明恒达印务有限公司
装　　订	廊坊市广阳区广增装订厂
版　　次	2020 年 9 月第 1 版
印　　次	2020 年 9 月第 1 次印刷
开　　本	710×1000　1/16
印　　张	20.25
插　　页	2
字　　数	282 千字
定　　价	118.00 元

凡购买中国社会科学出版社图书，如有质量问题请与本社营销中心联系调换
电话：010－84083683
版权所有　侵权必究

序

教育是伴随人类社会生产和生活需要而出现的一种现象。在漫长的人类社会进程中，教育使人从一个简单的生物实体逐渐转化为复杂的社会实体。艺术教育作为社会生产和生活的重要手段，与原始教育一起依附于社会生产与生活的"母体"之中，而舞蹈则以先行者的身份，对人类的肉体生命和精神生命进行着最为深刻的表达。伴随历史的进程，无论是精英教育时代的高端舞蹈，抑或是大众教育时代的普众舞蹈；无论是个性自由时代的学校舞蹈教育，抑或当代教育中的素质教育舞蹈，舞蹈与人和人的创造力以及身心和谐是密不可分的。

舞蹈作为美育的核心部分，以舞蹈艺术为内容和实施手段对人们进行审美教育。例如，西周雅乐舞教育和古希腊舞蹈教育具有的"成人"价值和"完人"价值，18世纪席勒的"美育论"、20世纪初王国维的"完全之人物"、蔡元培先生的"五育"并举和"以美育代宗教说"、20世纪末的"素质教育"和"全面发展教育"理论、以及21世纪初吕艺生提出的"素质教育舞蹈"等等，都是从人性发展的内在需求出发，关注人的整体成长与全面素养提升。舞蹈美育作为塑造全面发展之人的重要组成部分，以有意义的身体语言表达，具有其它艺术难以替代的特质。其目的是要造就具有敏锐的审美能力、高尚的情趣和道德修养、优雅的肢体、以及广博的知识与完善的人格，从而成为拥有"优美灵魂"的一代新人。

伴随高等舞蹈专业教育大众化、职业化和社会化的进程，人们对于舞蹈艺术教育的重视和需求不断增长，使得高等专业舞蹈教育正在变成一项与所有公共和私有部门、学校教育与校外舞蹈教育都有联系的事业，整个社会的舞蹈教育也因为高等教育的发展而连接成一个整体。但事实上，在大、中、小的艺术教育体系中，舞蹈教育长期处于高位认知，低位运行的境遇。在高等舞蹈专业教育跟随大众化教育的步伐一跃迈进众多高等学府的20余年里，与此相对应的是国家层面的课程标准尚未形成，舞蹈教育尚未进入艺术教育的必修课程序列，专业舞蹈人才的进口和输出尚未形成对等供需通道……而关乎舞蹈课程的体系构建、舞蹈教师的职业素养、舞蹈人才的培养与规格、传统舞蹈文化的传承、社会对各类舞蹈人才的需求、高等专业舞蹈教育与基础舞蹈教育的衔接、社会舞蹈教育的规范、学校和家庭以及社会对于舞蹈艺术的认知等等，这些因教育理念和教育制度的差异而产生的相关系列问题也已经进入了全社会的视域，不可回避，也不容回避。

　　大学的功能与使命，使更多高校的舞蹈学者们，把这些与舞蹈相关的一切现象，纳入到了舞蹈教育研究的范畴。因为，从古到今，舞蹈教育在提升民众艺术修养、开启心智、繁荣文化事业，文化交流与传播的进程中从未缺席。虽然，今天的舞蹈教育存在诸多问题，但我们已经在路上了，那就且行且思，且思且做吧。

　　进入21世纪，教育和学习的理念正在发生变化。西北师范大学，作为一所驻守黄河岸边的百年学府，在力行大学使命的同时，舞蹈学院的师生们试图构建甘肃省大、中、小学校舞蹈教育一体化模式，并进行了多年的实验与推进。与此同时，该学院还积极探索学校舞蹈教育如何与国民舞蹈教育有机衔接，如何与人的终身教育有机结合，从而完成舞蹈艺术对国民科学、文明与健康生活方式的终生影响，形成具有中国特色的终身舞蹈教育体系。基于这样的思考，立足高校专业舞蹈教育，他们全方位关注舞蹈教育的一切现象，深入思考，深感舞蹈教育任重而道远。

　　《高等舞蹈教育研究文集》和《甘肃省中小学舞蹈教育研究文集》及后续系列著作的出版，涉及专业舞蹈教育、职业舞蹈教育、中小学舞蹈教育、社会舞蹈教育、国际化舞蹈教育等等方面。研究者立足教育场域，遵循舞蹈教育规律，坚持理论与实践相统一的原则，通过定量和定性的研究方法，分析探寻问题的实质，制定可行性的解决方案，提出了接近科学、靠近实效、便于操作的解决策略。这些点滴成果的汇聚，是青年舞蹈人的沉思与言说，也为未来的舞蹈教育研究奠定了重要基础，同时，呈现了西北师范大学舞蹈教育方向硕士研究生培养的规格。以期与更多的舞蹈人共同探讨舞蹈教育的今天和未来，在差异中谋求共识，在共识中寻求新的发展思路，以此促进中国舞蹈教育的发展。

邓小娟

目　录

中小学舞蹈教育现状及对策研究 …………………………………（1）
  一　绪论 …………………………………………………………（1）
  二　文献综述 ……………………………………………………（3）
  三　研究内容和方法 ……………………………………………（15）
  四　现状调查及结果分析 ………………………………………（17）
  五　分析讨论 ……………………………………………………（44）
  六　对策及建议 …………………………………………………（53）
  七　结语 …………………………………………………………（66）

校外少儿舞蹈教育的现状调查与思考 ……………………………（68）
  一　绪论 …………………………………………………………（68）
  二　文献综述 ……………………………………………………（73）
  三　中国舞蹈教育的发展概况 …………………………………（77）
  四　校外少儿舞蹈教育的现状调查 ……………………………（94）
  五　校外少儿舞蹈教育调查结果分析与讨论 …………………（116）
  六　校外少儿舞蹈教育发展的对策与思考 ……………………（129）
  七　结语 …………………………………………………………（135）

甘肃省普通高中舞蹈高考教育现状调查与研究 …………………（136）
  一　绪论 …………………………………………………………（136）
  二　研究方法与过程 ……………………………………………（145）

三 甘肃省舞蹈高考生高考教育问卷调查与访谈结果
　　分析 …………………………………………………… (148)
四 甘肃省舞蹈高考生高考教育中存在的问题及原因
　　分析 …………………………………………………… (171)
五 提升舞蹈高考生高考教育的策略 ………………… (180)
六 结语 …………………………………………………… (192)

甘肃省中等职业类艺术院校舞蹈专业人才培养模式研究 ……… (194)
一 绪论 …………………………………………………… (194)
二 文献综述 ……………………………………………… (198)
三 甘肃省中等职业类艺术院校舞蹈专业人才培养模式
　　的现状调查 …………………………………………… (208)
四 分析与讨论 …………………………………………… (241)
五 甘肃省中等职业类艺术院校舞蹈专业人才培养模式
　　的思考 ………………………………………………… (246)
六 结语 …………………………………………………… (255)

甘肃省高职院校学前教育专业舞蹈教学研究 ……………… (256)
一 绪论 …………………………………………………… (256)
二 研究方法与数据来源 ………………………………… (264)
三 研究的核心概念 ……………………………………… (267)
四 甘肃省高职院校学前教育专业舞蹈课程与教学现状
　　调查问卷及访谈结果 ………………………………… (269)
五 分析与讨论 …………………………………………… (295)
六 高职院校学前教育专业舞蹈课程与教学革新
　　的思考 ………………………………………………… (299)
七 结语 …………………………………………………… (312)

后　记 ……………………………………………………… (314)

中小学舞蹈教育现状及对策研究

一　绪论

(一) 研究目的及意义

1. 研究目的

随着中国经济、科技、文化的突飞猛进,我国作为教育大国,教育的发展也紧跟着时代的步伐,我国的基本教育方针是:坚持育人为本、德育为先,实施素质教育,提高教育的现代水平,培养德、智、体、美全面发展的社会主义建设者和接班人。

德育、智育、体育已经通过具体的课程开设,得到了较好的提高与良好的发展,唯独美育教育,还是我国教育发展中的薄弱环节。舞蹈教育作为发展美育教育的重要途径,并不被社会大众所重视,其中,国家相关教育政策并没有明确指出舞蹈教育应该如何在中小学课程中实施,因此,各地方教育主管部门缺少在中小学开展舞蹈教育的指导依据。久而久之,舞蹈教育的发展就被社会所搁浅。当下我国大力弘扬发展素质教育,社会以及学生和家长对素质教育的期望值越来越高,更多的大众期望通过舞蹈教育培养和提升学生的综合素质。但是,现在绝大部分中小学并没有开设舞蹈课程,这样的矛盾结果导致了学生想学却苦于没有课程,学校想教却没有相对应的政策指导。因此,本文试图从课程设置、硬件设施、师资力量、教育政策等现状入手,审视影响兰州市中小学舞蹈教育发展的重要因素,并提出相对应的有效策略,希望能够改善甘肃省兰州市中小学舞蹈教育的现状。

2. 研究意义

第一，关于舞蹈教育的研究，学术界可谓硕果累累，其中，舞蹈教育对推进素质教育的重要性研究相对来说较多。然而，其中也存在着研究的薄弱点。例如，对中小学舞蹈教育教材、教师授课方式方法及如何培养师资的研究相对比较少。因此本文将从这些薄弱点切入，以兰州市中小学为例，对其舞蹈教育发展现状进行分析探讨。

第二，本文通过对兰州市中小学舞蹈教育发展现状进行调查，以"中小学舞蹈教育"为核心，从相关教育政策、课程设置、师资队伍、硬件设施四个方面展开研究，分析兰州市中小学舞蹈教育发展过程中所存在的主要问题。

第三，本文通过对兰州市中学生舞蹈教育发展的研究，发现制约中小学舞蹈教育发展的问题所在，并提出相应的对策及建议，为兰州市中小学能够实现国务院 2015 年 9 月 15 日颁发的《关于加强美育建设的意见》所提出的，义务教育阶段学校在开设音乐、美术课程的基础上，有条件的要增设舞蹈、戏剧、戏曲等地方课程；普通高中在开设音乐、美术课程的基础上，要创造条件开设舞蹈、戏剧、戏曲、影视等教学模块的目标贡献微薄力量。

第四，通过对兰州市中小学舞蹈教育发展现状进行研究，更有力地说明中小学舞蹈教育对学生心身发展所存在的价值意义。

(二) 研究范围

本文的研究范围是兰州市中小学舞蹈教育发展现状及对策，主要涵盖以下几个层面：第一，研究范围以兰州市为主；第二，本文所指的中小学是指义务教育阶段小学 1—6 年级以及初中 7—9 年级；第三，调查问卷的对象为上述范围内的学生、家长、学校相关负责老师，访谈对象为教育主管部门负责人、校方相关领导、舞蹈教育资深教师与专家。

(三) 核心概念

本文围绕兰州市中小学舞蹈教育的发展及对策进行论述,确定了舞蹈教育、美育、创新意识、"大艺术"教学四个核心概念。

舞蹈教育:本文的舞蹈是指其在教育中所具有的特点,比如舞蹈的教学功能、教学方法、教学内容,以及对中小学生身心发展的影响。

美育:美育是指培养学生审美观和感受美、鉴赏美、创造美的能力的教育。

创新意识:创新意识是指人们在创造活动体验、经验和创造认识基础上所形成的对创造的高度敏感性和自觉、自发进行创造活动的一种心理准备状态。本文所提到的创新性是指舞蹈教师能够结合当地的民俗文化背景与学生的综合条件,编创、选择适合当地各年龄段学生学习使用的舞蹈教材和舞蹈课程,从而真正做到因材施教。

"大艺术"教学:艺术教育是相通的,它的目的在于提高学生的综合能力与素养,所以可以通过多种课程的融合性、交叉性教学,将舞蹈教育渗透到教育的各个角落,充分发挥舞蹈教育的作用,为中小学开展舞蹈教育提供更好的支撑。

二 文献综述

随着我国政治、经济、文化的飞速发展,中小学舞蹈教育的重要性越发受到社会各界的广泛关注,经查找发现,关于中小学舞蹈教育的学术论文有100余篇,现将有关文献做一归纳整理。

(一) 有关中小学开设舞蹈教育课程重要性的研究

平心在《舞路教育:一种重要的素质教育》一文中指出:舞蹈教育作为一种素质教育,它不仅能够培养和提高学生的身体素质,而且能培养和提高学生的心理素质,其中主要包括智力因素(IQ)、创造力、非智力因素中的人格与情感因素（EQ）和审美心理素质等，特别是舞蹈教育对于培养和提高学生的创造力与创造性人格具有重要意义。如果说知识经济的核心是知识创新，那么素质教育的核心就是创造教育，而舞蹈教育和美育正好在此与它们不谋而合、不期而遇，并有异曲同工之美、殊途同归之妙。①

苗子薇在《浅谈舞蹈教学在青少年素质教育中的作用》一文中指出，舞蹈教育使青少年在接受舞蹈艺术美的熏陶中逐渐具备较好的人体美的基本素质，获得协调动作的基本能力，领悟舞蹈艺术的基本特点和规律。舞蹈教育教学活动为青少年身心全面发展提供了生动、广泛的舞台，对提高青少年的艺术修养，发挥其想象力、创造力，促进其德、智、体、美全面发展，增强其爱国主义情感，陶冶其高尚情操，培养其良好品行、意志及良好的舞蹈艺术素养有着十分重要的意义。开设舞蹈课程使学生的综合素质得到了提高，在素质教育中舞蹈艺术对促进学生的全面发展具有不可替代的作用。

刘巨茜在《小学舞蹈艺术在全面素质教育中的作用》中谈到：舞蹈教育属于艺术教育、情感教育，也是美育的一个重要组成部分，舞蹈教育功能是使青少年在接受舞蹈艺术美的熏陶中逐渐具备较好的人体美的基本素质，使其获得协调动作的基本能力，领悟舞蹈艺术的基本特点和规律，提高赏美能力，增强爱国主义情感，陶冶高尚情操，培养良好品行、意志以及良好的舞蹈艺术素养。②

崔琰在《论舞蹈美育在素质教育中的重要价值》一文中指出：舞蹈教育实际上是党的教育方针的具体化，也是党的文艺方针的具体化，它充分体现了我国教育方针——"使受教育者在德育、智育、体育几方面都得到发展，成为有社会主义觉悟的、有文化的、全面发展的劳动者"——的要求。教育心理学家经过长期的多方调查发现，舞蹈作为一种美育形式，对青少年提高综合素质有着十分重要的意义。

---

① 平心：《舞蹈教育：一种重要的素质教育》，《北京舞蹈学院学报》1999年第3期。
② 刘巨茜：《小学舞蹈艺术在全面素质教育中的作用》，《艺林漫话》2009年第2期。

刘婵婵在《论舞蹈教育在中小学素质教育中的重要性》一文中指出，随着经济的不断发展与繁荣，社会文化的需求日渐提高。舞蹈的功能不仅仅是一种舞台表现艺术，它已成为一种文化手段，渗透在各层次的文化活动与教育活动中，娱乐性舞蹈得到广泛普及。舞蹈教育不仅具有德、智、体、美四种功能，而且能在"寓教于乐"中极大地催化、培养和提高学生的各项生理和心理素质，在素质教育中占有举足轻重的作用。中小学开展舞蹈教育，在实现美育的目标和德育的功能，让学生身体健康、体型优美、学会审美、开发智能、锻炼体能等方面具有重要的不可缺少的作用。在普通中小学开设舞蹈课，舞蹈教育进入中小学校园，是我国素质教育发展的必然。然而，在经济、文化水平相对落后的兰州市，让舞蹈教育进入中小学校园还是存在着很大困难的。虽然人们已经意识到舞蹈教育在青少年素质教育中的意义重大，但是，在中小学如何更好地开展舞蹈课程是问题所在。

根据文献归纳和总结得知，舞蹈教育对中小学生的重要性主要可以归为以下几类：一是舞蹈教育属于美育教育的重要组成部分。二是舞蹈教育使接受舞蹈艺术熏陶的学生得到生理、心理素质的培养和提高。三是舞蹈教育可以提高中小学生的审美力，增强其爱国情感，陶冶其高尚情操。笔者认为，中小学舞蹈教育还可以扩大中小学的知识面，可以通过舞蹈课程的学习对民族文化、历史文化等有所了解。

（二）有关舞蹈教育对中小学生身心发展重要性的研究

关于舞蹈教育对青少年身心发展的作用有着很多方面的研究，田丽萍、王淑艳《关于普通班和舞蹈班儿童智力发展的比较研究》指出，采用国际通用的"韦氏学前及学初智力量表"对56名参加半年以上舞蹈班活动的儿童和80名普通班儿童的智力水平进行测试与比较，表明进行舞蹈训练半年以上的儿童在言语、操作和总智商的得分上均高于普通班的儿童，尤其是操作智商，差异呈高度显著性。此结果说明，从小系统地参加舞蹈练习对儿童智力的发展有积极的促进作

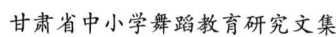

用,十分有利于儿童身心的全面发展。①

莫浙在《略谈舞蹈教学对小学生身心发展的作用》一文中指出,舞蹈能诱发学生的想象力和创造力。一个舞蹈动作的完成,要对每一个学生的手、眼、身、步等进行多次的调动、配合和练习,这种情绪式的调动配合,极易促使大脑进入兴奋状态。这时,只要老师稍加启发,小学生就会随着音乐的起伏,展开积极的想象。如小燕子怎样飞来飞去,小骑手怎样策马在草原上奔驰等。乍看起来,这些动作都很简单,但经过艺术加工,再经过不断重复和创新,就会使小学生对某一事物的认识从模糊到清晰,从简单到复杂,从抽象到具体,最终使他们的想象力有新的突破,创造力得到很好的发挥。② 然而,舞蹈有助于中小学生的创造力提升这一重要作用,是被忽视的。

邱毅在《论舞蹈学习对中小学生智力发展的作用》一文中指出:舞蹈感受能力是一种特有的心理活动,它关系着一个人从审美情感的角度和理性的角度去理解以及感受舞蹈的程度,它是人们接受舞蹈学习不可缺少的一种能力。中小学生参与审美活动是提高审美能力的重要途径,审美主体是最好的手段。舞蹈通过身体的运动、演员的面部表情、手势、内心的情感体验、心理和生理功能,展示他们的审美能力和审美创造空间。在强调由应试教育向素质教育过渡的今天,我们更应该挖掘舞蹈教育在中小学生成长中的作用,因为它是培养健全的新一代学生的优势所在。特殊的舞蹈艺术会在学校的素质教育中发挥重要的作用。它是以舞蹈的审美为中心,根据中小学生的经验和做法,通过一个计划,一步一步的教育活动,使得学生在舞蹈的美学知识上有一定的了解,掌握舞蹈的技能、技巧,提高对舞蹈艺术美的感受力,提高综合素质教育目标。③

臧琳佳在《浅谈舞蹈教育对中学生身心发展的影响》一文中指

---

① 田丽萍、王淑艳:《关于普通班和舞蹈班儿童智力发展的比较研究》,《北京舞蹈学院学报》2002年第4期。
② 莫浙:《略谈舞蹈教学对小学生身心发展的作用》,《广西教育》2007年第5期。
③ 邱毅:《论舞蹈学习对中小学生智力发展的作用》,《黄河之声》2015年第1期。

出,世界卫生组织对健康提出了一个明确和全面的定义:"健康是指在身体、心理和社会各方面都完美的状态,而不仅仅是没有疾病和虚弱。"中学生是一类特殊的群体,绝大多数都是独生子女,而中学阶段是人生成长的重要阶段,也是心理发展的重要时期。随着生理和心理的发育、发展,其思维方式日趋成熟,如今的中学生在学业、人际交往、青春期、自我认识、面对挫折等方面面临着诸多问题。舞蹈是人类最古老的艺术形式,它讲求形象美、动律美、流动美、造型美,通过人体的律动,形象地表达人的思想内涵和广博的艺术底蕴,给人以美的享受、道德情操的陶冶和思想情感的升华。广泛开展普及型舞蹈教育,对于中学生情绪上的自我调节、生活方式上的自我控制和人际关系上的自我调整都可以起到非常关键的作用。① 综上所述,舞蹈教育并不是一种单一的肢体教育,它同时可以对中小学生内在的心理成长起到很好的推动作用。

(三) 有关中小学舞蹈教育相关政策的综述

国家和地方相关教育主管部门对素质教育的开展与实施,已经陆续出台了一系列相关政策。国务院办公厅于2015年9月15日颁布关于《全面加强和改进学校美育工作的意见》。该意见指出,各级各类学校要按照课程设置方案和课程标准、教学指导纲要,逐步开齐开足上好美育课程。义务教育阶段学校在开设音乐、美术课程的基础上,有条件的要增设舞蹈、戏剧、戏曲等地方课程。普通高中在开设音乐、美术课程的基础上,要创造条件开设舞蹈、戏剧、戏曲、影视等教学模块。各级各类学校要重视和加强艺术经典教育,根据自身优势和特点,开发具有民族、地域特色的地方和校本美育课程。②

中华人民共和国教育部、体育卫生与艺术教育司颁发的《教育部

---

① 臧琳佳:《浅谈舞蹈教育对中学生身心发展的影响》,《大舞台》2009年第5期。
② 中华人民共和国教育部网站,[2015-09-15], http://www.moe.gov.cn/jyb_xxgk/moe_1777/moe_1778/201509/t20150928_211095.html。

体育卫生与艺术教育司2016年工作要点》第18、19、20条明确指出，以开齐开足美育课程为重点，深入推进全国农村学校艺术教育实验县工作。举办普通高校音乐教育专业学生基本功展示活动。加强美育课程信息化建设，统筹整合学校与社会美育资源，加大区域内美育统筹力度，探索大中小学美育课程开设模式。依托高校力量，建立学校美育教育教学研究中心及专业艺术院校对口支持中小学校美育基地，构建美育协同育人机制。

以培育和践行社会主义核心价值观为核心，积极探索创造具有时代特征、校园特色和学生特点的美育活动形式。大力弘扬民族文化，深入推进中华优秀文化艺术传承学校和基地创建工作，举办好高雅艺术进校园、全国大中小学生艺术展演活动，结合传统节日探索学生群体性艺术活动的展示形式。加强校园文化环境建设，建设一批体现正确育人导向、具有丰富文化内涵的校园文化美育环境示范学校。

推进美育评价工作。指导实验区和各地贯彻落实中小学生艺术素质测评制度、中小学校艺术教育工作自评制度和中小学校艺术教育发展年度报告制度。组织第三方机构编制全国学校艺术教育发展年度报告。[①] 国家已经将舞蹈课程纳入学校教育课程中，但是具体到每个地区，因为各地区具体情况不同，所以舞蹈课程开展的情况不能相提并论。从上述内容可以看出，国家教育部门已经有意将舞蹈课程纳入中小学校教育课程中，但是，兰州地区中小学舞蹈课程开设情况却不容乐观。

为此，《甘肃省教育厅关于推进学校艺术教育发展的实施意见》公布。该实施意见明确指出，推进学校艺术教育发展的思路，学校艺术教育虽然取得了较大的发展，但在学校教育体系中依然是薄弱环节，存在诸多困难和问题，艺术课程开课率不足、艺术活动参与面小、艺术师资短缺的状况没有得到根本改善，农村学校缺乏基本的艺

---

① 中华人民共和国教育部网站，[2016-02-15]，http://www.moe.gov.cn/s78/A17/A17_gggs/A17_sjhj/201602/t20160223_230124.html。

术教育,艺术教育的评价制度尚未建立,这些问题制约了艺术教育育人功能的充分发挥。

严格执行课程计划,开齐开足艺术课程。义务教育阶段学校根据《义务教育课程设置实验方案》开设艺术课程,确保艺术课程课时总量不低于国家课程方案规定的占总课时9%的下限,鼓励有条件的学校按总课时的11%开设艺术课程,初中阶段艺术课程课时不低于义务教育阶段艺术课程总课时的20%。普通高中按《普通高中课程方案(实验)》的规定,保证艺术类必修课程的6个学分。

鼓励各级各类学校开发具有民族、地域特色的地方艺术课程。因地制宜创新艺术教育教学方式,探索简便有效、富有特色、符合实际的艺术教育方法,建立以提高艺术教育教学质量为导向的教学管理制度和工作机制,切实提高艺术教育教学质量。① 从上述内容可以看出,甘肃省教育厅已经明确指出艺术教育发展思路,而且强调艺术课程要有地方性特色。但是,并没有明确指出舞蹈课程应该如何实施。

国务院办公厅颁布的《全面加强和改进学校美育工作的意见》明确指出,从2015年起全面加强和改进学校美育工作。到2018年,这项工作要取得突破性进展,美育资源配置逐步优化,管理机制进一步完善,各级各类学校开齐开足美育课程。到2020年,初步形成大中小幼美育相互衔接、课堂教学和课外活动相互结合、普及教育与专业教育相互促进、学校美育和社会家庭美育相互联系的具有中国特色的现代化美育体系。②

中华人民共和国教育部令于2002年5月23日经部长办公会议审议通过,自2002年9月1日起施行的《学校艺术教育工作规程》提出,小学、初级中学、普通高级中学开设的艺术课程,应当按照

---

① 甘肃省教育厅网站,[2014-09-19],http://www.gsedu.cn/Article/Article_25071.aspx.
② 中华人民共和国教育部网站,[2016-02-15],http://www.moe.gov.cn/s78/A17/A17_gggs/A17_sjhj/201602/t20160223_230124.html.

国家或者授权的省级教育行政部门所颁布的艺术课程标准进行教学。教学中使用经国家或者授权的省级教育行政部门审定通过的教材。①

中华人民共和国教育部令第13号——《学校艺术教育工作规程》第14条规定：各级教育部门和学校应当根据国家有关规定配备专职或者兼职艺术教师，做好艺术教师的培训、管理工作，为艺术教师提供必要的工作条件。根据此规定，学校的艺术教师必须具备教师资格，兼职教师应当相对稳定，非艺术类专业毕业的兼职教师要接受艺术专业的培训。艺术教师组织、指导学校课外艺术活动，应当计入教师工作量。②

从上述文献中可以看出，国家和地方教育主管部门虽然没有出台关于中小学舞蹈教育发展的具体政策，但是对于艺术教育、美育教育的实施，教师、教材的发展与实施已经十分重视，中小学舞蹈教育未来的发展虽然依旧困难重重，但势在必行。

（四）有关中小学舞蹈师资建设的研究

教师是教育环节中最重要的组成部分，怎样评估一个学校的舞蹈教育质量，其根本在于舞蹈教师的专业水平，教师的自身素养影响着整体的教学水准。

对于中小学舞蹈教师应具备哪些艺术素养这一问题，梁素华、梁兰兰在《浅谈素质教育对中学舞蹈教师素质的新要求》一文中提出，在深化学校素质教育教学中，作为一名舞蹈教师，必须不断提高自身的素质水准，以德育素质为先导，以高超的语言素质为手段，以娴熟的业务水平为前提，以良好的管理素质为保证，只有这样，才能成为一名思想政治合格、教学业务过硬、工作作风优良的中学舞蹈教师，

---

① 中共中央国务院网站，[2002-07-25]，http://www.gov.cn/gongbao/content/2003/content_62104.htm。

② 中华人民共和国教育部网站，[2002-07-25]，http://www.moe.gov.cn/s78/A17/twys_left/moe_794/moe_795/tnull_8515.html。

为更好地推进学校素质教育做出更大的贡献。①

杨尚珊在《浅谈新课改下中小学舞蹈教师应具备的专业素质》一文中提到，首先，作为一名舞蹈教师应具备过硬的专业水平——正确的动作示范表演能力、组合的创编能力。其次，舞蹈教师的知识结构必须深化——知识涵养是舞蹈教师的素养之本。中小学舞蹈教师不仅要传授舞蹈知识，还要创造性地调控多学科知识。教育学教授谢维和认为，教师的专业知识包括三大类：关于学生的知识，关于课程的知识，关于教学实践的知识和技术。②

就如何培养中小学舞蹈教师这一问题，高娟敏在《推进学校"艺术教育"背景下高师舞蹈教育人才培养的反思》一文中提出，我国舞蹈教育在高等教育中分为两类：一类是专业性的舞蹈高等教育院校，即专业艺术院校，以1954年最早开设的北京舞蹈学院为首，专门培养"高、精、尖"的表演性人才；另一类是综合性、师范性大学中的舞蹈学科教育，即高师院校舞蹈专业。与专业艺术院校不同的是，高师舞蹈教育培养目标是提高受教育者的艺术鉴赏力和参与力，培养适合国家发展需要的全方位的舞蹈教育工作者，以满足各中小学对舞蹈教师的需求。③

如何更好、更科学地评估舞蹈教师的教学质量，刘奕在《中小学舞蹈教师教学效能指标的研究》一文中提出：中小学舞蹈教师大多毕业于大学的舞蹈专业，他们对舞蹈教育本身尚缺乏系统的学习和实践，要使其成为一位优秀的中小学舞蹈教师，学校有许多培养工作要做，其中之一是建立科学的教学效能指标。有了这样的指标，既有利于评价舞蹈教师是否符合学校人才培养的需要，也有利于舞蹈教师检

---

① 梁素华、梁兰兰：《浅谈素质教育对中学舞蹈教师素质的新要求》，《青年文学家》2010年第1期。

② 杨尚珊：《浅谈新课改下中小学舞蹈教师应具备的专业素质》，《新课程》2014年第10期。

③ 高娟敏：《推进学校"艺术教育"背景下高师舞蹈教育人才培养的反思》，《艺术教育》2015年第7期。

视自己的教学是否符合教学规律。①

从上述归纳可以看出,优秀的合格的中小学舞蹈教师应具有良好的艺术素养、较高的艺术水平、丰富的知识储备,还需要配备有效的考核标准。

(五) 有关中美中小学舞蹈教育的对比研究

我国的教育理念、教育方式和西方一些发达国家有着显著的不同,就中小学舞蹈教育而言,在教育制度、培养目标、教育方式方法上都有着明显的差别。

有关中美舞蹈教育制度的对比。吕艺生在《从中外舞蹈教育比较看我国舞蹈教育教学改革》一文中提到:"几十年来,美国教育系统里的舞蹈设置目标,初期属于体育范畴,认为舞蹈活动,可以强健身体,纠正姿态,调理肌肉,使动作准确。在心理方面,舞蹈对学生适应团体活动,接受领导,遵守纪律有帮助;对个人言行举止,表情达意有益处。"所以美国自21世纪以来,小学、中学、大学都普遍设有舞蹈课,而不像我国,舞蹈教育基本上是设在舞蹈专业学校,普通学校几乎不开设舞蹈课,甚至在美育课中都没有它的位置。②

聂惠琛在《美国中小学舞蹈教育及其启示》一文中提出,美国学校1—12年级中,每一学年舞蹈课都有它的内容标准和成就标准,它是一个体系,学校、教师必须按标准逐年实施,期末考核达到标准后进入第二学年。仅从五年级舞蹈课的标准来看,对舞蹈基本动作的学习、掌握、空间、节奏、动律的统一、对舞蹈的基本知识、原理、名称和属性的掌握、接受能力、记忆能力的锻炼等各方面都有设置要求,这样,教育目标就得到了落实,并且效果显著。③

马文艳在《中美义务教育阶段之舞蹈教育的比较》一文中提出,

---

① 刘奕:《中小学舞蹈教师教学效能指标的研究》,《艺术教育》2012年第4期。
② 吕艺生:《从中外舞蹈教育比较看我国舞蹈教育教学改革》,《艺术教育》1996年第2期。
③ 聂惠琛:《美国中小学舞蹈教育及其启示》,《外国中小学教育》2002年第6期。

美国义务教育阶段有18%的学生接受舞蹈教育，中国的比例为4%。美国公立中小学舞蹈教育的学生/教师比是81∶1，中国该比例是240∶1。美国53%的舞蹈课程由全职在校舞蹈教师教授，中国中小学中全职舞蹈教师比例过低，中小学舞蹈教育过分依赖校外专业师资。美国的艺术教育预算是中国的7倍。美国37个州将取得舞蹈证书作为高中毕业的必要条件。①

从上述归纳中可以看出，美国对于舞蹈课程在中小学教育阶段的课程设置已经做到了"普及"。其中小学舞蹈教育制度、教育重视程度都远远高于我国。

关于中美舞蹈教师师资队伍建设的对比，钟宁在《浅谈美国舞蹈教育与社会的"融合"》一文中指出，在美国，一方面，学校教师队伍是多元化的，即首先拥有一支少而精的全职教师团队，其次是"广纳贤才"的兼职教师团队，这样有效地保证了教师规模和教学质量。在教师选拔机制上，要求应聘者兼顾职业舞者和舞蹈普及，一方面要求有水平相当的舞蹈团表演资历，诸如具有在玛莎·格莱姆、霍顿、坎宁汉等现代舞大师的舞团工作或学习经历者优先；另一方面，必须有在幼儿园、中小学教授舞蹈的资历，最终通过学术委员会的考核认定予以聘用。②

马文艳在《中美义务教育阶段之舞蹈教育的比较》以纽约州为例，比较了美国公立中小学舞蹈教育和我国上海市闸北区中小学舞蹈教育的学生/教师比，指出我国中小学的这一比例远远高于美国，这意味着教师分配到每个学生身上的时间少，在相同教授效率的情况下，教授的内容和质量将大大减少和下降。

在美国开设舞蹈课程的中学中，有53%的舞蹈课程由全职在校舞蹈专家教授，有13%的由兼职舞蹈专家教授，余下的31%由其他教师（驻场艺术家、任课教师、其他教师或志愿者）教授。在中国，

---

① 马文艳：《中美义务教育阶段之舞蹈教育的比较》，《大众文艺》2014年第16期。
② 钟宁：《浅谈美国舞蹈教育与社会的"融合"》，《北京舞蹈学院学报》2014年第S2期。

以上海市闸北区教育系统为例。在开设舞蹈课程的75所中小学中,有五所学校由该校全职的舞蹈专业教师教授,约有15所高校由外聘的舞蹈专业教师教授,余下的约50所学校由该校其他教师如音乐教师教授。可见,在中国中小学中全职舞蹈专业教师的比例很低,中小学校舞蹈教育过多地依赖校外的专业师资,因此缺乏连续性、系统性和全面性。

在美国,要成为中小学舞蹈教师,必须取得大学本科学位,主修或辅修舞蹈,取得由当地教育机构规定的教育理论和实习的学分,并通过教师资格考试,以获得K-12国家舞蹈教师认证许可或凭证。在中国,要成为中小学舞蹈教师,需要取得教师资格证,在这一点上中美相同,但中美资格考试的专业难易度可能有差别。①

从上述归纳可以看出,在中国,中小学舞蹈专业教师与学生的配比率远低于美国,舞蹈教师就业难易度和教师聘用方式也与美国存在着本质上的区别。

中美中小学生舞蹈教育培养方式的对比。钟宁在《浅谈美国舞蹈教育与社会的"融合"》一文中提出,通过赴美考察,再次感受到"双校教育模式"的优势和魅力。在我们到访的所有学校中,学生来源都是普通高中毕业生,他们正是接受了"双校教育模式"从而选择报考舞蹈专业院校的,其中一部分是利用业余时间学习舞蹈或参加专业大学所举办的定期培训。无论是"双校教育"还是业余学习,所有的文化课均按照全美的统一标准进行学习并参加考试,保证完成基础教育的学习任务,为人才培养提供基础性保障。所谓"双校教育模式",就是学生在接受基础教育的同时,根据自己的喜爱选择某艺术学校或门类进行学习,到高中毕业时具备继续专业学习条件的学生可报考专业性大学,而不具备继续专业学习条件的学生可选择普通大学,从而既保证所有人都完成应有的基础教育学习,又提供了个性化选择。②

---

① 马文艳:《中美义务教育阶段之舞蹈教育的比较》,《大众文艺》2014年第16期。
② 钟宁:《浅谈美国舞蹈教育与社会的"融合"》,《北京舞蹈学院学报》2014年第S2期。

陈利敏、苏水莲在《中美舞蹈教育制度比较研究》一文中提出，美国普及型舞蹈教育制度之所以发展很快，并被普遍接受，是因为这样两点做法，即与体育相结合和与舞蹈家相结合的两个"结合"。这两点做法值得我们借鉴。由于把舞蹈视为一种运动的观念，他们一开始就把舞蹈列入体育范畴。既使舞蹈教育获得长期发展的栖身之所，又轻易地解决了师资的来源问题。当舞蹈教育获得深入发展之后，他们又把著名的舞蹈家请进课堂，直接授课，或把学生送进著名舞蹈团体进行专业深造，这使学生中的尖子生向专业方向发展。两个"结合"使美国舞蹈教育弥合了上下的联系。上与专业舞蹈团体和舞蹈家连接起来，下与广大人民群众连接起来。①

从上述归纳可以看出，美国舞蹈教育培养方式的优势在于其更体现出"个性化""多元化""综合化"。而我国现阶段中小学舞蹈教育还处于起步发展阶段，培养方式略显单一。

三 研究内容和方法

（一）研究内容

第一，发现并提出兰州市中小学舞蹈教育中关于课程设置、硬件设施、师资状况、学生发展方向中所存在的问题及其原因。

第二，怎样解决兰州市中小学舞蹈教育发展中所存在的问题，遵循提出问题并解决问题的原则，提出相应的合理策略，希望对兰州市中小学舞蹈教育发展起到推进作用。

（二）研究方法

1. 文献法

参考相关文献资料和理论著作，通过多种途径获取关于中小学舞蹈教育、素质教育改革、兰州市中小学教育的政策性和理论性资料。

---

① 陈利敏、苏水莲：《中美舞蹈教育制度比较研究》，《内蒙古教育》2008年第10期。

2. 问卷调查法

第一，随机抽样五所兰州市中小学，并对随机抽样学校的学生及家长进行问卷调查，了解他们对舞蹈教育发展的态度与意见；对随机抽样的学校相关负责人进行问卷调查及采访；对地区教育主管部门进行采访。

第二，调查问卷设计的目的是能够更准确地了解兰州市中小学舞蹈教学的实施情况，其中对于家长和学生的问卷都包含了对舞蹈教育的态度、学校舞蹈课程的实施情况以及相关配套设施的建设情况等。问卷中的题项能够反映兰州市中小学校舞蹈教育发展所存在的问题。

3. 分析法

对问卷调查数据进行整理、分类、排序，计算统计问卷中被选项占同类调查对象人数的百分比，并制作出相应的图表。

4. 访谈法

访谈法是本文收集资料的一种重要方式。访谈就是研究者访问受访者，两者之间进行"交谈"的一种活动形式，是研究者经过口头交谈的方式从受访者身上搜集有用资源，成为研究者论述的重要依据。

本文采取面对面访问及电话采访两种形式，在受访者自愿的前提下，根据访谈大纲进行询问，访谈的内容根据受访者参与的态度进行灵活调整。本文访谈的主要对象及内容如下（访谈提纲见附录）。

第一类，中小学领导及艺术课程相关负责人，访谈内容围绕中小学舞蹈课程设置、师资状况、硬件设施及发展建议等问题进行。

第二类，舞蹈教育专家，访谈内容围绕舞蹈教育政策、教育导向及舞蹈教育未来发展趋势等问题进行。

第三类，学生及家长，访谈内容围绕舞蹈教育课程现状、舞蹈师资队伍、舞蹈课程内容及学生发展等问题进行。

本文访谈试图通过受访者的面部表情、肢体动作、语言描述、思维活动等，深刻体会受访者的内心世界，并试图了解他们对中小学舞蹈教育发展的见解与意见。

四 现状调查及结果分析

(一) 样本选取

本文的问卷调查对象是随机选取兰州市五所中小学校,本文对于学校名称的表述采取匿名的方式,分别以 A 校、B 校、C 校、D 校、E 校作为称呼。

A 校是兰州市教委的直属公立小学,是一所全日制六年制完全小学,现有教学班近 30 个,在校学生约 1600 人,教职工 88 人。B 校是兰州市一级一类标准化小学,是一所全日制六年制完全小学,现有 18 个教学班,在校学生约 1010 人,教职工 51 人。C 校是一所全日制六年制完全小学,现有 34 个教学班,在校学生约 2193 名,教职工 90 人。D 校是一所完全中学,现有教学班 37 个,在校学生约有 2000 人,教职工 142 人。E 校是一所全日制六年制完全小学,2000 余学生,教职工 58 人。

本文将访谈对象进行编号,分别用英语字母表示,以方便对照。第一类,舞蹈教育专家及中小学舞蹈教育相关负责人,共有 10 名,分别用 JA,JB,JC,JD……表示(见表 1)。

表 1 **舞蹈教育专家及中小学舞蹈教育相关负责人访谈数据整理**

受访者职务	访谈日期	访谈时间	访谈方式
JA 中级艺术负责人	2015/11/18	10:15—11:08	办公室/录音笔/笔记本
JB 副教授校长	2015/11/23	9:00—9:43	办公室/录音笔/笔记本
JC 中级艺术负责人	2015/11/27	15:00—15:38	办公室/录音笔/笔记本
JD 中级艺术负责人	2015/12/8	9:30—10:15	办公室/录音笔/笔记本
JE 中级艺术负责人	2016/1/4	14:10—14:41	电访/录音笔/笔记本
JF 初级艺术负责人	2016/3/2	11:05—11:49	办公室/录音笔/笔记本
JG 副教授、校长	2016/3/4	10:09—10:56	办公室/录音笔/笔记本
JH 中级艺术负责人	2016/3/7	14:39—15:20	办公室/录音笔/笔记本
JI 中级艺术负责人	2016/3/9	11:03—11:34	办公室/录音笔/笔记本
JJ 中级艺术负责人	2016/3/10	10:20—11:06	办公室/录音笔/笔记本

第二类,在校中小学生,共有6名,分别用XA,XB,XC,XD,XE,XF,表示(见表2)。

表2　　　　　　　在校中小学生访谈数据整理

受访者年级、性别	访谈日期	访谈时间	访谈方式
XA 三年级女生	2015/11/23	10:20—10:34	教室/录音笔/笔记本
XB 五年级女生	2015/11/27	17:01—17:22	教室/录音笔/笔记本
XC 四年级男生	2015/12/12	10:08—10:35	电访/录音笔/笔记本
XD 七年级女生	2016/1/23	12:35—13:11	电访/录音笔/笔记本
XE 八年级女生	2016/2/1	15:31—15:59	电访/录音笔/笔记本
XF 五年级女生	2016/2/29	9:23—10:01	电访/录音笔/笔记本

(二) 样本分布

在本文中,所有学校班级发放问卷数量一致,但由于学生作答情况不同,所收回的有效问卷数量与发放数量并不一致。A校参与本次问卷调查的年级为二年级、四年级、六年级,共发放问卷105份,收回问卷101份,有效率为96.15%。B校参与本次问卷调查的年级为二年级、四年级、六年级,共发放问卷105份,收回问卷103份,有效率为98.09%。C校参与本次问卷调查的年级为二年级、三年级、六年级,共发放问卷105份,收回问卷100份,有效率为95.24%。D校参与本次问卷调查的年级为二年级、三年级、四年级,共发放问卷105份,收回问卷102份,有效率为97.14%。E校参与本次问卷调查的年级为七年级、八年级,共发放问卷70份,收回有效问卷70份,有率达到100%。

表3　　　　　　　学生问卷发放情况

学校	年级	发放问卷数量(份)	收回有效问卷(份)	有效率(%)
A校	二年级	35	35	100.00
	四年级	35	32	91.42
	六年级	35	34	97.14

续表

学校	年级	发放问卷数量（份）	收回有效问卷（份）	有效率（%）
B校	二年级	35	35	100.00
	四年级	35	34	97.14
	六年级	35	34	97.14
C校	二年级	35	34	97.14
	三年级	35	32	91.42
	六年级	35	34	97.14
D校	二年级	35	35	100.00
	三年级	35	32	91.42
	四年级	35	35	100.00
E校	七年级	35	35	100.00
	八年级	35	35	100.00
合计		490	476	97.14

在本文中，所有调查的家长与学生是相对应的，在发放学生问卷的同时将家长问卷发放给学生，次日去学校向学生收回问卷。A校参与本次问卷调查的以二年级、四年级、六年级的学生家长为主，共发放问卷105份，收回问卷101份，有效率为96.19%。B校参与本次问卷调查的为二年级、四年级、六年级的学生家长，发放问卷105份，共收回问卷101份，有效率为96.19%。C校参与本次问卷调查的为二年级、三年级、六年级的学生家长，共发放问卷105份，收回问卷100份，有效率为95.24%。D校参与本次问卷调查的为二年级、三年级、四年级的学生家长，共发放问卷105份，收回问卷94份，有效率为89.52%。D校参与本次问卷调查的为七年级、八年级的学生家长，共发放问卷70份，收回问卷65份，有效率为92.86%。

表4　　　　　　　　家长问卷发放情况

学校	年级	发放问卷数量（份）	收回有效问卷（份）	有效率（%）
A校	二年级	35	35	100.00
	四年级	35	34	97.14
	六年级	35	32	91.43
B校	二年级	35	35	100.00
	四年级	35	32	91.43
	六年级	35	34	97.14
C校	二年级	35	35	100.00
	三年级	35	33	94.29
	六年级	35	32	91.43
D校	二年级	35	33	94.29
	三年级	35	30	85.71
	四年级	35	31	88.57
E校	七年级	35	33	94.29
	八年级	35	32	91.43
合计		490	461	94.08

家长和学生的样本选取基本涵盖了各个年级，具有一定的代表性。

（三）调查和访谈结果

本文研究结果分为两部分：第一，兰州市中小学舞蹈教育问卷调查结果与分析。第二，兰州市中小学舞蹈教育访谈结果与分析。

1. 兰州市中小学舞蹈教育问卷调查结果

本文的问卷设计与访谈提纲，是针对兰州市中小学舞蹈教育发展现状的，从对舞蹈教育的认知程度、课程设置、师资水平、硬件设施、学生未来发展方向五个方面进行的。对舞蹈教育的认知程度从学生及其家长对学习舞蹈的态度、对舞蹈教育的认识等方面进行分析。课程设置从教材使用、课程内容、课时等方面进行分析。师资水平从教师专业程度、教师人数、授课方式及教学质量等方面进行研究。硬件设施是从场地、教室内部设施等方面进行研究的。学生未来发展方向从学生学习舞蹈发展趋向、展示机遇等方面进行分析。教育政策部分则通过访谈以及相关教育政策文献进行分析。

（1）对舞蹈教育的认知程度调查

从表5中可以看出，在对五所学校学生家长的调查中，有半数以上的家长都认为，舞蹈教育是美育教育的一部分，与美育教育有关系，占调查总数的79.00%以上。有20个学生家长表示并不清楚舞蹈教育和美育之间的关系，占调查总数的4.34%。大部分家长认为舞蹈教育与学生德育、美育密切相关，认为舞蹈教育能够在一定程度上提升学生的德育和美育水平。这说明大部分家长对于舞蹈教育的基本态度是积极向上的，这就为进一步提升兰州市中小学舞蹈教学提供了很好的认知基础。

表5　　　　　　　对美育教育的认知情况调查（家长）

	A校		B校		C校		D校		E校	
	频数	百分比（%）	频数	百分比（%）	频数	百分比（%）	频数	百分比（%）	频数	百分比（%）
有关系	88	88.00	85	84.16	80	79.21	58	89.23	79	84.04
没关系	0	0.00	1	0.99	3	2.97	2	3.08	0	0.00
一般	6	6.00	13	12.87	13	12.87	4	6.15	9	9.57
不知道	6	6.00	2	1.98	5	4.95	1	1.54	6	6.38
总计	100		101		101		65		94	

从表6中可以看出，在所调查的五所学校中每所学校都有38.00%以上的家长对舞蹈教育"不了解"，只有9.90%—20.79%的家长选择对舞蹈教育"有所了解"。这说明，虽然家长们知道学习舞蹈可以提高学生的德育、美育水平，但是对舞蹈教育是通过怎样一种形式达到这种效果的他们并不了解，所以这就成为家长与舞蹈教育工作者产生矛盾的导火索之一。

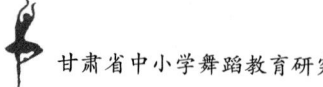

表6　　　　　　　对舞蹈教育认知情况调查（家长）

	A校		B校		C校		D校		E校	
	频数	百分比（%）	频数	百分比（%）	频数	百分比（%）	频数	百分比（%）	频数	百分比（%）
有所了解	11	11.00	10	9.90	21	20.79	10	15.38	10	10.64
一般	35	35.00	42	41.58	41	40.59	22	33.85	35	37.23
不了解	54	54.00	49	48.51	39	38.61	33	50.77	49	52.13
总计	100		101		101		65		94	

从表7中可以看出，在所调查的五所学校中，对舞蹈教育表示"有所了解"的人数分别是：A校学生有47人，B校学生有54人，C校学生有50人，D校学生有25人，E校学生有52人。总数为228人，占总调查人数的47.90%。这说明有52.10%的学生对舞蹈教育是不了解的，这就是导致很多学生不愿意选择学习舞蹈课程的重要因素之一。因为不了解，所以不愿接触，这样恶性循环会影响舞蹈课程在学生学习生活中的地位，因此要想舞蹈课程得到更好的开设，就必须让学生认识舞蹈教育的重要性。

表7　　　　　　　对舞蹈教育认知情况的调查（学生）

	A校		B校		C校		D校		E校	
	频数	百分比（%）	频数	百分比（%）	频数	百分比（%）	频数	百分比（%）	频数	百分比（%）
了解	47	47.00	54	53.47	50	48.08	25	35.71	52	51.49
不了解	53	53.00	47	46.53	54	51.92	45	64.29	49	48.51
总计	100		101		104		70		101	

据表8所示，在所调查的五所学校学生家长中，第一，家长认为学习舞蹈能够"提高综合素养"。第二，家长认为学习舞蹈的最主要优势是"可强身健体"。第三，家长认为学习舞蹈"有助于性格发展"。第四，家长认为学习舞蹈可以"开发脑力，有助于文化课学习"。这说明兰州市中小学家长对于学习舞蹈的认知还是比较全面客

观的，能够清楚地知道舞蹈对于学生的增值作用。但是从"开发脑力，有助于文化课学习"这个选项来看，大多数家长认为，学习舞蹈课程对学生文化课学习没有帮助，家长们并没有正确地认识到学习舞蹈课程对于中小学生脑力开发的重要价值。

表8　　　　学习舞蹈课程对学生发展状况的调查（家长）

	A校		B校		C校		D校		E校	
	频数	百分比（%）	频数	百分比（%）	频数	百分比（%）	频数	百分比（%）	频数	百分比（%）
提高综合素养	90	90.00	78	77.23	80	79.21	63	96.92	87	92.55
可强身健体	73	73.00	82	81.19	80	79.21	57	87.69	77	81.91
开发脑力，有助于文化课学习	51	51.00	59	58.42	51	50.50	24	36.92	50	53.19
有助于性格发展	73	73.00	75	74.26	69	68.32	61	93.85	80	85.11
其他	0	0	0	0	0	0	0	0	0	0
总计	287	287.00	294	291.10	280	277.24	205	315.38	294	312.76

注：此题为多选题，故总计百分比大于100%。

从表9中可以看出，在所调查的五所学校中，家长对于学生学习舞蹈的支持程度还是相对较高的，每所学校都有66.34%以上的家长选择支持学生学习舞蹈。在实际调研中得知，兰州市中小学生的家长认为，舞蹈作为一种针对学生身体的训练性课程还是值得学习的，但是家长虽然支持学生学习舞蹈，但是认为学生学习舞蹈必然会牵扯部分精力，会直接导致其他学科成绩的下降，所以还是有相当比例的家长不支持孩子学习舞蹈。

表9　　　　　对学生学习舞蹈课程态度的调查（家长）

	A校		B校		C校		D校		E校	
	频数	百分比（%）	频数	百分比（%）	频数	百分比（%）	频数	百分比（%）	频数	百分比（%）
支持	78	78.00	74	73.27	67	66.34	52	80.00	83	88.30
不支持	7	7.00	15	14.85	28	27.72	7	10.77	4	4.26
不知道	15	15.00	12	11.88	6	5.94	6	9.23	7	7.45
总计	100		101		101		65		94	

从表10中可以看出，学生对于舞蹈课程的认识也比较片面，觉得学习舞蹈的最大作用就是能够改善自身的身体素质，但是选择"学会审美""开发智力，对学习文化课有帮助""性格变好"这几个选项的人数还是偏少，这说明学生对于舞蹈课程的其他教育功能，例如提高审美能力这些层面还不够重视。

表10　　　学习舞蹈课程对身心发展状况的调查（学生）

	A校		B校		C校		D校		E校	
	频数	百分比（%）	频数	百分比（%）	频数	百分比（%）	频数	百分比（%）	频数	百分比（%）
性格变好	37	37.00	39	38.61	46	44.23	31	44.29	34	33.66
学会审美	46	46.00	42	41.58	35	33.65	22	31.43	31	30.69
强身健体	65	65.00	68	67.33	74	71.15	41	58.57	70	69.31
开发智力，对学习文化课有帮助	54	54.00	52	51.49	67	64.42	31	44.29	52	51.49
其他	6	6.00	6	5.94	4	3.85	0	0.00	0	0.00
总计	208	208.00	207	204.95	226	217.30	125	178.58	187	185.15

注：此题为多选题，故总计百分比大于100%。

从表11中可以看出，在所调查的五所学校中，有70%以上的学生选择学习舞蹈课程主要是"自己喜欢"，"父母的建议"只占20%

左右，这说明现代父母对孩子的教育已经非常开明，家长能够尽量尊重学生自己的选择，这为今后在中小学生中开设舞蹈课程提供了有利的条件。

表11　　　　　　选择学习舞蹈课程原因的调查（学生）

	A校		B校		C校		D校		E校	
	频数	百分比（%）	频数	百分比（%）	频数	百分比（%）	频数	百分比（%）	频数	百分比（%）
自己喜欢	70	70.00	72	71.29	74	71.15	50	71.43	72	71.29
父母建议	20	20.00	20	19.80	16	15.38	16	22.86	22	21.78
学校重视这门课	0	0	0	0	0	0	0	0	0	0
升学考试可以加分	10	10.00	9	8.91	14	13.46	4	5.71	7	6.93
总计	100		101		104		70		101	

（2）课程设置

从表12中可以看出，所调查的五所学校中，A校有79.00%的学生，B校有82.18%的学生，C校有73.08%的学生，E校有81.19%的学生选择所在学校开设的舞蹈课程，调查结果呈现出中小学舞蹈课程开设情况很好，但是在实际调查中发现，学生们所理解的舞蹈课程，其实是学校组织的舞蹈兴趣活动小组，并非实际意义上的舞蹈课程。D校选择本校所开设的舞蹈课程的学生就只有14.29%，之所以得出这样的数据结果是因为所调查的学生年龄较大，对问卷所提出的问题理解程度较高。

从表13中可以看出，在所调查的五所学校中，其中D校没有一位家长选择学校开设了舞蹈课程，而其他四所学校，有53.19%以上的家长选择不清楚学校是否开设舞蹈课程。这说明，家长对学校是否开设舞蹈课程并不重视，从另一个层面反映出随着学生年龄的增长，文化课程负担加重，舞蹈课程在家长心目中的重要程度随之降低。

表12　　　　　　学校开设舞蹈课程状况的调查（学生）

	A校		B校		C校		D校		E校	
	频数	百分比（%）	频数	百分比（%）	频数	百分比（%）	频数	百分比（%）	频数	百分比（%）
有	79	79.00	83	82.18	76	73.08	10	14.29	82	81.19
没有	21	21.00	18	17.82	28	26.92	60	85.71	19	18.81
总计	100		101		104		70		101	

表13　　　　　　学校开设舞蹈课程的状况的调查（家长）

	A校		B校		C校		D校		E校	
	频数	百分比（%）	频数	百分比（%）	频数	百分比（%）	频数	百分比（%）	频数	百分比（%）
有开设	4	4.00	8	7.92	10	9.90	0	0	9	9.57
没开设	33	33.00	32	31.68	32	31.68	25	38.46	35	37.23
不清楚	63	63.00	61	60.40	59	58.42	40	61.54	50	53.19
总计	100		101		101		65		94	

从表14中可以看出，在所调查的五所学校中，没有一所学校舞蹈课程开设超过一周2课时以上。A校、B校、C校、E校中还有少部分学生有两节舞蹈课程，其余80%以上的学生都选择只有一节舞蹈课，其中D校学生100%选择有一节舞蹈课。这说明兰州市中小学舞蹈课程开设不均衡、合理。

表14　　　　　　学校舞蹈课程课时状况的调查（学生）

	A校		B校		C校		D校		E校	
	频数	百分比（%）	频数	百分比（%）	频数	百分比（%）	频数	百分比（%）	频数	百分比（%）
一周一节	84	84.00	83	82.18	85	81.73	70	100.00	84	83.17
一周二节	16	16.00	18	17.82	19	18.27	0	0	17	16.83
一周二节以上	0	0	0	0	0	0	0	0	0	0
总计	100		101		104		70		101	

从表15中可以看出，在所调查的五所学校中，无一例外，舞蹈课程全部都是以兴趣活动课的形式开设的。

表15　　　　　　学校以何种形式开设舞蹈课程调查（家长）

	A校		B校		C校		D校		E校	
	频数	百分比（%）	频数	百分比（%）	频数	百分比（%）	频数	百分比（%）	频数	百分比（%）
正规课程	0	0	0	0	0	0	0	0	0	0
活动课	100	100	101	100	101	100	65	100	94	100
其他	0	0	0	0	0	0	0	0	0	0
总计	100	100	101	100	101	100	65	100	94	100

表16的数据说明，兰州市中小学所涉及的舞蹈种类还是以民族舞蹈为主的，其他舞蹈种类为辅。这里所说的"课程开设"并不是真正意义上的，而是表示舞蹈活动课中能够接触到此类型的舞蹈。

表16　　　　　　学校舞蹈课程开设种类调查（学生）

	A校		B校		C校		D校		E校	
	频数	百分比（%）	频数	百分比（%）	频数	百分比（%）	频数	百分比（%）	频数	百分比（%）
古典舞	59	59.00	56	55.45	76	73.08	50	71.43	55	54.46
芭蕾舞	57	57.00	59	58.42	15	14.42	7	10.00	46	45.54
民族舞	69	69.00	73	72.28	92	88.46	70	100	77	76.24
现代舞	47	47.00	45	44.55	33	31.73	18	25.71	29	28.71
其他	11	11.00	10	9.90	0	0	0	0	0	0
总计	243	243.00	243	240.60	216	207.69	145	207.14	207	204.95

注：此题为多选题，故总计百分比大于100%。

从表17中可以看出，学生最喜欢的舞蹈种类是芭蕾舞和民族舞，这是因为在日常生活中学生通过媒体、网络所接触到的这类舞蹈居

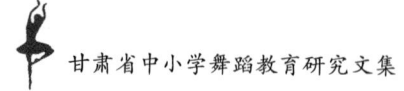

多，所以主观选择偏向于它们。而古典舞、现代舞接触得少，所以对它们的兴趣就不如芭蕾舞和民族舞强烈。

表17　　　　　　有关舞蹈种类喜好的调查（学生）

	A校		B校		C校		D校		E校	
	频数	百分比（%）	频数	百分比（%）	频数	百分比（%）	频数	百分比（%）	频数	百分比（%）
古典舞	35	35.00	36	35.64	60	57.69	33	47.14	33	32.67
芭蕾舞	75	75.00	79	78.22	82	78.85	54	77.14	79	78.22
民族舞	76	76.00	75	74.26	83	79.81	52	74.29	73	72.28
现代舞	33	33.00	34	33.66	25	24.04	28	40.00	36	35.64
其他	7	7.00	6	5.94	3	2.88	4	5.71	2	1.98
总计	226	226.00	230	227.72	253	243.27	171	244.28	223	220.79

注：此题为多选题，故总计百分比大于100%。

（3）师资队伍

从表18中可以看出，在所调查的五所学校中，首先有72.28%以上的数据结果表明，学生家长在乎舞蹈教师的学历。其次有72.34%的数据结果表明，家长注重舞蹈教师的人品师德。再次有70%以上的数据结果表明，家长重视舞蹈教师的专业技能。所呈现的结果表明，家长对于舞蹈教师的期望还是比较高的，他们希望能够有受过系统培训的专业舞蹈教师进行授课，希望舞蹈教师具备足够的耐心，教学方式方法能与中小学生的身心发展相一致。

从表19中可以看出，在所调查的五所学校中，选择舞蹈课程"由其他学科教师代课"的学生较多。选择"不知道"舞蹈教师是不是专业出身的学生也有17.00%以上，只有极少数学生选择学校有专业舞蹈教师。这说明兰州市中小学舞蹈教师师资力量严重缺乏，学校基本没有专业的舞蹈老师，其中，有极少一部分舞蹈教师为外聘。中小学舞蹈课绝大部分是由其他学科的老师代为教授，这样，让中小学生很难接触到规范的舞蹈课程。

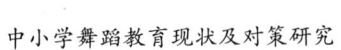

表18　　　　　　有关舞蹈教师资质的调查（家长）

	A校		B校		C校		D校		E校	
	频数	百分比（%）	频数	百分比（%）	频数	百分比（%）	频数	百分比（%）	频数	百分比（%）
舞蹈专业技能	75	75.00	90	89.11	76	75.25	55	84.62	67	71.28
人品师德	82	82.00	83	82.18	86	85.15	51	78.46	68	72.34
学历	96	96.00	91	90.10	73	72.28	55	84.62	94	100.00
其他	0	0	0	0	0	0	0	0	0	0.00
总计	253	253.00	264	261.39	235	232.68	161	247.70	229	243.62

注：此题为多选题，故总计百分比大于100%。

表19　　　　　有关学校是否有专业舞蹈老师的调查（学生）

	A校		B校		C校		D校		E校	
	频数	百分比（%）	频数	百分比（%）	频数	百分比（%）	频数	百分比（%）	频数	百分比（%）
是专业舞蹈教师	12	12.00	10	9.90	7	6.80	0	0	10	9.90
不是，由其他学科教师代课	45	45.00	47	46.53	61	59.22	38	54.29	50	49.50
外聘教师授课	12	12.00	14	13.86	14	13.59	20	28.57	10	9.90
不知道	31	31.00	30	29.70	21	20.39	12	17.14	31	30.69
总计	100		101		103		70		101	

从表20中可以看出，在所调查的五所学校中，没有家长选择外聘舞蹈教师授课能够认真负责，其原因是，家长并非怀疑外聘舞蹈教师的专业水准，他们更为关注的是，作为外聘教师，校方怎样监管这类教师，对外聘教师的教学质量如何评定。

表20　　　　　有关舞蹈教师教学态度的调查（家长）

	A校		B校		C校		D校		E校	
	频数	百分比（%）	频数	百分比（%）	频数	百分比（%）	频数	百分比（%）	频数	百分比（%）
本校有编制教师	91	91.00	96	95.05	92	91.09	59	90.77	83	88.30
外聘教师	0	0	0	0	0	0	0	0	0	0
无所谓	9	9.00	5	4.95	9	8.91	6	9.23	11	11.70
总计	100		101		101		65	100	94	

从表21中可以看出，半数以上的学生选择舞蹈教师上课并没有使用相关课程教材，还有很多学生不关注老师是否使用舞蹈课程教材。教材作为教师上课的依据，如果没有或不适用，那么怎样保障舞蹈课程的教学质量呢！

表21　　　　　有关舞蹈教材使用状况的调查（学生）

	A校		B校		C校		D校		E校	
	频数	百分比（%）	频数	百分比（%）	频数	百分比（%）	频数	百分比（%）	频数	百分比（%）
有	21	21.00	21	20.79	12	11.54	6	8.57	23	22.77
没有	69	69.00	49	48.51	68	65.38	44	62.86	50	49.50
不清楚	10	10.00	31	30.69	24	23.08	20	28.57	28	27.72
总计	100		101		104		70		101	

从表22中可以看出，在所调查的五所学校中，A校、D校、E校三所学校中有86.15%以上的家长，选择学生就读学校并没有舞蹈课程教材。B校、C校两校中有25.74%以上的家长选择学校具有舞蹈课程教材，由实际调查得知，这些家长认为，作为舞蹈老师就应该具备相应的课程教材，但实际上这些家长也未见过舞蹈教师所使用的课程教材。这表明兰州市中小学还没有完整系统的舞蹈教材，教师上课

都是根据以往经验进行的，课程内容具有随意性的特点，缺乏系统性。

表22　　　　　有关舞蹈教材使用状况的调查（家长）

	A校		B校		C校		D校		E校	
	频数	百分比（%）	频数	百分比（%）	频数	百分比（%）	频数	百分比（%）	频数	百分比（%）
有	7	7.00	33	32.67	26	25.74	9	13.85	11	11.70
没有	93	93.00	68	67.33	75	74.26	56	86.15	83	88.30
总计	100		101		101		65		94	

从表23中可以看出，在所调查的五所学校中选择舞蹈教师授课采用教学示范的学生较多，占28.57%以上，选择口头表述的学生较少，在12.00%以下，这说明舞蹈教师授课方式还是比较传统、单一的，没有根据学生条件的差异做到因材施教。教学方式、方法不够严谨科学，不符合当下学生发展的需求。

表23　　　　　有关舞蹈教师授课方式的调查（学生）

	A校		B校		C校		D校		E校	
	频数	百分比（%）	频数	百分比（%）	频数	百分比（%）	频数	百分比（%）	频数	百分比（%）
口头表述	12	12.00	11	10.89	8	7.69	19	27.14	7	6.93
教学示范	46	46.00	55	54.46	52	50.00	20	28.57	52	51.49
口头表述与教学示范	42	42.00	35	34.65	44	42.31	31	44.29	42	41.58
总计	100		101		104		70		101	

从表24中可以看出，在所调查的五所学校中，D校有60.00%的学生选择不知道舞蹈老师的示范动作是否标准。有7.14%的学生选择舞蹈教师示范动作标准。而其他四所学校选择舞蹈教师示范动作标

准的学生有80%左右，这是因为D校参与调查的学生年龄较大，思维心智发育较为全面，所以主观判断能力比其他学校学生要强。这就说明，年龄越小的孩子会单纯地认为，只要是教师做的示范就应该是对的、好的，这就要求我们的舞蹈教师不仅要有专业技能，还要具备良好的职业道德。

表24　　　　　有关舞蹈课程的规范性的调查（学生）

	A校		B校		C校		D校		E校	
	频数	百分比（%）	频数	百分比（%）	频数	百分比（%）	频数	百分比（%）	频数	百分比（%）
标准	79	79.00	79	78.22	85	81.73	5	7.14	76	75.25
不标准	16	16.00	13	12.87	19	18.27	23	32.86	15	14.85
不知道	5	5.00	9	8.91	0	0	42	60.00	10	9.90
总计	100		101		104		70		101	

（4）学生发展

从表25和表26两组数据结果中可以看出，兰州市中小学校都组织过舞蹈演出比赛。在不耽误文化课学习的前提下，大部分家长对于孩子参加舞蹈类演出、比赛的态度还是较为支持的，因此，要协调好演出比赛与文化课学习之间的关系，只有这样才能使更多的家长支持学生参与舞蹈演出与比赛。

表25　　　　　有关学校是否有舞蹈演出的调查（家长）

	A校		B校		C校		D校		E校	
	频数	百分比（%）	频数	百分比（%）	频数	百分比（%）	频数	百分比（%）	频数	百分比（%）
有	78	78.00	57	56.44	74	73.27	26	40.00	62	65.96
没有	15	15.00	21	20.79	14	13.86	19	29.23	17	18.09
不知道	7	7.00	23	22.77	13	12.87	20	30.77	15	15.96
总计	100		101		101		65		94	

表26　　　　　　　有关参加舞蹈演出态度调查（家长）

	A校		B校		C校		D校		E校	
	频数	百分比（%）	频数	百分比（%）	频数	百分比（%）	频数	百分比（%）	频数	百分比（%）
支持，有利于孩子身心发展	63	63.00	75	74.26	66	65.35	52	80.00	66	70.21
不支持，耽误文化学习	20	20.00	4	3.96	6	5.94	2	3.08	14	14.89
无所谓	17	17.00	22	21.78	29	28.71	11	16.92	14	14.89
总计	100		101		101		65		94	

从表27至表29三组数据中可以看出，兰州市中小学生对于参加舞蹈演出的积极性还是蛮高的，但是学生参与的机会太少，演出的正规性较低。这说明学校及社会需要为学生提供更多更好的实践平台，让学习舞蹈的学生能有更好、更多的展示机会，这样才可能激发更多的学生踊跃学习舞蹈课程。

表27　　　　　　　有关参加舞蹈演出频率的调查（学生）

	A校		B校		C校		D校		E校	
	频数	百分比（%）	频数	百分比（%）	频数	百分比（%）	频数	百分比（%）	频数	百分比（%）
参加、机会很多	18	18.00	24	23.76	16	15.38	0	0	14	13.86
偶尔参加	69	69.00	64	63.37	74	71.15	54	77.14	68	67.33
不参加	13	13.00	13	12.87	14	13.46	16	22.86	19	18.81
总计	100		101		104		70		101	

表28　　　　　有关参加舞蹈演出态度的调查（学生）

	A校		B校		C校		D校		E校	
	频数	百分比（%）	频数	百分比（%）	频数	百分比（%）	频数	百分比（%）	频数	百分比（%）
喜欢	88	88.00	89	88.12	80	77.67	37	52.86	91	90.10
一般	11	11.00	11	10.89	19	18.45	33	47.14	10	9.90
不喜欢	1	1.00	1	0.99	4	3.88	0	0	0	0
总计	100		101		103		70		101	

表29　　　　　有关组织舞蹈演出机构的调查（学生）

	A校		B校		C校		D校		E校	
	频数	百分比（%）	频数	百分比（%）	频数	百分比（%）	频数	百分比（%）	频数	百分比（%）
班级举办	14	14.00	16	15.84	21	20.19	9	12.86	13	12.87
学校举办	56	56.00	54	53.47	60	57.69	50	71.43	60	59.41
校外举办	30	30.00	31	30.69	23	22.12	11	15.71	28	27.72
其他	0	0	0	0	0	0	0	0	0	0
总计	100		101		104		70		101	

从表30至表31两组数据结果中可以看出，有近60%的学生对未来是否学习舞蹈课程选择听从父母安排。大部分家长对于学生学习舞蹈课程的态度还是比较支持的，认为孩子多一种兴趣爱好对其自身成长是有帮助的，但是通过实际调查得知，家长支持学生学习舞蹈课程的态度，是建立在不影响学生学习文化课程前提下的。一旦学生文化课学习受到影响，大部分家长则会要求学生放弃舞蹈课程的学习。

表30　　　　有关学习舞蹈课程未来发展状况调查（学生）

	A校		B校		C校		D校		E校	
	频数	百分比（%）	频数	百分比（%）	频数	百分比（%）	频数	百分比（%）	频数	百分比（%）
进入专业院校学习	12	12.00	12	11.88	3	2.88	5	7.14	9	8.91

续表

	A 校		B 校		C 校		D 校		E 校	
	频数	百分比（%）	频数	百分比（%）	频数	百分比（%）	频数	百分比（%）	频数	百分比（%）
如文化课学习任务繁重则放弃学习舞蹈	30	30.00	26	25.74	26	25.00	13	18.57	25	24.75
出国深造	2	2.00	3	2.97	1	0.96	7	10.00	0	0.00
听从父母安排	52	52.00	57	56.44	72	69.23	43	61.43	61	60.40
不知道	4	4.00	3	2.97	2	1.92	2	2.86	6	5.94
总计	100		101		104		70		101	

表31　有关学习舞蹈课程未来发展状况调查（家长）

	A 校		B 校		C 校		D 校		E 校	
	频数	百分比（%）	频数	百分比（%）	频数	百分比（%）	频数	百分比（%）	频数	百分比（%）
进入专业院校学习	2	2.00	0	0	0	0	0	0	6	6.38
如文化课学习任务繁重则放弃学习舞蹈	37	37.00	62	61.39	64	63.37	36	55.38	58	61.70
随孩子喜好而定	58	58.00	30	29.70	33	32.67	29	44.62	23	24.47
出国深造	0	0	0	0	0	0	0	0	0	0
不知道	3	3.00	9	8.91	4	3.96	0	0	7	7.45
总计	100		101		101		65		94	

（5）硬件设施

表32和表33是就学校是否配备专门的舞蹈教室问题进行的调查，分别由参与调查的学生和家长作答。从调查结果可以看出，超过半数以上的学生和家长都表示，所在学校备有专门的舞蹈教室。在实际调查中得知，在所调查的五所学校中不仅配备了专门的舞蹈教室，而且有的学校舞蹈教室的条件很好（见图1和图2）。这说明在兰州市中小学开设舞蹈课程已经具备良好的硬件条件。

表32　　　有关学校是否具有专门的舞蹈教室的调查（学生）

	A校		B校		C校		D校		E校	
	频数	百分比（%）	频数	百分比（%）	频数	百分比（%）	频数	百分比（%）	频数	百分比（%）
有	78	78.00	57	56.44	74	73.27	26	40.00	62	65.96
没有	15	15.00	21	20.79	14	13.86	19	29.23	17	18.09
不知道	7	7.00	23	22.77	13	12.87	20	30.77	15	15.96
总计	100		101		101		65		94	

表33　　　有关学校是否有专门的舞蹈教室的调查（家长）

	A校		B校		C校		D校		E校	
	频数	百分比（%）	频数	百分比（%）	频数	百分比（%）	频数	百分比（%）	频数	百分比（%）
有专门舞蹈教室	88	88.00	86	85.15	101	100	52	80.00	80	85.11
与其他学科共用教室	1	1.00	3	2.97	0	0	0	0	0	0.00
没有舞蹈教室	0	0	3	2.97	0	0	0	0	0	0
不清楚	11	11.00	9	8.91	0	0	13	20.00	14	14.89
总计	100		101		101		65		94	

图1　A校舞蹈教室

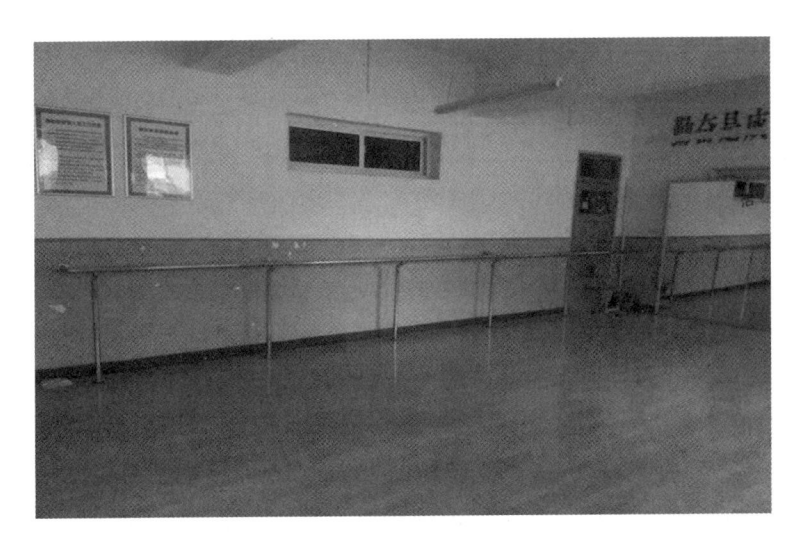

图2　B校舞蹈教室

从表34中可以看出，在所调查的五所学校中，有100%的学生选择舞蹈教室中具备镜子、把杆。有90%左右的学生选择舞蹈教室中具备音响设施。有50%左右的学生选择舞蹈教室中具备舞蹈垫子。

有30%左右的学生选择舞蹈教室中配备了塑胶地板和服装道具。从数据结果可以看出，中小学舞蹈教室中镜子、把杆、音响等基本教学设施配备较为齐全，但是更加专业的例如塑胶地板、舞蹈垫子、服装道具的配备率相对较低。这说明兰州中小学舞蹈教学的硬件设施建设还有待完善。

表34　　　　　有关舞蹈教室中硬件设施的调查（学生）

	A校		B校		C校		D校		E校	
	频数	百分比（%）	频数	百分比（%）	频数	百分比（%）	频数	百分比（%）	频数	百分比（%）
镜子	100	100.00	101	100.00	104	100.00	70	100.00	101	100.00
把杆	100	100.00	101	100.00	104	100.00	70	100.00	101	100.00
塑胶地板	35	35.00	36	35.64	30	28.85	27	38.57	36	35.64
舞蹈垫子	53	53.00	51	50.50	46	44.23	29	41.43	47	46.53
音响	92	92.00	96	95.05	96	92.31	61	87.14	96	95.05
服装道具	35	35.00	40	39.60	35	33.65	10	14.29	35	34.65
总计	415	415.00	425	420.79	415	399.04	267	381.43	416	411.87

注：此题为多选题，故总计百分比大于100%。

2. 访谈结果

针对兰州市中小学舞蹈教育发展进程中的相关问题，本文在问卷调查的基础上，选定相关教育专家、中小学艺术教育负责人两类群体共10人进行访谈，并对重点问题进行归纳与分析。

（1）对教育专家进行访谈的内容归纳与分析

本文选定的访谈对象主要以现从事舞蹈教育的人员为主，具有八年以上舞蹈教育教学与研究的经历，有代表性的舞蹈作品，并且在专业期刊上发表过学术论文。这些专家针对中小学舞蹈教育发展课程设置、师资水平及教育政策等方面的问题进行了回答。

从表35中可以看出，针对中小学是否应该开设舞蹈课程，五位受访的舞蹈专家态度一致，认为中小学开设舞蹈课程非常有必要，并从提高素质、塑造优美形体及增长知识面等方面进行了回答。其中有一位专家指出，现在推崇对学生进行美育教育，而舞蹈教育就是一个重要的实现途径，舞蹈课程可以培养孩子（中小学生）的审美能力，让他们懂得如何欣赏美、感受美，最终达到创造美的目的。

表35　　　　　　舞蹈教育专家访谈内容归纳统计

重点问题	回答问题核心内容归纳	回答问题的专家人数（n=5）	有效百分比（%）
对中小学开设舞蹈课程的看法	提高素质	5	100
	增长知识面	5	100
	塑造优美形体	5	100
您认为中小学舞蹈教育内容的侧重点应该是什么	以培养兴趣为主	5	100
	培养审美能力	4	80
	注重舞蹈风格	2	40
您认为中小学舞蹈教育是否应该具有教材	应该具有	5	100
	不应该具有	0	0
您认为中小学舞蹈教师应具备哪些能力	专业技能	5	100
	师德人品	5	100
	综合素质	5	100
您认为现兰州市中小学开设舞蹈课程的困难有哪些	政策导向	5	100
	教师资源匮乏	5	100
	硬件设施	4	80

针对舞蹈教材的问题，五位专家都回答说舞蹈教育应当有相应的教材，其中有专家指出：

> 中小学舞蹈教育应当有适合于这一年龄段孩子的教材，这样老师教学就可以有根有据，有助于提高教学质量。现在不管是外聘还是正式的舞蹈老师（在编），在教授课程的过程中都以自身经验为主，没有目的性、针对性，作为校方也没有针对老师和课

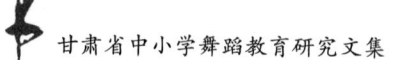

程的考核标准，学生犹如"放羊"一般，任其自由发展。

上述专家的访谈说明，中小学要开设舞蹈课程，其前提就是需要有相应的舞蹈教材，没有教材，具备再好的老师也是于事无补的，针对中小学编写相应的舞蹈教材是开设课程的必要条件。

针对老师应具备哪些能力的问题，有两位专家指出，作为中小学舞蹈教师，其本身的专业素养是不可或缺的，同样，教师的师德也是十分重要的。一位专家说：

> 中小学是孩子心智发育的关键时期，我觉得作为舞蹈教师除了专业要强，耐心、爱心也是很重要的，年龄小的孩子的舞蹈学习，我认为最主要的就是培养其兴趣，现在的老师教学缺少耐心与爱心，有很多孩子其实一开始对舞蹈课是十分喜欢的，但是因为老师没有耐心教授，有一部分孩子在上了几节课以后，就对学习舞蹈失去了信心，对舞蹈的兴趣在他（她）们幼小的心灵中就被扼杀了。

上述专家的访谈说明，中小学舞蹈教师只有较强的专业技能是不够的，必须对学生有着充足的耐心和丰富的爱心，要做到有教无类，只有让学生喜欢老师，才能让他们喜欢学习舞蹈课程。

至于兰州市中小学开设舞蹈课程的困难有哪些这一问题，有五位专家谈到受到国家、当地主管部门的政策限制，有四位专家谈到受学校硬件设施的限制。一位专家指出：

> 现在，国家和当地教育主管部门对学校的办学条件的扶持力度逐渐加大，从资金上大力支持改善和提高办学条件，可是目前的情况是"僧多粥少"，需要改善条件的学校太多，政府资金又不充足，哪里顾得过来，你们可以看看，现在兰州市城关区还好，像西固区、红古区的有些学校连个像样的校门都没有，每个

班都挤满了学生，哪里还有教室让孩子们跳舞呢？

上述专家访谈表明，学校的硬件设施是制约舞蹈教育发展的重要因素之一，没有场地，一切都如纸上谈兵，不切实际。

（2）兰州市中小学校负责人访谈内容的归纳与分析

本文确定的中小学舞蹈教育访谈对象主要为现任中小学的校长以及从事音乐舞蹈教育的负责人，具有六年以上的教学经验。针对中小学舞蹈教育的舞蹈师资水平、引进人才的主要困难、舞蹈教育内容以及舞蹈活动开展情况进行回答。

从表36中可以看出，针对兰州市中小学是否需要开设舞蹈课程，五位负责人一致认为非常有必要，并从提高审美能力、有利于开发智力和改变学生形体等方面进行了作答。

表36　　兰州市中小学校负责人访谈内容的归纳与分析

重要问题	回答问题核心内容总结	回答问题人数（%）	百分比（%）
对兰州市中小学是否需要开设舞蹈课程的看法	有助于开发智力	3	60
	提高审美	5	100
	塑造形体	5	100
贵校有舞蹈教材吗	有	0	
	没有	5	100
您认为舞蹈教师应具备哪些能力	专业素养	5	100
	人品师德	5	100
	综合能力	5	100
您认为舞蹈师资引进的主要困难是什么	编制	5	100
	学历	5	100
	考核制度	5	100
您认为中小学舞蹈课程开设应该侧重于哪些方面	培养兴趣	5	100
	提高身体素质	5	100
	注重风格	4	80
您认为中小学舞蹈教育活动应怎样开展	利用第二课堂	5	100
	在实践中提高能力	5	100

一位负责人指出：

> 我本身就是学音乐出身的，我深刻地体会到艺术对于提高素养是有着重要作用的，中小学只有音乐、美术这两门艺术课程是远远不够的，舞蹈有其艺术特点，而这些是通过音乐、美术课没法做到的。现状是很多孩子，尤其是女孩子都很重视自身形体美，像塑造优美的形体、改善不良体态等，这些就是其他课程没办法做到的。
>
> 家长现在也十分重视孩子们外在的形态，不仅是日常饮食，长时间地坐在桌子前写作业，就把好好的孩子写成了驼背、近视眼。校方现在响应国家政策，给孩子们充分的课间休息活动时间，但是好多孩子不知道利用这个时间做什么，有的看课外书，有的追逐打闹，我觉得还不如利用这个大课间统一由老师带着跳跳舞，活动活动。

上述专家的访谈表明，现在的学生以及家长都知道舞蹈课程的重要性，有希望通过学习舞蹈改善学生外在身体形态的意向，校方也希望通过舞蹈课程加强对学生素质的培养。

针对教材的问题，五位负责人都表示学校没有统一的舞蹈教材。针对舞蹈教师应具备哪些能力的问题，各位负责人主要从教师专业技能、师德人品、综合素养等方面进行了回答。有负责人提出：

> 我是一名音乐教师，我们学校的舞蹈课由我教授，学校没有统一的舞蹈教材。我上课的时候就是把我所知道的舞蹈知识，尽我所能地教给学生们，今天想起来一个动作，就教这个；明天又想起来一个动作，就教那一个，每个年级的舞蹈我教的东西都是一样的，基本上没有什么区别。
>
> 学生的舞蹈课也不进行考试，就是看学生动作记得怎么样，

哪个孩子基本功能力强一点，一般跳得好的孩子都是在校外培训班学过的，这样的学生我也愿意教，学校排舞蹈我也基本上选择学过的人。

从上述负责人的谈话中可以看出，舞蹈教师没有专业教材，课程在实施中没有依据可言，教师的教学能力和教师质量没有可以参考的评价对象。

针对舞蹈教师引进的问题，五位负责人都表示，在一些发达的一线城市，虽然中小学舞蹈课程还未普及，但是由于学生发展的需求，有很多学校已经利用第二课堂开展了舞蹈活动，但是师资的主要困难在于无法解决户口问题。各位负责人都谈到了编制问题，因为学校没有开设舞蹈课程，就没有设立舞蹈教师的岗位，所以无法以舞蹈教师的身份进入学校，只能利用聘用的办法。在教师引进的过程中，各省市大都采取统一考核的办法，考试内容、方式方法对于艺术类教师存在不合理不公平的地方。一位负责人指出：

每年都会有很多优秀的舞蹈专业本科生毕业，我们学校也想把他们招进来，可是第一，学校没有舞蹈老师的岗位编制，你要是招聘，人家还不来。第二，像我们学校进人都要通过省教育厅的考试，几乎一遇到这样的统考，艺术类的老师就被首轮笔试淘汰了。所以，现在进人太难。

针对兰州市中小学舞蹈教育内容的侧重点问题，各位负责人表示，除了能够让学生们学习到规范的舞蹈动作外，还要注重学生对舞蹈课程的兴趣培养。有一位负责人指出：

现在的舞蹈课都大同小异，很多家长和我一样不太懂，觉得孩子们能劈叉、下腰就是学得好，老师也是一个劲儿地让孩子们练习基本功，除了学期末会教个小舞蹈展示一下以外，其余时间

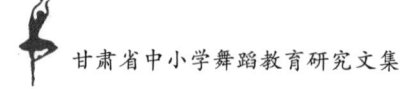

没有怎么跳过舞。

我觉得我们甘肃也是一个少数民族聚居区，有很多少数民族的舞蹈非常好看，老师们其实可以多给孩子教一点特色舞蹈，不仅可以增加趣味性，还可以附带地让孩子们对民族文化有所了解。

从上述专家的访谈中可以看出舞蹈在中小学素质教育中的重要性。不仅可以塑造形体，还可以让学生通过学习舞蹈了解民族文化。

针对中小学舞蹈教育活动的开展情况，各位负责人都谈到利用第二课堂加以实施，还可以充分利用实践交流的机会，促进、激发孩子的兴趣。有位负责人指出：

让学生多参加演出，就是为了让他们有平台可以展示自己，得到更多人的肯定与鼓励，也可以让孩子们相互学习，老师之间相互切磋。

实际活动不仅可以是本校举办的，还可以是校与校之间的交流，让孩子走出课堂，走出校门，甚至走出国门走向全世界，开阔学生的眼界，丰富他们的课余生活。

从上述专家访谈中可以看出，我国还未有相关政策要求中小学校开设舞蹈课程，但是实际上，学生以及家长都非常需要它，学校为了满足人们的需求，利用第二课堂、兴趣小组的形式让学生在课外从事舞蹈学习活动。

五　分析讨论

本文立足于从教育政策、课程设置、师资结构、硬件设施、发展趋势五个层面展开调查,从而分析影响兰州市中小学舞蹈教育的主要因素,并提出相应的对策,期望为未来兰州市中小学校舞蹈教育发展提供参考依据。本节主要针对调查结果及其所发现的问题进行分析讨论。

(一) 对舞蹈教育理念的认识

从调查问卷的数据结果中可以看出,兰州市中小学校学生及其家长对舞蹈教育还存在着教育理念上的偏见,他们对舞蹈教育的深层理念并不了解,这成为阻碍舞蹈教育在兰州市中小学校发展的"绊脚石"。所有的中小学生都会面临小升初或中考的学习压力,加上社会以及家长对舞蹈教育认知程度的偏差,使得大多数学生及其家长认为,中小学开设舞蹈课程并不重要。这在很大程度上对中小学生的艺术思维造成了阻滞,同时使中小学阶段的舞蹈教育丧失了原有的生命力。还有一部分正在学习舞蹈的中小学生及其家长,对舞蹈课程也仅仅停留于表面的认识,在这部分中小学生及其家长看来,舞蹈课程的学习只是帮助孩子锻炼身体的一种手段,并没有认识到舞蹈对于锻炼学生的意志力以及培养学生的审美能力、创造能力都有很大的帮助。对舞蹈课程这种扭曲的理解,不仅影响了中小学生艺术审美能力的发展,而且使得他们对于舞蹈课程的学习仅仅停滞于舞蹈表面的动作上,而不能呈现出更深层次的舞蹈内涵。

就目前兰州市舞蹈教育的现状而言,很多的学生家长过分看重学生舞蹈专业技能方面的训练,他们没有把培养兴趣、文化素养作为中小学生学习舞蹈课程的目的。在兰州市中小学生中,学习舞蹈课程已经成为艺术课学习的主流,大多数中小学生家长会让舞蹈课程作为孩子的一技之长来学习。许多家长认为,孩子在舞蹈学习中能有良好表现,突出的技能,才可以在今后的艺术道路上越走越远。从实际的调研中不难看出,许多家长越来越重视孩子以后的升学、就业问题,而这也是家长让学生接触舞蹈专业知识的主要原因之一。①

(二) 课程开设与内容

1. 课程开设

从问卷调查的数据中可以看出,舞蹈课程在兰州市中小学生中的受欢迎程度还是很高的。超过80%的学生还是较为喜欢舞蹈课程的,超过76.80%的学生家长也表示支持孩子学习舞蹈课程,但就是这样,绝大部分学生及其家长对于舞蹈教育的了解与认知也只有20%左右,而仅存的这些认知还普遍来源于日常生活中电视、网络媒体。可见,在不了解舞蹈教育的情况下,家长与学生还能选择舞蹈课程,这说明舞蹈课程有其独特的魅力,正不断吸引着大家。

从实际调研中得知,兰州市中小学校舞蹈课程开设的情况不太乐观。兰州市大部分中小学并没有将舞蹈课程作为一门单独的课程纳入教学内容中,中小学的舞蹈课程都是以辅助学科的形式出现的,例如,舞蹈活动课或第二课堂,学校虽然对舞蹈教育已经有了一定的重视,但是重视程度与其他文化课程相比还是很低的。从问卷调查数据中可以看出,对于学习舞蹈课程,家长和学生的需求度还是很大的,但是学校又不具备能力来满足家长和学生的需求,所以在这种情况下,学校无形中将学生和家长的舞蹈教育推向校外舞蹈辅导班。据不完全统计,截至2015年,兰州市经教育局批准的民办舞蹈校外培训班就有60多所,接受校外舞蹈培训的学生有70000—80000人。这一数据已经可以明确地说明兰州市中小学舞蹈课程开设不完全。2014年颁布的《教育部关于推进学校艺术教育发展的若干意见》,大大提升了艺术教育的地位。该意见强调在中小学要同时推进艺术和体育教育,为学生多开设相关的艺术活动,如歌唱比赛、舞蹈竞赛等,充分保证学生参加艺术活动的次数,加强学生对艺术学习的兴趣。自这一意见颁布以来,一线发达地区的中

---

① 王宁:《略谈基础教育中的舞蹈教育》,《山东教育学院学报》2006年第4期。

小学舞蹈教育已经得到了很大程度的改善，学生参加舞蹈活动的机会增多了，对舞蹈教育了解的程度也加强了。但是，兰州地区作为我国二线城市，经济、文化能力无法与一线城市相比，在舞蹈教育方面还未很好地响应这一项国家政策。

美国作为世界大国，高度重视舞蹈教学。从中小学开始，舞蹈教育贯穿了美国学生的整个学习生涯。早在20世纪初，美国就将舞蹈教育作为一门独立的学科设立于各级教育中。[①] 相比较而言，我国的舞蹈教育仍然处在较为落后的位置，与素质教育的目的相距甚远，与美国这些发达国家相比也存在很大的差距。近年来，国家教育部门对舞蹈教育的重视程度已经明显提高，在一些发达城市的中小学专门设置了综合艺术类的实践课程，将舞蹈课程学习提升到了较高的位置，这将会在一定程度上推动舞蹈教育的发展。

2. 课时量

教育部2001年颁布的《义务教育课程设置实验方案》明确规定，九年义务教育阶段的总课时数为9522课时，一年级至九年级设艺术课，旨在丰富学生的艺术经验，发展感受美、创造美、鉴赏美的能力，提高审美情趣。艺术类课程占九年总课时的比例是9%—11%。《教育部关于进一步加强中小学艺术教育的意见》进一步明确指出，"根据《义务教育课程设置实验方案》，九年义务教育阶段艺术类课程占总课时的9%—11%（总课时数为857—1047课时），各省级教育行政部门在制订本地区课程实施计划时，应按照上述规定设置艺术类课程，课时总量不得低于国家课程方案规定的下限。条件较好的学校按九年义务教育阶段艺术类课程占总课时的11%开设艺术类课程，其他学校开设艺术类课程不低于总课时的9%；其中，初中阶段艺术类课程开课不低于艺术课程总课时数的20%"，即190课时。根据《义务教育课程设置实验方案》的规定，"学年上课时间35周。学校

---

① 高佳佳：《美国中小学舞蹈教学特点及对我国的启示》，《教育教学论坛》2015年第6期。

机动时间 2 周，由学校视具体情况自行安排，如学校传统活动、文化节、运动会、远足等。复习考试时间 2 周（初中最后一年的第二学期毕业复习考试增加 2 周）。寒暑假、国家法定节假日共 13 周。"① 也就是说，中小学每学期按约 16 周的课程计算，在小学六年级中，每周艺术课程约 4.46 课时。在初中六学期中，每周艺术课程约 1.97 学时。

如表 37 所示，B 校四年级学生课程表中并没有舞蹈课程内容，但经实际调查了解，"社区"课就是兴趣小组活动课，它是包含科技、器乐、合唱、舞蹈、手工课程的社团活动，而且是单周周二上，双周周五上。根据《义务教育课程设置实验方案》所规定的艺术课程课时量看，每周艺术课只有不到 2 课时，远低于所规定的小学艺术课时约 4.46 课时的标准。

表 37 　　　　　　　　　B 校四年级课表

课程＼星期	星期一	星期二	星期三	星期四	星期五
第一节	语文	数学	英语	数学	英语
第二节	数学	儿童阅读	数学	儿童阅读	数学
第三节	体育	科学	信息技术	美术	作文
第四节	思品	体育	音乐	写字	作文
第五节	数自／校本	美术	语文	体育	科学
第六节	音乐	社区	班会	英语	社区／校本
第七节		社区			社区

表 38 所示为 E 校八年级学生课表，可以看出该校开设的艺术类课程中没有舞蹈课程。

---

① 中华人民共和国教育部网站，［2001-11-19］，http：//www.moe.gov.cn/srcsite/A26/s7054/200111/t20011119_88602.html。

表38　　　　　　　　　E校八年级课表

星期一	星期二	星期三	星期四	星期五
班会	语文	英语	语文	英语
语文	数学	语文	数学	数学
生物	语文	数学	英语	英语
体育	体育	英语	语文	语文
数学	历史	地理	历史	物理
下午				
地理	生物	政治	政治	英语
英语	英语	历史	信息	音乐
自习	自习	自习	自习	班会
物理	阅读	地理	健康（单周）	数学

3. 课程内容

从问卷调查中可以得知，兰州市中小学舞蹈课程没有教材，课程所教授的内容一般都由代课老师做主，老师们根据自身的经验教课。从实地走访调查中得知，兰州市中小学舞蹈课大部分以兴趣活动小组的形式开展，选择舞蹈兴趣小组的学生年龄跨度大，从一年级到六年级均有，老师没有办法"因材施教"，只能采取"一锅端"的办法，反应能力强的孩子还能跟上老师的步伐，年龄偏小、适应能力弱的孩子就完全处于"浑水摸鱼"的状态。这样开展舞蹈课程，教学质量从何谈起呢？

笔者对学生进行了采访：

笔者：你们的舞蹈课都做什么呢？一般会学习哪些舞蹈种类？

学生：我们的舞蹈课就是压压腿，踢踢腿，有些同学能下腰老师就让做，有些没有学过的，他们不会，老师就不让做了。我们平常不跳舞,就是有演出活动了,老师才会排舞。

笔者:那老师会给你们播放舞蹈剧目让你们欣赏吗?看过哪些呢?

同生:没有看过。

从访谈的内容中可以看出,老师没有教材,没有课本,甚至没有教学大纲,就好比"战士没有枪"一般,这样也让所谓的舞蹈活动课成为学校宣称的噱头,而实际上却毫无内容,毫无意义。难怪有那么多的学生和家长选择去校外培训机构学习舞蹈课程,我们正规的学校是在应付学生。结合当下国家大力支持发展艺术类课程的政策来看,我们的中小学校只有采取重大的举措才能符合国家政策的要求。

(三)舞蹈师资与培养

1. 中小学舞蹈师资配比不均衡

根据调查采访得知,在所调查的五所学校中,在编艺术教师共26人,其中音乐教师15人,美术教师11人,舞蹈教师没有。其中,中学音乐教师两人,美术教师两人。而所调查的五所学校在校学生共计8800余人,其中小学约6700人,中学约2100人。根据中小学在校人数,将班级人数按50人/班估算,小学应有6700/50,约134个班级,中学应有2100/50,大约42个班。再根据教育部关于音美体教师配备标准和教师规定课时量(小学音美体教师需完成每周15—18课时的工作量,中学音美体教师每周需完成14课时的工作量)来换算,得出参考数值。

如小学音乐、美术课——3节×134班=402节,然后402节÷16节=25人(根据小学音美体教师需完成每周15—18课时的工作量,取中间值,按每人每周完成16课时工作量估算)。

中学音乐、美术课——2节×42班=84节,然后84节÷14节=6人(根据中学音美体教师每周需完成14课时的工作量估算)。

从计算结果可以明显地看出,兰州市中小学艺术师资配置不完善。

2. 教师缺乏专业舞蹈技能

从问卷调查可以看出,在笔者所调查的五所学校中除E校外,都有舞蹈活动课,在调查中可以得知,教授舞蹈的老师没有一位是专业舞蹈方向毕业的。在与其中一些教师的交谈中可以看出,作为不是专业舞蹈毕业的,却被要求教授舞蹈课,着实是强人所难,老师想保证课程质量,可是被专业知识所困惑,无法施展其才华,教师变成课堂上的"门外汉"。舞蹈是以"口传身教"的授课方式教学的,不是舞蹈专业毕业的教师,第一,在口头表达上就缺乏专业性,表述的动作指令、对舞蹈术语记不清楚也不准确,学生难以准确地做出相应的舞蹈动作。第二,非舞蹈专业毕业的代课教师,因自身没有受过专业训练,所以肢体语言受到局限,学生的大部分舞蹈动作,都是需要通过舞蹈老师的动作示范教授给学生的,非舞蹈专业老师没有办法做到标准的舞蹈动作示范,这对于学生其实就是"欺骗"式教学,舞蹈作为用肢体语言表达内心情感的学科,总的要求就是"肢体"表达,而学生无法学到专业、规范的舞蹈知识,怎么能准确应用肢体表达情感呢?

3. 教师缺乏创新意识

兰州市中小学因为缺乏专业的舞蹈教师,所以课程创新无从谈起。从实际调研中得知,在所调查的五所学校舞蹈课程的代课教师中,有的老师通过网络视频或VCD学习一些儿童舞蹈,然后原封不动地教授给学生,不论舞蹈是否适合本地儿童学习,也不论舞蹈是否符合学生发展的需要。其中,有些舞蹈作品已经有10年的历史,音乐与舞蹈动作已经不适宜现代中小学生发展的需求了。我国的教育改革日新月异,教育理念、教育环境等都进行着不断革新,然而,我国中小学生还在学习N多年前的老旧舞蹈,这样的教育现状怎能把学生培养成为社会主义事业的建设者和接班人。

（四）学生学习与全面发展

1. 展示平台过少

"学以致用"是每一位学生及其家长所期望的，对于学习舞蹈的学生而言，就需要更多的展示平台来锻炼提升自我。据调查，兰州市中小学为学生提供的展示平台太少，而且缺乏专业性。兰州市教育局"中小学艺术节"截至2015年已经成功举办五届，其中包括声乐类、舞蹈类、课本剧、朗诵、书法类、绘画类、教育科研论文等项目，但是中小学并不是每一类项目都要参加，只需要自选三项参加即可。对于舞蹈类，节目排练时间长，需要占用大量的师生课余时间，且演出服装制作需要一定的经费，故很多学校不选择舞蹈类。因笔者参与了第五届中小学艺术节，了解到有95%的参加舞蹈类评比的学校都是请校外专业舞蹈教师编排的舞蹈。

"六一"国际儿童节是学生最喜欢的节日，也是学生通过各类表演展示自己的机会，在本文所调查的五所学校中，有一部分学校因自身条件的约束，无法举办演出活动，取而代之的是召开运动会。有些学校是由班级举办文艺演出，但是因时间较短，不是每一位学生都能够充分展示自己的艺术水平。

2. 缺少专业性青少年舞蹈比赛

"小荷风采"全国少儿舞蹈展演是经中宣部批准，在中国文联领导下举办的全国性少儿舞蹈展演活动，旨在进一步贯彻落实中央加强未成年人思想建设教育的指示精神，推进少年儿童素质教育，繁荣少儿舞蹈创作。首届"小荷风采"活动始于1998年，是我国少年儿童舞蹈交流与展示的重要舞台，每个节目都是通过全国初选和复选出来的，是全国少儿舞蹈创作和表演水平的一次大检阅。[①]

然而像"小荷风采"这类全国性舞蹈比赛对参加的人数、节目水准都有很高的要求，兰州市中小学生外出参加这类比赛的机会少、困

---

① 中舞网，http://news.wudao.com/20150330/105242.html。

难多。如果兰州市有类似专业性的少儿舞蹈比赛，对于兰州市中小学生而言将是一件十分庆幸的事情。

（五）教学设施与保障

硬件设施配备不足。专业的舞蹈教室是为学生和舞蹈教师很好地实施舞蹈课程的前提条件，在调查中可以得知，所调查的兰州市五所中小学校都配备了舞蹈教室，但是教室的面积大小有差别，教室内其他的设施配备也有差别，并有着不同程度的损坏。从图1中可以看出，舞蹈教室的面积足够大，但是其教室并没有铺设专业的舞蹈地胶，只是木质地板。而且准备的舞蹈练习垫子和钢琴已经闲置很长时间，上面的灰尘就是最好的见证。

教育部为确保中小学、中等师范、幼儿师范的学校建筑设计质量，创造适合青少年德育、智育、体育、美育全面发展的学校环境，特制定《中小学校建筑设计规范》，其中第3.6条对舞蹈教室做了明确规定。第一，舞蹈教室宜设器材贮藏室、更衣室、浴室、厕所等附属用房。第二，舞蹈教室的设计应符合下列规定：一是每间教室不宜超过20人使用。二是在教室内与采光窗相垂直的横墙上，应设一面高度不小于2100mm（包括镜座）的照身镜。其余三面内墙应设置高度不低于900mm的可升降把杆，把杆距墙不宜小于400mm。三是窗台高度不宜低于900mm，并不得高于1200mm。四是室内宜设吸顶灯，并应设电源插座、窗帘盒及挂镜线。五是采暖设施应暗装。[①] 就每间教室不宜超过20人这一规定而言，在所调查的五所学校中就有大部分无法达标，至于其他教室，细节要求就更无法达到了。

六 对策及建议

兰州市中小学舞蹈教育要想取得更好的发展成效，应当遵从国务

---

① http://gc.100xuexi.com/ExamItem/ExamDataInfo.aspx? id = 1934F980-3E8E-4301-94E0-E019A5EA7B58.

院办公厅颁发的《全面加强和改进学校美育工作的意见》的指示精神，改进传统的舞蹈教学观念，让学生在快乐中对舞蹈学习产生更加浓厚的兴趣，这样才能在实践中花费更多的时间与精力。兰州市中小学舞蹈教师需要对现状做具体的研究调查，并努力探索出新的教学道路，让舞蹈教学可以取得更大的成效。

(一) 树立正确的舞蹈教育理念

1. 正确理解舞蹈与美育的关系

舞蹈是美育的重要组成部分。对于绝大多数家长来说，对舞蹈艺术缺乏充足的了解，他们不了解舞蹈教育对于学生的真正意义，也无法在学生舞蹈课程上给予正确的指导。现在很多家长都知道除了文化课程的学习外，学生还应当具备较高的素养。但是，舞蹈教育对于提升学生素质的重要性却罕为人知。舞蹈教育在社会以及家长的心目中依旧停留在它"跳动"的表面形式上，学生通过学习舞蹈课程提高自我审美能力，学会表现美、欣赏美、创造美。中小学舞蹈教育课程的主要受益者是中小学生，支持者为学生家长以及社会大众，为了能够更好地展开中小学舞蹈课程，就必须让家长及社会大众真正了解舞蹈在美育教育中的重要地位，了解舞蹈的艺术特性，并且掌握舞蹈课程实施中需要注意的事项等。在此基础上，才能形成学生学习舞蹈课程的良好氛围以及提供正确的思想指导。

2. 舞蹈教育可以促进人的全面发展

(1) 舞蹈教育对中小学生气质培养的价值

中小学舞蹈教育对学生肢体发育方面的培养，主要包括体能与体格两个方面。体能指的是通过人体心、肺、血管对含氧血液的输送以及通过肌肉与耐力、柔韧性和平衡性所体现出的人体的基本运动能力。[①] 体格指的是人体外在的形态结构，包括身体各项指数、发育水平以及身高、体重、三围等。中小学生在舞蹈学习的过程中，良好的

---

① 何群：《我国校园舞蹈的现状调查及理论构想》，《北京舞蹈学院学报》2003年第4期。

肢体发育例如健康的身体、优美的体型、挺拔的姿态等，都会给中小学生气质的养成提供一定的有利条件。

舞蹈教育中的形体训练对纠正不正确的姿态、塑造优美的体态以及培养高雅的气质所起到的作用是不容置疑的。① 舞蹈教育中的形体训练是以专业的理论为指导，以训练对象的年龄特征和身体素质为基础，并结合运动过程中的实践经验，促进中小学生体态、气质正常发展的重要手段。以科学的方式进行舞蹈教育以及形体训练，对中小学生的身心健康有着极为重要的作用，不仅能矫正他们平时学习生活中的一些不良姿势，使他们拥有挺拔优美的姿态，还有利于他们高雅气质的养成。与体育相同，舞蹈也是通过肢体运动所呈现的一种姿势形态，并有利于身体的健康发展。但相较于一些体育运动项目对块状肌肉的训练，舞蹈对长线条式肌肉群的训练，会使人体的线条与形态显得更加的纤细优美。同时，舞蹈中对节奏音律的掌握，以及端庄大气或是婀娜多姿的舞蹈动作，都能促进中小学生优美形态的养成，并且让他们的心灵世界和精神境界得到升华，从而拥有举止大方、清新雅致的气质。正如儒家所提到的，人的内心境界是可以通过外在的姿态呈现的，人格与思想的美并不单单指人道德素质的美，也指内在人格与外在形态相结合的美。因此，中小学生的舞蹈教育除了对外在优美姿态的训练之外，还有对内心高尚情操的培养。

（2）舞蹈教育对于中小学生心智发展的价值

科学研究表明，中小学生的心理健康与身体发育是息息相关的，身体上的活动不仅有效地促进了中小学生的身体发育，对他们运动器官的锻炼也有着积极作用，同时还能促进他们智力的发展，对他们神经系统以及感官意识的健康发展产生了重要的影响。因此，作为与身体活动紧密相关的舞蹈教育，不仅能促进中小学生身体的健康发育，还对他们的智力与思想的发展起着有利作用。

在很多家长的潜意识里，学习舞蹈会影响孩子的文化知识的学

---

① 廖燕飞：《中国舞蹈教育思想史述评》，学位论文，中国艺术研究院，2006年。

习，甚至认为就是浪费时间。这是因为这些家长们不了解舞蹈的真正功能，所以他们不支持或者反对孩子将时间花费在舞蹈的学习上。从舞蹈的基本内涵来看，舞蹈是一种以人体的动作为外在表现形式，集健身、娱乐等功能于一体的艺术形式，对舞者来说它不仅具备锻炼身体的功能，而且能够修身养性、丰富学生的艺术内涵。相较于学生从文化课上所学习到的知识，舞蹈更加具有价值。所以，家长一定要正确认识学习舞蹈的意义，学习文化知识固然重要，但是帮助孩子锻炼身体，陶冶情操也同样重要。对此，家长需要帮助孩子科学地处理好文化课学习时间和舞蹈学习时间之间的关系。

正确引导。第一，要培养学生学习舞蹈的兴趣。很多学生学习舞蹈是因为身边的同学都学了，所以自己也不甘落人之后，但学了一段时间便中途放弃了。另外一部分孩子可能是真的想学习舞蹈，但是却忽略了舞蹈学习中可能会遇到的挫折。舞蹈学习，是一个长期而艰苦的过程，它不仅仅需要孩子具备较好的身体素质，而且需要坚韧的意志力，只有在不断勤学苦练中，才能够慢慢积累舞蹈学习的基本功。因此，很多孩子都会半途而废。这个时候，家长就需要及时给予孩子鼓励，科学地监督他们，促使他们持之以恒。

第二，家长的鼓励是孩子学习道路上最好的动力。所有的孩子都希望能够获得成功和表扬。因此，家长需要频繁地给予孩子鼓励和表扬，并且在孩子遇到挫折的时候及时给予孩子信心。在很多孩子学习舞蹈的过程中，我们发现，当他们十分轻松地掌握了一个舞蹈动作的时候，就会充满学习的热情和信心，十分用心地投入接下来的学习中；相反，在遇到困难的情况下，他们就容易产生逃避情绪，这个时候就需要家长的安慰了。

第三，家长需要努力挖掘孩子的天赋，帮助孩子了解舞蹈的深层含义。舞蹈是由一连串连贯的动作组合而成的，但并非是机械的，它还是舞者内在情感的外在体现。若是对舞蹈内涵了解得不够透彻，那么在具体的学习过程中将无法表现出富有魅力的舞蹈内涵。这时候，家长就需要耐心地告诉孩子，舞蹈的根本目的是表情达意，在跳的过程中不要害羞或是胆怯，应该尽情大胆地将自己的内在情感释放出来，做到与舞蹈的每一个动作合二为一，这样，孩子的舞蹈水平才能得到不断提高。

第四，帮助孩子将舞蹈的学习融进生活中去。艺术来源于生活，舞蹈也不例外。家长在日常生活中，需要积极鼓励孩子将自己的感受融入舞蹈中去，借助舞蹈来表达思想，从而进行舞蹈的创新。在舞蹈中表现生活，在舞蹈中感受快乐。

第五，加强与孩子舞蹈老师的交流。要想全面了解孩子在舞蹈学习中的具体情况，家长就必须和舞蹈老师频繁沟通，以及时掌握孩子的学习动态，从而在生活中给予孩子有针对性的指导。

第六，舞蹈的学习关键在于过程。在这一漫长的过程中，家长要有足够的耐心，多给予孩子信心和动力，这才是帮助孩子达到舞蹈学习目标的正确途径，毕竟，在短期内是不太可能取得明显效果的。

第七，舞蹈学习需要耗费大量的体力。家长承担着照顾孩子的责任，必须多注意孩子平时的饮食，要确保营养均衡，从而为孩子艰苦的舞蹈学习奠定良好的基础。

第八，注意保证孩子充足的休息时间。要想让孩子保持旺盛的精力去学习舞蹈，充足的休息时间是必不可少的，让孩子的身心在得到足够的放松之后更加全神贯注地投入舞蹈的学习中去。

(二) 加强中小学舞蹈教育教材建设

1. 有针对性地选用、创编舞蹈教育教材

教育部《关于印发〈全国学校艺术教育发展规划（2001—2010年)〉的通知》明确指出，要加强艺术课教材的建设和管理工作。通过教材审查和评选推出若干套符合素质教育要求的、高质量的艺术课教材，供各地学校选用。至2010年，基本实现基础教育阶段艺术课教材的现代化、多样化。要重视普通高等学校艺术类教材建设，逐步建立高校艺术教材的评审制度，积极推荐一批质量高、特色鲜明、深受学生欢迎的艺术教材。①

教材是教学的基本,要想提升舞蹈教育的成效,就需要选用、创编适合于中小学生的舞蹈教材,根据学生的年龄、接受知识的能力,以及受教育水平进行教材的选用,让舞蹈教材可以适用于每位学生的发展和学习需求。在小学阶段,教师可以采用游戏玩耍的方式来展开舞蹈教学,从而激发学生对舞蹈课程的兴趣。这时可以用舞蹈游戏的图画作为舞蹈教材内容。对于中学生而言应适当增加学习难度,给学生提供舞蹈作品让学生鉴赏。这类舞蹈教材应当呈现出丰富多彩的形式,例如,教师可以用舞蹈服饰的历史演变图画,作为学习舞蹈知识的课程内容。同时,在学习其他学科的过程中,也可以进行适当的舞蹈文化渗透。舞蹈教师还应当广泛运用视听、视频结合的教材,让学生可以多角度、全方位地感受舞蹈的魅力。

温柔在《促进身心健康提升生命质量——论舞蹈美育的生理学作用》一文中提出,中小学舞蹈教育除了学习专业的舞蹈知识外,还需要将其与美育教育关联起来,所以在教材的选择上应当注重美育教育的有关特点。首先,舞蹈教育教材的选择需要具备普及性的特点。②大多数学生在进入校园之前很少能接触到专业的舞蹈知识,中小学生对舞蹈艺术的认识都是在音乐课堂上学到的。如果教师在进行舞蹈课程教学时,一味死板地进行舞蹈动作示范,缺乏相关的教材或教学资料,必然会影响学生的学习兴趣,所以教师在选取舞蹈教材时应当遵循普及性的原则。另外,符合实际情况也是前提标准,教师可以在满足教学内容的基础上有针对性地设计出符合教学标准要求的教材内容。在设计教材内容时,教师需要将舞蹈专业欣赏作为其中的一个模块,增加舞蹈欣赏环节,让舞蹈欣赏在舞蹈教材中的比重得到扩大,增加学生对舞蹈专业知识的深层次理解。

---

① 中华人民共和国教育部网站,[2002-05-13],[http://www.moe.gov.cn/srcsite/A17/moe_794/moe_795/200205/t20020513_80694.html]。

② 温柔:《促进身心健康提升生命质量——论舞蹈美育的生理学作用》,《北京舞蹈学院学报》2003年第4期。

其次，舞蹈教材应当遵循地域代表性的原则。中小学对艺术课程的安排比较有限，课程大都以语数外为主，所以舞蹈教学时间就相对不足。在舞蹈教学中如果选取的教材内容根本没有代表性，就会使教学成效大打折扣，所以挑选出的舞蹈教学材料一定要符合教学的需求，紧扣教学主题。

我国是一个多民族国家，每个民族都有其独特的民族舞蹈。这里以甘肃省为例。甘肃省共有 55 个民族，少数民族人口为 219.92 万，占总人口的 8.75%。人口在千人以上的有 16 个，主要的少数民族为回族、藏族、东乡族、土族、裕固族、满族、保安族、蒙古族、撒拉族和哈萨克族。其中，回族、藏族、东乡族人口在 40 万以上，回族人口最多，为 118.49 万，东乡、裕固和保安为甘肃地方特有的少数民族。舞蹈教师在课堂上，根本无法讲授所有民族的舞蹈知识，所以在编写教材时需要进行恰当的筛选，挑选出具有代表性的民族舞蹈。比如甘肃地区典型的裕固族民间舞蹈、藏族民间舞蹈以及回族民间舞蹈等，老师可以对每个民族的文化背景、发展历史和风俗特点做简单的文字性说明，将这些民族所特有的舞蹈动律编排成由易到难的舞蹈组合形式，再配上图片进行教学，这样就可以用于不同年级学生的学习了。每种民间舞蹈都有其特色所在，这样才能体现其价值，所以在教材编撰过程中，应当对最具代表性的舞蹈加以详细讲解，这就需要舞蹈教师对教材内容进行地域特色的总结和探索。

首先，所挑选的教材内容从简易到繁复，从入门知识到深层次理解，对每一个环节都需要做专业的调整以实现教材内容的环环呼应。其次，要想让舞蹈专业知识教材做到系统性，可以从专业的舞蹈教育书籍中寻找参考资料。但是普及性的舞蹈知识与专业舞蹈知识在教学方法上又存在一定的差异性，所以在教材的安排上还需要进一步研究与筛选。

2. 丰富舞蹈教材种类

目前市场上很少有针对中小学生设计的舞蹈专业书籍，为了普及舞蹈专业知识，首先，可以增加适合学生阅读的、富有乐趣的舞蹈书籍，保证书籍内容通俗易懂、能够做到理解无障碍。例如，向学生提供与舞蹈知识有关的舞蹈漫画书籍或与游戏有关的舞蹈阅读书籍等，这些书籍不仅可以让学生学到舞蹈知识，还能吸引社会大众的眼球，以博得关注。其次，可以将市场上的舞蹈书籍进行丰富拓展，为舞蹈教育带来新鲜的知识和生命力，同时也符合中小学生的理解能力。这类舞蹈书籍可以让学生接触到更多的舞蹈专业文化知识，让舞蹈教育产生应有的普及效应。具备舞蹈专业知识的教育工作者，需要在感受舞蹈精髓的基础上研究中小学生的心理以及性格发展，希望可以将舞蹈教材变得更加丰富，同时使之得到深层次的拓展。

3. 呈现中小学音乐教材中所含的舞蹈知识内容

艺术的种类是丰富多样的，各种艺术门类又是紧密相连的，现在，我国的中小学音乐、美术课程已经开展得相对完善，唯独作为艺术大家族中重要成员的舞蹈课程还处于起步阶段，我们可以将一部分舞蹈课程内容融入音乐、美术课堂中，这样可以为更好地实施舞蹈课程奠定基础。

现在兰州市中小学普遍使用人民教育出版社出版的音乐教材（以下称之为"人教版"）。其中很多歌曲都是具有中国特色的民族音乐。例如，在四年级下册中，歌曲《快乐的泼水节》是一首傣族歌曲，老师可以先对傣族舞蹈的特点做简单阐述，然后将傣族舞蹈的特色舞蹈动律——起伏动律、脆动律、颤动律、三道弯以及孔雀手等用舞蹈的肢体形式教给学生，再让学生分组练习和观摩。之后再学习课本中的乐曲，学生带有舞蹈动律地学习音乐，不仅可以掌握一部分基本的舞蹈肢体语言，同时可以提高音乐节奏的准确性。老师在下一节音乐课上，可以让学生通过上节课学到的简单舞蹈动作，配合课本音乐自编、自创傣族舞蹈小组合，这样一来，不仅加深了学生对于音乐课程的记忆力，通过创编舞蹈还开发了学生的创造性，提高了学生学习的积极性，同时可以活跃课堂气氛。

现在的学校都有音乐欣赏课，舞剧作为舞蹈、戏剧、音乐相结合的表演形式，在我国历史上源远流长。其历史可追溯至公元前11世纪左右的西周时期，著名的《大武》就是舞、乐、诗等的艺术综合形式，是表现武王灭商这一历史事件的情节性大型歌舞。我国现当代有古典舞剧《小刀会》、民族芭蕾舞剧《红色娘子军》《白毛女》等多部经典舞剧。学生通过对舞剧的欣赏，不仅可以聆听到宏伟壮阔的音乐，还可以感受到舞蹈演员优美、舒展、激情的肢体语言，可以用心感受故事情节的跌宕起伏。这种综合性的欣赏课可以让学生更好地提高审美能力、陶冶情操。

（三）优化中小学舞蹈教育教师资源

1. 加强舞蹈师资队伍建设

兰州市现阶段舞蹈教育发展最关键的阻力就是缺乏专业舞蹈教师，教师是教育的基本要素，没有老师何谈教育。马文艳在《中美义务教育阶段舞蹈教育比较》一文中指出：美国义务教育阶段有18%的学生接受舞蹈教育，中国该比例为4%。美国公立中小学舞蹈教育的学生/教师比是81∶1，中国该比例是240∶1。美国53%的舞蹈课程由全职在校舞蹈教师教授，中国中小学中全职舞蹈教师的比例过低，中小学舞蹈教育过分依赖校外专业师资。[①] 应如何加强兰州市舞蹈师资队伍呢？笔者认为，可以从以下几点出发：第一，培养和提高现有舞蹈教师（非舞蹈专业代课教师）的专业水准，可以组织现有舞蹈教师，利用课余时间去专业艺术院校进修舞蹈课程，目的在于让现有舞蹈老师更准确地掌握舞蹈语言，能够较为准确地表达舞蹈示范动作。第二，可以聘请专业艺术院校的舞蹈教育专家、舞蹈教师做中小学舞蹈课程的校外辅导员，也可以从专业艺术院校、歌舞院团、舞蹈家协会等机构聘请舞蹈教师、舞蹈专家，为中小学生教授舞蹈课程。还可以让舞蹈专业在校生作为舞蹈教育普及的志愿者，到中小学开展舞蹈教育工作。第三，可以进行校对校、区对区的老师相互聘用，甚至可以共用舞蹈教师资源。第四，可以对学校其他课程的老师普及舞

---

① 马文艳：《中美义务教育阶段舞蹈教育比较》，《大众文艺》2014年第8期。

蹈知识，这样不仅能够培养其他学科教师的肢体表达能力，让他们感受到舞蹈课程的肢体艺术魅力，还可以培养"隐形"的舞蹈师资力量。

2. 转变教育观念，提升教师综合素质

首先，中小学舞蹈教师应当适当调整改变教学模式。以往舞蹈教师在教学时，通常以教授学生舞蹈专业技能为主，这样会导致在课堂上忽视中小学生的自我个性发展。舞蹈是一门艺术学科，它可以让学生在舞动中自由地发挥情感并受到精神上的启迪。同时在舞蹈表现中，学生的心灵能够随着情感的抒发而得到升华，思想也会变得越发成熟。这对于学生的思想感悟是一种良好的培养。如今，素质教育引发了全社会的高度重视，校方和学生家长都期望学生通过学习艺术课程提高综合素质。为此学校正在加强对舞蹈教育的全方位投入，努力纠正学生对于舞蹈教学观念的错误认识，让以往忽视舞蹈课程的局面得到改善，也让学校舞蹈教师对舞蹈教学产生新的认知。这些都促使舞蹈教育发生着改变，目的就是改善中小学校舞蹈教育工作。

中小学舞蹈教师除了要具备专业的舞蹈知识外，还要具备舞蹈专业素养，能够利用发散性思维来对舞蹈进行教学与创新改良。本文对于教师教学观念以及教师专业素养做了简单的分析和探讨。首先，教师应当进一步拓展教学观念，舞蹈教学不能单单停留在对舞蹈动作的教授上。舞蹈教学除了外在动作的训练外，还应当采用新的训练模式，让学生的肢体动作富有情感，可以表达深层含义，使肢体动作演变成思维潜能。教师在进行教学时应当摒弃传统教学中比较烦琐且效率较低的方式，对教学模式进行创新。中小学舞蹈教师需要更为积极地探索出舞蹈知识所潜藏的舞蹈文化内涵，让舞蹈学科可以与其他学科融会贯通。对舞蹈文化素养，舞蹈教师应当引以为重，努力培养自身的文化意识，这样才能在具体的教学中自如地讲授有关的舞蹈文化知识。

舞蹈教师自身素养是教学的关键因素，舞蹈教师应当提升自身的舞蹈文化以提高舞蹈专业表演水平。同时，舞蹈教师也应当加强教学管理，让学生可以在课堂上有组织地学习舞蹈知识。作为舞蹈教师养成专业舞蹈文化是硬性条件，专业舞蹈文化必须满足教学的需要，同时要将舞蹈文化知识的结构理清、捋顺，这样在教学过程中才能做到得心应手。作为中小学其他学科教师也应当注重舞蹈文化内涵的学习，教师只有具备艺术文化气质才能使舞蹈文化素养得到一定程度的升华。舞蹈教师需要拓展自身对舞蹈文化的吸收以及分析能力，在使之有机结合的同时做到适当整理规划，只有这样，才能让舞蹈教师在教学中选对教学内容。其中，学科教师在掌握舞蹈专业知识的同时还要将学科进行熟练、准确的运用。中小学舞蹈教师在教学中应当充分运用现代化技术，放大舞蹈与其他学科的关联度。

肢体语言作为舞蹈教师必须具备的一项教学技能，对于中小学舞蹈的教育作用更大，它关系着整个舞蹈教学的质量。肢体语言主要包括面部表情、手势动作等，舞蹈的艺术美需要这些肢体语言加以完美表达。中小学舞蹈教师在教学过程中，通过使用各种各样的肢体动作，能够更加生动传神地表现舞蹈的美和精神内涵，学生经过这样的艺术熏陶，能够逐渐提升自我的艺术欣赏能力，丰富自我的艺术修养，同时还能够加强教学内容的吸引力，激发学生的学习兴趣。因此，作为中小学舞蹈教师，一定要有意识地提升运用肢体语言进行舞蹈教学的能力，灵活而科学地使用之，从而增强舞蹈课堂的魅力。在教师肢体语言的感染下，学生的艺术欣赏能力能够得到很大提高，艺术修养在潜移默化中得到大大提升。除此之外，舞蹈教师还需用亲切的态度对待学生，积极给予学生精神上的支持和鼓励，以有效的方式启发、表扬和赞美学生。在这一过程中，肢体语言可以发挥巨大的作用。通过这种特殊的语言形式来和学生交流，运用特殊的情感表达方式来为学生提供学习上的意见和建议，不失为一种高效的舞蹈教学方式，对提升学生运用肢体语言的能力来强化舞蹈的表现力具有重要的意义。

3. 推出切实有效的舞蹈教师竞争机制

舞蹈教育工作在学校中很难引起高度重视，是由于应试教育对舞蹈学科的忽视，舞蹈教育很难在应试教育模式下占有一席之地。目前，应试教育仍然以考试成绩评判学生的学习成绩，舞蹈教师为了迎合这一现象设计了有针对性的教学方案，即仍然以教师讲学生被动听为主要模式。所以舞蹈教学中教师主要以课本为讲课内容的主要来源，很多舞蹈教师习惯在课堂上围绕教科书进行讲解，这样一来，学生的学习就显得异常被动，甚至对课程提不起兴趣。对于学生而言，这种教学模式只会限制他们的思维，在教学中舞蹈教师很难提高自身的舞蹈专业素养。舞蹈教师应当根据教学大纲来设定合适的教学方法，确定相应的教学目标，学校要完善内部竞争机制，让舞蹈教师的专业素养可以得到质的飞跃，并朝着理想的方向发展。

（四）积极开展丰富的校园舞蹈活动

教育部颁发的《学校艺术教育工作规程》指出：课外、校外艺术教育活动是学校艺术教育的重要组成部分。学校应当面向全体学生组织艺术社团或者艺术活动小组，每个学生至少要参加一项艺术活动。学校每年应当根据自身条件，举办经常性、综合性、多样性的艺术活动，与艺术课程教学相结合，扩展和丰富学校艺术教育的内容和形式。省、地、县各级教育行政部门应当定期举办学生艺术展演活动。各级各类学校在艺术教育中应当结合重大节日庆典活动对学生进行爱国主义和集体主义教育。学校应当充分利用社会艺术教育资源，补充和完善艺术教育活动内容，促进艺术教育活动质量和水平的提高，推动校园文化艺术环境建设。[①]

为了增强舞蹈教育的成效，仅仅在有限的课堂上进行舞蹈理论和实践的教学显然是不够的，并且舞蹈课堂教学培养的主要是学生的一般性能力，在培养学生的特殊舞蹈才能上是无法发挥巨大作用的。因

---

① 中华人民共和国教育部网站，[2002-05-13]，http://www.moe.gov.cn/srcsite/A02/s5911/moe_621/200207/t20020725_81854.html。

此，开展丰富多彩的课外活动，为学生提供更多的自我提升的平台是十分必要的。然而，这一点是很多中小学舞蹈教学中普遍存在的问题，严重制约着舞蹈教学质量的提升。

1. 开展各类舞蹈活动

首先，在有条件的基础上，学校需要成立更多的舞蹈社团，为学生提供更多的学习舞蹈的平台，并且在这些社团中增加师资力量的投入，重点培养在舞蹈上具备天赋的学生。对于进行专门指导的舞蹈教师，学校需要采取积极的奖励制度，从而充分调动教师工作的积极性。当然，需要注意的是，舞蹈课外活动的开展需要周期性地进行，明确其开展的目的、制订详细的计划、选择固定的时间和地点、确定好参加人员。为了保证舞蹈课外活动取得一定的效果，相关的负责部门还可以适当带领舞蹈教师出去考察和参观，方便教师之间的交流，相互吸取成功的经验。总之，课外舞蹈活动的开展，不仅为学生提供了更加宽广的舞蹈学习平台，而且有效地培养了学生的合作意识，对舞蹈文化在校园内的普及具有重要的意义。

2. 搭建舞蹈实践平台

组织举办中小学生舞蹈比赛，可以按照不同的年级来进行，从而增强比赛的科学性和合理性。对于比赛的形式外，可以采取多样化的方式；参加比赛的对象应该包括所有学生，以全面提高学生的舞蹈素质。当然，除了舞蹈比赛的形式，学校还可以充分利用节日的机会，在全校举办舞蹈演出，在为全体师生提供舞蹈表演机会的同时，促使他们进行舞蹈经验的交流，以便学习到更多的音乐知识和技能，并且激发学生学习舞蹈的热情和兴趣。

（五）改善硬件设施

1. 添足、添齐设施设备

根据调查得知，所调查的中小学校都具备专门的舞蹈教室。但是舞蹈教学需要用到的道具、服装、专业地板、舞蹈垫等并不是所有学校都具备的。为了更好地开设舞蹈课程，应该将舞蹈教学所需用到的设备设施准备齐全。

中国民族民间舞蹈擅长运用舞蹈道具,例如汉族舞蹈中的秧歌舞,舞者要运用腰鼓、红绸等道具。舞蹈中的很多音乐节奏,都是舞者通过敲击腰鼓而发出的。如果没有教学道具,鼓点节奏就只能通过嘴巴念出来,这不仅没办法让学生感受到秧歌所特有的舞蹈节奏,也阻碍了学生感受敲击腰鼓所产生的舞蹈动律。再例如,藏族民间舞蹈特有的甩袖动律,如果学生没有穿过藏袍,那么所有的甩袖舞蹈动律都是凭空想象的,无法真正体会出甩动长袖的力度与动律。很多基本功训练中的技巧练习需要用到舞蹈垫,目的在于保护学生不被摔伤。还有其他设备如投影仪。舞蹈教室安装投影仪,可以方便学生进行舞蹈欣赏,从而提升学生的审美能力。课堂辅助设备不仅可以提高教师的教学效率,还能够提高教师的教学质量。

2. 修整现有设施设备

很多学校现有的舞蹈设施设备已经陈旧不堪,地板磨损严重,镜面有裂缝,把杆常年失修,这都是教学中存在的安全隐患。中小学生年龄小,身体控制能力较差,木质地板本身太过光滑,在木质地板上做舞蹈动作容易滑倒,会对学生身体造成外力伤害。如果地板磨损严重,这对学生来说无疑是"雪上加霜"。所以学校应该派专人维护维修舞蹈教室的硬件设施,为学生创造一个安全舒适的教学环境。

七 结语

中小学阶段的孩子正处在健康成长的关键时期,对于这个群体来说,他们对新鲜事物充满好奇,拥有极强的模仿能力和学习能力,引导学生塑造健康人格是我们的共同愿景。舞蹈作为一种艺术形式,其本身具有陶冶情操、塑造人格的作用,因此在中小学阶段就该让孩子多接触舞蹈,这不失为一条正确的成长道路。那么,如何让更多的孩子热爱舞蹈、学习舞蹈呢?如何提高中小学的舞蹈教学质量呢?这不仅需要国家教育部门的重视,还需要全体学生、家长和老师的共同努力。

当前，由于受中小学生家长观念、教师因素、教学设施等的影响，兰州市中小学舞蹈教学中存在较多问题。本文认为，当转变旧的教育观念、尽快形成切实有效的竞争机制，加强中小学舞蹈教育的硬件设施建设，加强中小学舞蹈教育教材建设，开发中小学生舞蹈教育读物，优化中小学舞蹈教育的教师资源配置，尤其应优化中小学舞蹈教育的师资设置，提升中小学舞蹈教师素质，提升舞蹈教师的创新能力以及加强教师肢体语言的培养。另外，还需要积极开展丰富的课外舞蹈活动以及正确引导家长对待孩子学习舞蹈的态度。鼓励家长充分了解舞蹈艺术、引导家长正确看待舞蹈学习和文化知识学习之间的关系。

　　家长在孩子成长的道路上扮演着极为重要的角色，一定要多加注意孩子的内心，帮助孩子养成良好的兴趣爱好。这需要多和孩子进行心灵上的沟通和交流，积极优化自己的教育方法，为孩子创造良好的学习环境；舞蹈老师要积极探索出广受学生欢迎的教学方式，提升学生对舞蹈学习的兴趣；学校要提高对艺术学科教学的重视程度，注意对舞蹈老师进行培训；科学安排老师的教学任务，提高教学的积极性。

　　在充分了解兰州市中小学舞蹈教学现状的基础上，本文指出其中所存在的问题，并且在结合自身经验和实际情况的基础上给予相应的建议，旨在促进兰州市中小学舞蹈教学质量的提升。当然，要想在很大程度上提高其教学水平，还需要较长的一段时间，需要广大的舞蹈老师进行不断探索，改进教学方法，从而促进舞蹈教学的开展。

校外少儿舞蹈教育的现状调查与思考

一 绪论

在社会经济日新月异发展的今天，人们对精神文化提出了更高的要求。艺术成为丰富人们精神文化需求的重要部分。家长们不甘于自己的孩子掉队，加之其"望子成龙，望女成凤"的迫切心理，这为校外舞蹈教育的快速发展提供了可能。但是，校外舞蹈教育在不断发展的过程中也滋生了不少的问题。然而，即使有这些问题的存在，校外舞蹈教育的发展势头只增不减，并呈直线上升趋势。这就是笔者研究此问题的原因所在。

（一）选题的目的及意义

1. 选题目的

通过对校外少儿舞蹈教育现状的研究，引起教育部门以及办学机构、家长、学生和社会对舞蹈教育的重视，为校外舞蹈教育的更好发展打下坚实的基础。

2. 选题意义

（1）理论意义

由于校内舞蹈教育的不完善，家长们把目光投向校外舞蹈教育，力求能在校外让孩子们得到舞蹈艺术的熏陶。经调查发现，校外舞蹈培训市场在不断扩大的同时，存在着不少的问题。例如，教学硬件不完善，教学师资水平参差不齐，教学教材得不到有效更新等。因此，笔者认为，在校外舞蹈教育不断扩大与发展的同时，全面系统地研究校外舞蹈教育的现状并思考其今后的发展，对未来校外舞蹈教育的发展趋势能够起到理论上的参考作用。

（2）现实意义

目前，社会上大部分校外舞蹈教育机构或学校都是以教育和盈利为双重目的的教育机构。作为家长和学生更注重教育的过程与结果，而作为办学方可能更注重盈利的多少与机构规模的大小。因此，研究校外舞蹈教育的现状与发展状况对学生、家长以及办学机构来说都有着至关重要的现实意义。

就学生而言，学生个体的全面发展需要得到舞蹈艺术的教育与熏陶，因为树立正确的舞蹈学习观，有助于少儿身、心、体、智的健康成长与发展。

就家长而言，如何正确地引导孩子学习舞蹈的动机，是孩子学习舞蹈的关键所在。孩子只有真正从兴趣出发，才能达到"喜之舞之，舞之育之"的学习效果。

就办学机构而言，合理、系统、规范性的办学，有利于机构的良好发展。正确认识和了解校外舞蹈教育的现状及发展有利于避免各种不良问题的滋生，同时为机构更好的发展打下坚实的基础。

就社会而言，社会需要具有艺术素养和人文情怀的高素质人才，校外舞蹈教育的良好发展不仅践行了社会主义核心价值观，而且提高了我国国民的整体艺术素养。

（二）核心概念

1. 少儿舞蹈

"少儿舞蹈是一门独立的学科，因为表现对象特殊，它包含了舞蹈整体的艺术特征和审美规范，同时又具有自己独特的舞蹈形态和美学追求。少儿包括幼儿、少儿、少年。他们的年龄跨度大致分为：3—6岁（学前期）、7—12岁（小学期）、13—15岁（少年期）。因此，少儿舞蹈是幼儿舞蹈、少儿舞蹈和少年舞蹈的总称。"①

本文之所以将校外舞蹈教育的范围控制在"少儿"这一时期，是因为少儿阶段的孩子年龄跨度大，他们不管在生理上还是心理上都存在着很大的不稳定性。舞蹈教育可以塑造身形，强身健体，与此同时，音乐的优美旋律伴随着灵活、协调的舞蹈动作还可以激发和培养少儿丰富的情感。在潜移默化中对少儿的心理、生理、品德、情感等产生重要作用。

2. 校外教育

校外教育顾名思义就是：学生在学校以外接受的教育。关于"校外教育"的定义在国内与国外有着不同的说法，就国内而言，也是人言人殊。

"校外教育是指少年宫、青年宫、儿童活动中心、青少年活动中心、青少年科技馆、少年之家等校外教育机构对学生进行的多种多样的，有目的、有计划、有组织的教育活动。"②

"校外教育有广义与狭义之分。广义的校外教育是指青少年在学校以外，在心理上和生理上受到教育作用的各种手段、方法和效果的总和。……狭义的校外教育，就是我们通常所理解的，专门以中小学生为对象的各种校外教育机构、单位和部门，在校外向青少年和儿童，有目的、有计划、有组织地施加影响的过程和结果。它是社会主义教育事业的组成部分，具有教育性、趣味性、指导性等特征。"③

本文的校外少儿舞蹈教育主要指狭义的校外教育。以3—15岁的少年儿童作为教育对象，将舞蹈作为教育的主要内容，对少年儿童实施有计划、有组织的教育活动。

---

① 丁小棋、朱敏：《少儿舞蹈编创》，北京出版社2012年版，第11页。
② 转引自吴遵民、钱江、任翠英《现代校外教育论：校外素质教育的路径与机制研究》，上海社会科学院出版社2014年版，第5页。
③ 转引自吴遵民、钱江、任翠英《现代校外教育论：校外素质教育的路径与机制研究》，第5页。

3. 美育

"美育,就是对学生进行审美的教育以及审美能力的培养和训练。概括地说,美育,是运用艺术美(如音乐、美术、舞蹈、戏剧等)、自然美(如写生、摄影)以及生活美(如社会生活中美好的人和事),培养学生正确的审美观念和感受美、鉴赏美、创造美的能力的教育。"[①]

舞蹈教育,"是指保存、传授舞蹈技艺和舞蹈理论,促进舞蹈艺术的繁荣发展,普及舞蹈文化的重要手段"[②]。

对于校外舞蹈教育而言,其承载更多的是对美育教育的推广与普及。因此,有效地补充校内舞蹈教育的空白,科学、规范地发展校外舞蹈教育是校外美育教育实施的关键。

(三)研究方法

本文主要采用文献法、问卷调查法、访谈法等研究方法进行撰写。

1. 文献法

对2015年以来的校外舞蹈教育书籍以及知网上关于"校外舞蹈教育"与"校外舞蹈机构""舞蹈教育"相关研究资料进行整理、归纳、分析和总结。通过 Excel 数据统计的方法,对问卷调研结果进行分析与总结,力求将本文研究做得更为系统和全面,内容更加丰富和饱满。

2. 问卷调查法

以问卷调查的形式,对兰州市四所校外舞蹈教育机构展开调研。问卷涉及调查对象的基本信息和舞蹈教育机构的师资队伍、教材教法、硬件设施、社会影响等几个方面。通过问卷调查得到了第一手数

---

① 教育部体育卫生与艺术教育司、教育部艺术教育委员会:《学校艺术教育60年》,湖南师范大学出版社2009年版,第31页。
② http://baike.haosou.com/doc/5714542-5927268.html。

据资料。

表1　　　　　　　　　调查问卷收发情况

问卷名称	发放问卷（份）	收回问卷（份）	收回率（%）	有效问卷（份）	有效率（%）
学生问卷	130	130	100	126	96.92
家长问卷	130	130	100	130	100
教师问卷	50	50	100	50	100

3. 访谈法

2015年2月，研究者整理了大量与我国著名舞蹈教育家及各高校舞蹈教育教授的电话访谈录音，了解了舞蹈教育家和教授们对于开办与发展校外舞蹈教育机构的不同看法。另外研究者又对兰州市几家校外舞蹈教育机构的相关负责人进行实地采访，从他们那里得到了关于开办、发展校外舞蹈教育的第一手资料。本文以英文字母及数字的方式对访谈对象进行了随机编号。校外培训机构校长用X代表；管理机构负责人用G代表；相关专家用Z代表。分别用X1，X2，X3，G1，Z1，Z2……表示。

表2　　　　　　　　　访谈录音整理

访谈对象	访谈时间	访谈形式
X1 校长	2015/01/03	电话/录音
X2 校长	2015/12/23	办公室/录音
X3 校长	2015/12/08	办公室/录音
G1 管理部门负责人	2015/12/29	办公室/录音
Z1 专家	2015/01/18	电话/录音
Z2 专家	2015/01/24	电话/录音
Z3 专家	2015/01/25	电话/录音

（四）研究对象

本文以3—15岁年龄段少儿、校外舞蹈教育相关教师、校外舞蹈教育相关负责人为主要研究对象。

表3 校外舞蹈学校编码

编号	性质
机构 A	民办校外舞蹈学校
机构 B	民办校外舞蹈学校
机构 C	民办校外舞蹈学校
机构 D	民办校外舞蹈学校

二 文献综述

关于"校外舞蹈教育"的理论性书籍可谓是寥若晨星，值得欣慰的是在"校外教育"的相关专著中，还可以查阅到一星半点关于"校外舞蹈教育"的影子。正可谓："星星之火，可以燎原。"鉴于此，笔者在知网进一步查阅关于"校外舞蹈教育"的相关文献。

通过CNKI知网搜索，笔者没有检索到关于"甘肃省校外少儿舞蹈教育"的相关论文与文献资料。以"校外舞蹈教育"为关键字，搜索到24篇文献，其中硕士论文两篇。与此同时，笔者考虑到本文以校外舞蹈培训机构为切入点，因此又以"校外舞蹈培训机构"为关键字，搜索到20篇相关论文与期刊，其中学术期刊论文14篇，硕士论文仅6篇。不难看出，我国对校外舞蹈教育的研究成果甚少，但都值得肯定。由于相关文献的重复性，笔者经过搜集与整理发现校外舞蹈培训的相关研究主要集中在以下几个方面。

（一）有关教师与教学问题的研究

毛金艳在《刍议想象、启发在校外舞蹈教学中的体现》中提出，校外舞蹈教师的教学重点应放在启发和挖掘学生的想象力与创造力上，使学生通过舞蹈教学的有效引导，以舞蹈动作的方式将创造力与想象力充分表达出来。

于倩在《当前我国校外舞蹈教学中存在的问题以及对策分析》中提出，我国校外舞蹈教育缺乏典型性，教学方法缺乏系统性。建议重视合理安排授课时间，加强舞蹈教材建设，因材施教。

顾海华在《童心飞舞——校外舞蹈教学探究》中指出校外舞蹈教学方法具有片面性，舞蹈教学未从兴趣出发，存在为艺术而艺术的现象，提倡愉悦教学这一新型教学思路。

孟倩倩在《少儿舞蹈培训机构中的教学方法探究》中通过对少儿舞蹈培训机构的市场现状进行调查分析，以及对教学环境、教学过程、教学节奏等问题的阐述，提出"趣味性"教学这一重要原则。

裴正晓在《对当今校外舞蹈教育现状的思考》中认为，校外舞蹈教育教学方法缺乏系统性，不符合由易到难的教学规律，也不符合因材施教原则……[1]

针对这些问题，于倩在《校外舞蹈教学的现状以及未来发展探究》中提出："1. 端正校外舞蹈教学的教学理念，培养学生学习兴趣。2. 规范校外舞蹈教学体系，提高舞蹈教学质量。3. 加强校外舞蹈教学的监督检查，提高舞蹈教学效果。"[2] 葛萍萍在《儿童校外舞蹈教育现状探析》中提出，第一，通过以兴趣为出发点的教育形式，最大化地实现舞蹈的育人目的。第二，"实施'完整性与均衡性原则'，并力争达到人才效益、社会效益与经济效益的有机结合。"[3] 第三，联合相关教育管理部门完善相对应的监管机制。第四，促进校内与校外的合作，实现舞蹈教育的有效发展。

综上所述，校外舞蹈教育教师专业水平参差不齐，教师教学经验不足，教学质量不高。教师缺乏舞蹈相关理论知识的学习，课堂组织能力与语言表达能力不高等是师资方面存在的主要问题。如何有效应对这些问题，并及时避免同样问题的出现是重中之重。

---

[1] 裴正晓：《对当今校外舞蹈教育现状的思考》，《中国校外教育》2010 年第 8 期。
[2] 于倩：《校外舞蹈教学的现状以及未来发展探究》，《中国校外教育》（上旬刊）2013 年第 11 期。
[3] 葛萍萍：《儿童校外舞蹈教育现状探析》，《艺海》2012 年第 12 期。

(二) 有关教学硬件与设施保障的研究

裴正晓在《对当今校外舞蹈教育现状的思考》中指出:"有些校外舞蹈机构的教学场地存在很大问题,不管是地板的设计,还是把杆、音响、通风设施都不合乎舞蹈教室的标准,甚至有的培训班为了节省成本,使用劣质地板和没有足够承受力的把杆,存在严重的安全隐患。"①

闫小飞在《校外舞蹈教育现状与发展初探》中指出:"有些教学场所就是在闹市区租赁的一间房屋,铺上地毯,装上把杆、镜子,再放上一个录音机就是一间舞蹈教室。这样的教室面积普遍偏小,没有专门的更衣室,通风和照明设施也不够好,上起课来教室里拥挤不堪,衣服鞋子堆得到处都是,教室里空气污浊。有些人以营利为目的,在这些设施如此简陋的情况下争先恐后地进行,置孩子的身心健康于不顾。"②

何玲在《校外舞蹈教育现状与发展初探》中指出,与政府办学机构相比,私人办学机构教学设施简陋,周边环境嘈杂。

由此可见,与政府办学机构相比,这些营利性的校外舞蹈教育在追求最大经济效益的同时,往往忽略了硬件设施的重要性。殊不知,教学环境与硬件设备是支撑校外舞蹈教育更好发展的物质基础。合理地选择校外舞蹈教育的教学场地,补充和完善教学所需的硬件设备是有效进行校外舞蹈教育的关键所在。

(三) 有关教材选用的研究

黄红在《试述校外少儿舞蹈教育的发展》中认为,政府办学形式的校外舞蹈教育机构与学校在教材的选择与使用方面相对合理规范,指出社会办学性质的校外舞蹈教育机构将"考级"教材作为教学内

---

① 裴正晓:《对当今校外舞蹈教育现状的思考》,《中国校外教育》2010 年第 8 期。
② 闫小飞:《校外舞蹈教育现状与发展初探》,《内江科技》2009 年第 6 期。

容，通过考级的形式来实现舞蹈教育这一举措，偏离了少儿舞蹈教育的真正目的，同时也违背了素质教育的宗旨。

教材是教学的物质基础，科学的教材对舞蹈教育及舞蹈教学起着举足轻重的作用。相对于校内舞蹈教育来说，校外舞蹈教育的教材也更"丰富"。但是在繁杂的舞蹈教材不断推行的当下，如何选择适合学生学习的舞蹈教材，以达到因材施教的目的和舞蹈育人的目的才是关键。

（四）有关管理体制的研究

王靖的《如何完善我国经营性舞蹈培训机构的内部管理》在对国内外俱乐部进行比较的同时，取其优长，提出了自己对于舞蹈培训机构内部管理的策略性意见和建议："1. 选择优秀高层管理经理；2. 完善管理部门；3. 注重会籍队伍管理；4. 拥有固定的优秀舞蹈教练队伍；5. 重视潜在员工的培养；6. 加强建立详细的会员档案；7. 保有老会员；8. 增强服务质量管理；9. 严格做好财务管理的成本控制与全面预算。"①

（五）有关社会影响的研究

刘淼在《论民营舞蹈培训机构的社会责任——南京部分舞蹈培训机构的实证研究》中指出，校外舞蹈教育机构在迅速发展扩大的同时，对社会责任的履行不容乐观。刘淼认为："民营舞蹈企业在追求利润最大化的同时，要承担起促进文化发展，维护市场秩序这样的社会责任……"② 经营者在追求最大化利润的同时降低了道德标准，同时不具备办学条件的教育机构也日益增多。针对这些问题，研究者从舞蹈企业、政府、消费者以及市场四个方面提出了相应的应对措施。

从以上研究不难看出，在校外舞蹈教育如火如荼开展的当下，诸

---

① 王靖：《如何完善我国经营性舞蹈培训机构的内部管理》，《艺术科技》2013年第6期。
② 刘淼：《论民营舞蹈培训机构的社会责任——南京部分舞蹈培训机构的实证研究》，《商业文化》（学术版）2010年第3期。

多问题正不断滋长。研究者力求通过客观、理性的思考和提出解决与避免这些问题的举措,为更好地发展校外舞蹈教育奠定了坚实的理论基础。从纵向来看,对校外舞蹈教育的研究较为全面。但从横向来看,大部分研究较为粗浅,并没有深入进行实质性研究。即使校外舞蹈教育存在较多的问题,可是它能在当下社会如雨后春笋般的"生长",必有其"过人之处"。

这里,笔者以多年的校外舞蹈教学经验为依托,力求通过问卷调研和数据分析以及专家访谈等方式,对甘肃省兰州市校外少儿舞蹈教育现状做出全面系统的分析,对校外少儿舞蹈教育中所存在的问题给出适合甘肃地区舞蹈教育发展的一些可行性、策略性的意见和建议,真正做到使校外舞蹈教育补给校内舞蹈教育,并为学校素质教育补充"能量"和"养料"。最后,使校外舞蹈教育以"润物细无声"的方式为社会主义培养高素质的人才。

三 中国舞蹈教育的发展概况

舞蹈起源于劳动,常与诗歌和音乐相伴而出,是人类社会产生最早的艺术形式。闻一多先生曾经在《说舞》一书中提到:"舞是生命情调最直接、最实质、最热烈、最尖锐、最单纯而又最充足的表现。"[①] 舞蹈总是能够通过舞者的肢体语言,鲜明地反映社会生活的常态,或是宗教信仰或是生活情感,或是审美要求或是人生理想。它既是欣赏和娱乐的艺术形式,更是进行教育的一种重要传播手段。

舞蹈教育历史之悠久众所周知。早在古代儒家的经典著作《周礼》和《礼记》中,就大量记载着秦汉以前各种各样的祭祀舞蹈和礼仪舞蹈的表演情形和传授方法。毋庸置疑,中国古代舞蹈教育在我国古代教育史上起着举足轻重的作用。

在原始社会,生产力低,生活水平不高。人们只有通过群体劳动

---

① 转引自欧建平《世界艺术史·舞蹈卷》,东方出版社2003年版,第1页。

的方式才能够维持生活。可以想象，在原始社会一个山水环绕，绿树成荫的小部落里，人们为了生存、抵制外来的威胁或是猛兽的袭击，部落首领带领部落成员手执木棒（或石头）在地面敲击作响，发出阵阵声音，同时脚上踏出鲜明的节奏，嘴里发出"嗷嗷"的叫声。由此可见，当时的舞蹈教育活动与社会生活、劳动生产是息息相关的。撇开一方谈另一方都是不成立的。在原始社会，舞蹈不但是人们精神生活的重要内容，而且是物质生活的重要内容。"产生于此时的人类胚胎艺术，就交织在最原始、最简单的生产劳动中，是当时生产劳动的一部分，也是原始社会生活中的一部分。舞蹈，就是最早出现于人类生活的异种胚胎。舞蹈教育也在那时产生。"①

"中国教育学会会长，当代教育家顾明远教授，在谈到舞蹈是人类一切艺术之母和一切语言之母时，他说舞蹈教育也是一切教育之母。他认为，在语言还没有产生之前，人类的一切活动主要依赖舞蹈也就是人的肢体动作进行思维传递，而在那时舞蹈艺术已经达到非常高超的地步，那么它的传播也是最早的，它是教育活动之先，因此原始舞蹈教育必定是一切教育之母。"②

（一）古代舞蹈教育

早在夏王朝，舞蹈教育就从社会生活中独立出来，成为一种新型的社会现象，开始为奴隶制社会的统治者服务。周代，"周公兴学设教的主要内容是制礼作乐。当时宫廷制作、表演乐舞的专门机构——大司乐，不仅是教育机构，可以说是世界上最早的音乐舞蹈学校"③。从周代贵族子弟学习的全部内容"六艺"④到乐舞教材"六小舞"⑤

---

① 吕艺生：《舞蹈教育学》，上海音乐出版社2000年版，第13页。
② 吕艺生、毛毳：《舞蹈学基础》，上海音乐出版社2013年版，第208页。
③ 吕艺生：《舞蹈教育学》，上海音乐出版社2000年版，第5页。
④ 六艺，指六种技能，即礼、乐、射、御、书、数。
⑤ 《六小舞》：周代的乐舞教材，内容包括《帗舞》《人舞》《皇舞》《羽舞》《旄舞》《干舞》。

再到周代乐舞教育体制，可以看出周代的舞蹈教育对古代的舞蹈教育起着承上启下的重要作用。汉代，"太乐署"和"乐府"的成立，为其培养了众多的乐舞技艺之人，同时为汉代舞蹈的创作与传播，为汉代的舞蹈教育起到了推动作用。魏晋南北朝时期，统治者与贵族们对女乐的喜爱推动了女乐的迅速发展。女乐表演与学习的主要教育场所——"清商署"，为女乐歌舞的发展起到了重要作用。同时，这一时期出现的大批作品也被流传下来。如《白纻舞》《杯盘舞》《明君》等。唐朝作为我国封建社会的鼎盛时期，佛教、道家、儒教思想兼而不合、合而不乱的景象，以及胡乐胡舞的传入为唐代乐舞教育提供了丰富的养料和发展条件。"太常寺""教坊""梨园"这些舞蹈教育机构培养出了一大批技艺精湛的乐舞艺人。达官贵族、文士豪富对歌舞家伎进行的乐舞教学也是功不可没的。因此，才会有唐朝诗人崔颖《岐山席观伎》中"还将歌舞态，夜夜奉君王"的感慨。可以说，唐代家伎们的歌舞教学是唐朝舞蹈教育的重要组成部分，这种舞蹈教授活动的普及是唐朝舞蹈教育的重要特征，是推动唐朝乐舞达到顶峰的关键所在。由此，唐代舞蹈在古代舞蹈历史发展中的辉煌是显见的。宋代舞蹈教育之普及，可谓是王室贵族、平头百姓皆可习舞、赏舞。明清时期，戏曲艺术的繁荣发展，反映出戏曲舞蹈教育的普及与繁荣。从今天的戏曲艺术来看，当时戏曲舞蹈艺术的教育与传承也是其他朝代不可企及的。"戏曲舞蹈长足的发展，给今后舞蹈的独立提供了坚实的基础。"[①]

总之，我国古代舞蹈教育在中国教育史上留下了浓墨重彩的一页。虽然歌舞技艺者的卑贱身份从未改变过，但正是由于各朝代王室贵族们对乐舞的享用与痴迷，为乐舞技艺的传授与发展起到推波助澜的作用，也是古代舞蹈教育不断发展的关键所在。

---

① 李炜、任芳：《中国现代、当代舞蹈发展概论》，四川大学出版社2006年版，第5页。

（二）现当代舞蹈教育

现当代舞蹈教育的发展可谓是历经曲折。李炜、任芳在《中国现代、当代舞蹈发展概论》一书中对现当代舞蹈的发展曾这样写到："现当代中国的舞蹈发展历程，是一幅在充满着剧烈变化、动荡抗争的社会背景下展开的壮丽画卷；是一部随着新中国的诞生，伴随着祖国社会主义建设所历经的坎坷、曲折，奔向光辉灿烂的壮丽史篇；是一个应和着现代知识分子、人文学者对人的命运、尊严的切切关爱，对祖国、对民族的拳拳深情而发展起来的历程；是一种与外来舞蹈文化不断交流融合，独立地、多元地发展起来的艺术样式。"①

其一，学堂歌舞得以大力推行。在新文化运动的影响之下，黎锦晖经过不断探索与创新，推出的学堂歌舞不仅具有较强的儿童气息，还使舞蹈与教育有机结合起来。"黎锦晖的儿童歌舞，像旋风一样在当时的学校生活中盛行达20多年。这种兼有启蒙与美育双重目的的歌舞活动，由于其空前的教育意义和广泛的接受范围，成为中国近现代舞蹈史上一个引人注目的学校舞蹈活动。"②

其二，舞蹈教育家推动了现代中国舞蹈教育的发展。吴晓邦整理编创的一套新舞蹈基本训练教材，为之后新舞蹈教学的普及与推广提供了珍贵的物质资源。之后，他在鲁迅艺术学院教学期间，为现代中国舞蹈界培养了一大批舞蹈人才。戴爱莲对于中国舞蹈教育做出了不可磨灭的贡献。她将散佚在民间的民族舞蹈进行整理、创编并使之重登舞台，让全世界对中国民间舞蹈有了更深层次的认识，打破了中国民间舞等于戏曲舞蹈的误解。有人这样评价戴爱莲："……戴爱莲先生是中国民族、民间舞的开拓者，是中国（艺术）民间舞的开先河者和一代宗师。在现代中国，她对中国民间舞的贡献是巨大的。"③

---

① 李炜、任芳：《中国现代、当代舞蹈发展概论》，四川大学出版社2006年版，第1页。
② 王克芬、隆荫培：《中国近现代当代舞蹈发展史》，人民音乐出版社1999年版，第57页。
③ 李炜、任芳：《中国现代、当代舞蹈发展概论》，四川大学出版社2006年版，第15页。

她为现代中国民间舞的教育事业打下坚实的基础。

其三，延安秧歌的普及、学习与推广。这个时期的延安秧歌舞蹈带领人民群众走进了舞蹈的海洋。老老少少、男男女女摒弃封建习俗，吸收革命文化新景象。只要腰绑红绸，人人都能扭几下。且不说舞蹈姿态的好赖，单单秧歌舞蹈的感染力与松弛度就能使人民群众好好地发泄一下因长期生活在战争中所堆积在内心的压抑与恐惧。总之，"秧歌运动"对现代中国的舞蹈和舞蹈教育是一次大的冲击与洗礼。

现代中国的舞蹈，经过吴晓邦新舞蹈的创新与推广以及戴爱莲的民间舞蹈重拾与再现，使舞蹈脱离戏曲作为一种独立的艺术形式重现舞台。同时从"秧歌运动"的开展可以看出，这个时期民间舞蹈的发展与推进增强了人民群众的民族感与责任感，对当代中国舞蹈的发展起着举足轻重的作用。毋庸置疑，也为当时"秧歌运动"的普及与今后舞蹈教育的发展提供了宝贵的教学素材。

李炜、任芳在《中国现代、当代舞蹈发展概论》一书中，将当代中国的舞蹈分为四个历史阶段："1949 年—1965 年，是当代中国舞蹈发展的第一个历史阶段；1966 年—1976 年，是当代中国舞蹈发展的第二个历史阶段；1977 年—1989 年，是当代中国舞蹈发展的第三个历史阶段；1990 年—2000 年，是当代中国舞蹈发展的第四个历史阶段。"[①]

第一阶段（1949—1965 年），在这 16 年的时间里，舞蹈教育有了翻天覆地的变化。芭蕾舞基础训练课程和中国古典舞课程的开设，舞运班的开办和舞研班的开办，为我国培养了众多舞蹈理论家、教育家和编导家。而 1954 年 9 月 6 日北京舞蹈学校的正式成立，使我国的舞蹈教育走向正规化。同时成为舞蹈事业蓬勃发展的重要标志。第二阶段（1966—1976 年），"文化大革命"十年期间艺术教育及艺术工作和宣传被扣上"封、资、修"的帽子，在"三突出"[②]原则的束

---

① 李炜、任芳：《中国现代、当代舞蹈发展概论》，第 26—27 页。
② 三突出原则：在所有人物中突出正面人物，在正面人物中突出英雄人物，在英雄人物中突出中心人物。

缚之下，舞蹈的创作受到限制，学校舞蹈教育也处于"停滞"状态，学校的教育都以批斗走资派为主。第三阶段（1977—1989年）、第四阶段（1990—2000年），党的十一届三中全会的召开，使得当时整个文艺界呈现出"百花齐放，百家争鸣"的局面。被压抑十年的文艺界的编创者、教育者、表演者太多的创作思想与热情在这一刻释放出来。所以，这一时期的舞蹈作品也是其他时期所不能企及的，成为世代流传的舞蹈佳作。

2000年之后，应国家政策的号召，高等舞蹈教育的步伐加快，各高校大量扩招，这既为舞蹈人才的培养敞开了大门，也为高等舞蹈教育培养出更高水准的人才提供了平台。但是，发人深思的是，高等舞蹈专业不断扩招以及舞蹈专业各团体和中等专业学校的开办，使舞蹈教育成为部分人的"专属品"。舞蹈作为一种完善和提高人们内心素养的高雅艺术，至今在中小学校教育中没有得到有效普及。中小学的艺术课程只涉及音乐与美术，而舞蹈教育仍没有得到有效普及。

综上所述，没有舞蹈教育的教育是不完整的教育。校内舞蹈教育的这种缺失，为校外舞蹈教育的快速发展提供了可能。校外舞蹈教育作为校内舞蹈教育的补充，具有重要的研究意义。

（三）校外舞蹈教育发展概述

校外舞蹈教育作为校外教育的核心内容，在我国素质教育的实施过程中起到了至关重要的作用。自新中国成立以来，校外教育作为我国教育的重要组成部分，受到国家和政府的高度重视。

1. 校外教育及美育的相关文件

继新中国成立之后，为推动国家教育事业的有效发展，党和政府相继颁布了多个关于校外教育和美育的相关文件，意在规范和推进校外教育的健康发展，补充校内教育在美育方面的缺失。

（1）校外教育相关文件

1957年4月12日，我国第一个校外教育法规性文件《关于少年宫和少年之家工作的几项规定》由教育部、共青团中央颁布。这部文件指出:"少年宫和少年之家是少年儿童的校外教育机关,它的基本任务就是配合学校对少年儿童进行共产主义教育,培养他们具有优良的道德品质;帮助他们巩固和扩大课堂知识,丰富他们的文化生活;发展他们多方面的兴趣和才能,锻炼他们的技能和熟练技巧。"① 这部文件的颁布为校外教育的发展打下了坚实的基础。

1987年2月28日,国家教委、共青团中央颁布改革开放后第一份校外教育的法规性文件《关于加强少年宫工作的意见》及《少年宫(家)工作条例》。文件对这个时期校外教育的描述是:"成建制的少年宫是综合性的少年儿童校外教育机构,它是培养教育少年儿童不可缺少的校外活动场所,是社会主义精神文明建设的重要阵地……它在配合学校教育培养少年儿童全面发展方面起着重要作用。"②

"1995年6月21日由国家教委、共青团中央等七部委颁布的《少年儿童校外教育机构工作规程》……限定了校外教育机构的上级主管部门,呈现了教育系统管理特质。具有特指性和针对性。"③ 这一文件要求校外教育要做到家庭、学校、社会一体化,校外教育教学内容要遵循、符合少年儿童身心发展需要。要求教学内容科学化、系统化、趣味化。

21世纪的中国是世界的中国,是一个发展中的"巨人"。中国进入历史上又一个新时期,无论是经济、政治、军事、教育都呈现出前所未有的繁荣与辉煌。而国家在这一时期对国民教育的发展也有更高的要求和标准,与此同时,针对校外教育又出台了许多相关政策。

2000年颁发《〈关于加强青少年学生活动场所建设和管理工作〉的通知》。

2006年发布《〈关于进一步加强和改进未成年人校外活动场所建设和管理工作的意见〉的通知》。

---

① 转引自史建华《校外教育机构管理实践与研究》,武汉大学出版社2013年版,第5页。
② 转引自史建华《校外教育机构管理实践与研究》,第5页。
③ 史建华:《校外教育机构管理实践与研究》,武汉大学出版社2013年版,第1页。

（2）与美育相关的文件

1951年3月，教育部召开第一次全国中等教育会议，提出了普通中学的宗旨和培养目标："使青年一代在智育、德育、体育、美育各方面获得全面发展，成为新民主主义社会自觉的积极的成员。这是新中国最早在有关教育方针中正式提出'学生全面发展'的问题，并明确了美育是学校教育中的一个有机组成部分。"①

1986年3月，第六届全国人大第四次会议召开，在《关于第七个五年计划的报告》中明确提出学校要全面贯彻实施德育、智育、体育、美育的教育方针。

2002年7月，教育部以部长令的形式发布新中国成立以来第一个学校艺术教育法规，即《学校艺术教育工作规程》。该规程明确提出："艺术教育是学校实施美育的重要途径和内容，是素质教育的有机组成部分。"②

2015年9月28日，《国务院办公厅关于全面加强和改进学校美育工作的意见》发布，指出由于师资及设备等原因的局限性，美育教育没能得到有效普及，同时为美育教育的更好普及提出相关的实施意见。

综上所述，从这些相继颁布的校外教育文件和美育文件中可以看出国家对校外教育及美育的重视程度，对义务教育阶段学生全面发展的迫切愿望。而校外舞蹈教育作为校外教育与美育的共同"产物"，在我国少儿教育中占有举足轻重的地位。这些文件及法规的颁布与推行也在无形中鞭策和推动了校外舞蹈教育的更好发展。

2. 校外舞蹈教育的发展

随着经济的快速发展和生活水平的不断提升，人们逐渐向往精神文化食粮，家长们思想观念的转变和文化素质及自身修养的提高，使

---

① 教育部艺术教育委员会：《学校艺术教育60年》，湖南师范大学出版社2009年版，第55页。

② 教育部艺术教育委员会：《学校艺术教育60年》，第71—73页。

得校外少儿舞蹈教育在这种环境的推动下,经过几十年的不断探索与发展,呈现出繁荣发展的景象。因此,在漫长的校外教育发展过程中,如今的校外少儿舞蹈教育已成为校外教育不可分割的重要组成部分。

沈明德将改革开放前的校外教育分为四个阶段:"20世纪50年代学习苏联经验,建立了第一批骨干少年宫、儿童之家;60年代大力发展简易校外教育;'文化大革命'时期形成校外教育的空白期;80年代校外教育得到恢复和大发展。"①

北京市1952年在北京阐福寺建立了北京市的第一所少年之家,1956年1月建立了北京市少年宫。"改革开放前,我国还没有形成专门的校外儿童舞蹈教育机构,音乐、舞蹈等形式的校外儿童教育均设立于综合性的校外教育机构——少年宫。"② 1957年,各大中城市以及个别区县都大力开办少年宫(家)。包括科技、音乐、器乐、美术、书法等多种专业。随后,在改革开放的大力推进下,在经济发展的大力支持下,在生活水平的不断提升下,舞蹈艺术受到人们的高度重视,不仅在专业艺术学校开设独立的舞蹈专业,校外各少年宫、文艺团体相继开设,全国上下舞蹈事业蒸蒸日上,呈现出一片繁花似锦的景象。

改革开放后,中国校外舞蹈教育几十年的发展历程,可以说是在探索中求发展,在发展中求进步。

(1)探索发展中的20年(1980—2000年)

改革开放后的中国,由于受到"文化大革命"十年思想的禁锢和束缚,文艺工作者在思想上、生活上、精神上有着巨大的蜕变,他们力求在这个阶段用文艺作品来突破自我,反映生活新气象。舞蹈事业的再次崛起,可以说也是从这时开始的。80年代,国家对文艺团体、

---

① 沈明德:《校外教育学》,学苑出版社1989年版,第10页。
② 葛萍萍:《对当前中国校外儿童舞蹈教育发展的思考》,学位论文,南京艺术学院,2011年。

歌舞团体的恢复与重组为舞蹈教育的发展奠定了基础，也为校外少儿舞蹈教育开放了快速通道。在国家各种政策的大力支持和社会各界文艺工作者的不断努力下，校外舞蹈教育初具规模，并在不断探索中求发展。"1985年出台的《中共中央关于教育体制改革的决定》提出了'学校教育和学校外、学校后的教育并举'的方针。"① 可见，校外教育、校外艺术教育、校外舞蹈教育已成为未成年人接受教育的重要部分。

据了解，20世纪80年代之前独立的少儿校外舞蹈教育场所及机构还不存在。最初的少儿校外舞蹈教育场所都是由政府机构或社会办学性质的成人交谊舞学校和交谊舞培训班发展而来的。在校外少儿舞蹈教育发展初期，师资、教材、硬件等方面都处于空白状态，校外舞蹈教育需在摸索中求生存。正所谓"万事开头难"，就是在这种内外艰苦环境的驱使下，在舞蹈学习专业化的大形势下，为能给更多的少年儿童提供一个学习舞蹈的平台和机会，校外少儿舞蹈教育成为大家共同的追求目标。此后，舞蹈文艺工作者对校外少儿舞蹈投入了紧张激烈的研究。文化部与北京舞蹈学院担任了这一重任，将校外舞蹈教育教材的编创和教师的培训放在首要位置。立足于这一点，北京舞蹈学院以及老一辈舞蹈表演艺术家和舞蹈教育家投身于校外舞蹈教育的推广中，力求为我国少年儿童的校外生活添加更为丰富的艺术乐趣和美的享受，让少年儿童能在校外受到良好和专业的艺术教育。

①教师的培训

关于改革开放初期师资培训问题，笔者经采访兰州市具有33年校外少儿舞蹈教学经验的某机构创办人得知当时校外舞蹈教育教师的师资状况。

改革开放初期，各地区校外舞蹈教师以各团体及各专业学校的教师为主，并且这些教师或是改革开放之前交谊舞的教学教师，或是由戏曲转型为舞蹈教师，或是新中国成立之后的部队文

---

① 史建华：《校外教育机构管理实践与研究》，武汉大学出版社2013年版，第5页。

艺兵。看似曾从事于艺术工作，但都不是舞蹈的专业教师。不谋而合的是，这些教师都存在同样的问题，即教师文化层次较低，教学水平不高，教学方法不系统，致使出现很多教学问题。鉴于这种情况，国家大力支持舞蹈教育的扶持工作，为舞蹈事业培养专业人才，采取了相对应的一些措施。（X1）

文化部组织，各地方文艺团体及专业学校选拔推送人员，赴北京参加舞蹈培训学习。这次系统、科学、专业的舞蹈培训，不仅提高了专业学校舞蹈教学的整体水平，同时也提高了舞蹈教师自身的专业素养和眼界。这次看似与校外舞蹈教育不无关联的舞蹈教师培训，也为校外舞蹈教育培养了一批优秀的舞蹈教师，为校外舞蹈教育的专业化与系统化提供了有力保障。

②教材的编创与推广

1985年，孙光言教授致力于舞蹈考级事业，为中国校外舞蹈教育编创了第一部舞蹈教材，即北京舞蹈学院的"中国舞等级考试教材"。"这套教材是我国第一套为在幼儿、儿童、少年和青少年中普及舞蹈教育而编写的校外舞蹈素质教育系列教材，也是目前文化部批准的唯一全国性的舞蹈考级教材。它把中国古典舞和中国民族舞中一些基本舞姿、动作和舞步，按不同年龄的生理和心理特征划分为13个等级。"① 自1993年推行以来，受到少年儿童的热烈欢迎和一致好评，这不仅填补了少儿校外舞蹈教育教材的空白，也为国民素质的艺术教育注入了新元素，成为国民素质教育的新课程。

在经过多年教学实践和信息反馈后，为了使这套教材更符合幼儿、儿童及青少年不同年龄段的生理、心理特征，及其学习时数所能容纳的教材量，同时也为了使这套教材在陶冶情操和美育

---

① http://baike.baidu.com/link?url=fjWFW8Awkg-ml2y648k2LddBFm_cx0Yq_58f4HGw8hkrj9DVmzYNtJPvHetioyxZMfjGraU0BV2zQWixivtT-q.

身体的同时普及基础中国舞，北京舞蹈学院中国舞考级编委会对首版教材做了全面系统的修订。新版教材共十三级。第一至第十级为普及型课程。供4至13岁的幼儿、儿童和少年学习，第十一至第十三级为半专业型课程，供14岁以上的青少年学习，本教材是北京舞蹈学院中国舞训练体系的一部分，第十级课程接近舞院附中二年级水准，第十一至十三级是舞蹈学院附中课程的简化和通俗化。①

可以说，孙光言教授，这位中国舞考级制度的创始人，为中国少儿校外舞蹈教育的发展提供了有机"养料"，为中国校外舞蹈教育做出了不可磨灭的贡献。

自"中国舞等级考试教材"推行之后，我国文艺工作者和舞蹈家为丰富和发展少儿校外舞蹈教育，相继投入了少儿舞蹈教育的编创中。1994年，为激发广大青少年对芭蕾舞的兴趣，吸引更多的青少年学习芭蕾舞，北京舞蹈学院又相继推行了"芭蕾舞考级教材"。

在"中国舞等级考试教材"推行前，对普及与推广"中国舞等级考试教材"的全国各地舞蹈教师进行系统教学培训。在此教材的教学过程中，教学方法、教学目的、教学任务、教学过程的学习是教师们培训的重中之重。让教师明白幼儿、少儿在学习舞蹈的过程中要遵循循序渐进的原则，以兴趣作为学习的出发点，在舞蹈学习过程中，热爱舞蹈，并在舞蹈的海洋里快乐起舞。这套教材的普及与推广不仅成为中国校外少儿舞蹈教材的"领头军"，也是少儿舞蹈教师的一次学习与启迪。

1999年，兰州市敦煌舞蹈艺术学校成为北京舞蹈学院"中国舞等级考试"甘肃省的定点考点。"中国舞等级考试教材"在甘肃省得以推广普及。

---

① http://baike.baidu.com/link? url=fjWFW8Awkg-ml2y648k2LddBFm_ cx0Yq_ 58f4H Gw8hkrj9DVmzYNtJPvHetioyxZMfjGraU0BV2zQWixivtT-q.

③校外机构的开办

八九十年代的校外舞蹈教育机构，主要以公办为主，民办为辅。各文艺团体、文化部门便利的场地和强大的师资队伍，为公办校外舞蹈教育的硬件和软件提供了有力保障。民办性质的校外舞蹈教育机构还未受到国家的重视，在开办和管理上比较自由和松散。

（2）发展进步的15年（2000—2015年）

21世纪的中国在社会经济日新月异的发展中，人们对精神文化提出了更高的要求。艺术成为丰富人们精神文化需求的重要部分。在素质教育的大背景下，舞蹈作为美育的重要内容之一，被越来越多的家长和学生所重视。然而，由于我国舞蹈教育的特殊性，校内舞蹈教育没能得到有效普及。也就是说，学校舞蹈教育仍处于空白状态。21世纪是一个人才辈出的世纪，家长们不甘于自己的孩子掉队，加之其"望子成龙，望女成凤"的迫切心理，为校外舞蹈教育机构的快速成长提供了可能。随后，在国家"文化产业化"的强烈倡导下，民办少儿校外舞蹈教育机构如雨后春笋般在我国成长起来，并在市场上占有一席之地。"所谓文化产业化，就是把从事文化产品的生产推向市场，为社会提供文化服务的一种特殊的行业，其本质特征是把人类知识的、智力的、精神的、艺术的和信息的活动及成果以一定的物质为依托变成供人们消费、享用及交换买卖的文化产品。职业的舞蹈艺术工作者及其创作成果，教育与服务均属于文化产业范畴。"[①]

文化艺术产业化的有效转变，为民办校外舞蹈艺术教育的发展提供了更广阔的平台，无论是师资力量、教材内容还是硬件设施、办学管理与前20年的校外舞蹈教育相比，已大不相同。

①校外舞蹈教育的开办管理

随着素质教育美育的大力提倡和少儿对舞蹈学习的渴望，舞蹈成为大多数少年儿童校外教育活动的首选。越来越多的家长改变之前传统思想所带来的影响，与时俱进，客观地看待事物发展本身，愿意将

---

① 姚志英：《关于21世纪舞蹈教育的几点思考》，《北京舞蹈学院学报》1999年第4期。

自己的孩子送到师资力量较强、教学环境优美、硬件实力较强的民办校外舞蹈教育机构接受良好的舞蹈教育。在舞蹈教育的需求下，校外舞蹈教育机构不断壮大，逐渐出现以民办舞蹈教育为主，公办教育为辅的趋势。在"百家争鸣，百花齐放"的繁荣景象里，优胜劣汰成为民办校外舞蹈机构需要时刻警醒自我的"座右铭"。

民办校外舞蹈机构，有非营利性和营利性两种形式。这种以多种形式开办的现状，使得注册校外舞蹈教育机构和管理校外舞蹈机构出现比较混乱的现象。笔者经采访相关管理部门负责人与部分机构开办人了解到，民办校外舞蹈教育机构的开办可在教育局、工商局、文化局、民政局等几个部门注册登记，符合相关开办注册的各项标准之后，方可成立。由于开办注册形式的多样化，校外舞蹈教育机构的管理形成多口管理模式，出现多口管理、相互制约的局面。这种管理与注册的多重性也给笔者的调研统计带来了很多困惑。

②舞蹈教材的丰富

自1993年北京舞蹈学院"中国舞等级考试教材"和1994年"芭蕾舞考级教材"推行以来，校外舞蹈教材的编创成为舞蹈艺术工作者的首要任务，为提高校外舞蹈教材的多样化与趣味化、时尚化与新颖化，文化部、北京舞蹈学院、中国舞蹈家协会、中国歌剧舞剧院等部门相继编创了一系列优秀的少儿校外舞蹈考级教材，供校外舞蹈教育选用。目的也是有效提高校外舞蹈教育教材的规范化与多样化。到2015年为止，全国校外舞蹈考级教材种类多、趣味性强、形式各样。

其一，北京舞蹈学院的"中国舞等级考试教材"。

其二，北京舞蹈学院的"芭蕾舞考级教材"。

其三，中国舞蹈家协会的"中国舞考级教材"。

其四，中国艺术职业教育学会的"爵士舞考级教材"。

其五，中国艺术职业教育学会的"踢踏舞等级考试教材"。

这些舞蹈考级教材成为我国校外舞蹈教育和舞蹈考级的五大基本内容。除此之外，各省市编创的舞蹈考级教材和西方国标舞蹈的引进与推广，也不断丰富着校外舞蹈教材的内容和规模。

③师资队伍的扩大

由于国家在大学设立舞蹈专业和大学艺术专业扩招政策的大力支持，大学殿堂为舞蹈界培养出了诸多舞蹈专业人才。文化产业化的实施，使一大批公办歌舞团体的优秀舞蹈工作者投身到校外教育事业中。而民办校外舞蹈教育机构以自身雄厚的经济实力和良好的就业环境以及丰厚的就业待遇吸引了一大批优秀的舞蹈教育人才，为壮大民办校外舞蹈教育师资队伍，提升民办校外舞蹈教育的整体师资水平奠定了良好的基础。

综上所述，校外舞蹈教育经过短短30多年的发展，为我国少儿校外舞蹈教育所做的贡献众所周知。从当初的萌芽期到如今的繁荣发展期，有太多的舞蹈工作者为之付出了汗水与泪水。再回望在发展中进步的15年，虽与探索发展中的前20年相比变化极大，但并不是校外舞蹈教育事业的巅峰，而是校外舞蹈教育的又一个起点。

（四）兰州市校外舞蹈教育

新中国成立后，兰州市政府高度重视中小学生的校外教育，一度在校外设立并开办了各种学习和活动场所。1951年，设立了兰州市第一个校外阅览场所——甘肃省图书馆儿童阅览室。1954年，成立兰州市第一个校外教育场所——少年之家。这是兰州市第一个由政府组织的校外教育场所。每逢周六下午组织各中小学生参加篮球、书画、阅览、音乐、手工制作等校外活动。1956年6月1日，正式建立兰州市少年儿童图书馆，并且成为兰州市最早的校外教育固定场所。1963年10月1日，兰州市综合性校外教育场所少年宫建立。此后，五泉山公园、工人文化宫南部等公共场所先后开辟"少年文化宫""儿童娱乐场"等专供校外教育的活动场所。但是，这些校外教育场所都未涉及舞蹈教育。

1. 兰州市早期校外舞蹈教育

兰州市校外舞蹈教育在相关书籍与文献资料中很难找到它的渊源。

笔者采访了兰州市校外舞蹈教育老一辈的教师，这位教师也是现今兰州市具有规模和专业性的校外舞蹈教育机构的校长（X1）。

笔者：作为兰州市校外舞蹈教育的前辈，能不能讲讲您所了解的关于兰州市校外舞蹈教育初期的状况？

教师 X1：兰州市舞蹈教育源于改革开放初期，改革开放以前没有校外舞蹈教育。兰州市校外舞蹈教育活动源于1982年。

自改革开放后，国家开始慢慢恢复各地的歌舞团体与文艺团体。在这样一个大的发展趋势下，1974年甘肃省第一所艺术专业学校成立，即甘肃省艺术学校。当时的甘肃省艺术学校涉及专业包括戏曲、声乐等。后来，甘肃省艺术学校开始面向社会招收舞蹈专业的生源。生源主要以小学生为主，并且对具有一定舞蹈功底的学生优先录取。为了能进省艺术学校学习，家长们争先恐后让孩子报考艺术学校。而当时的艺术学校不是想上就能上的，要经过严格的选拔考试，从外形条件、舞蹈功底、内在气质等各个方面择优录取。因此，家长们开始找各种舞蹈老师进行考前辅导。自此，兰州市小规模的校外舞蹈教育开始形成。

据了解，兰州市第一个从事校外少儿舞蹈教育活动的人是尹世辉。由于当时省艺术学校的成立与少年儿童舞蹈学习的需求，1982—1983年在铁路局开办了兰州市第一个校外少儿舞蹈教育学习班。舞蹈教育班由兰州市铁路文化宫发起，由尹世辉任教。报名人数众多，但是就当时的现状而言，此舞蹈班主要以培养报考省艺术学校的学生为主，因此也需经过层层选拔方可参加。

由此可见，改革开放之后，党和国家对少年儿童的校外教育高度重视，全国艺术事业得到复苏，甘肃省也不例外。随着甘肃省艺术学校的成立和舞蹈专业的开办，以及受家长思想的影响，学习舞蹈的少儿只增不减。1982—1983年兰州市少儿校外舞蹈教育初步形成，即铁路文化宫第一个校外少儿舞蹈班开办。之后，在尹世辉老一辈舞蹈教师的带领下，兰州市校外舞蹈教育不断扩大和发展。兰州市少年宫、兰州市歌舞团、省歌舞团等各种政府组织形式、民办经营形式的校外少儿舞蹈教育机构与学校相继成立。最初，这种校外舞蹈教育的初衷带有太多的目的性与功利性，仍不能满足少儿在校外接受美育教育的需求。

2. 兰州市当今校外舞蹈教育

对兰州市校外舞蹈教育的注册情况做一具体的统计很难。鉴于这种情况，笔者采访了兰州市教育局民办机构相关负责人（G1），了解了兰州市民办舞蹈机构的大致情况："据不完全统计，经兰州市教育局批准的兰州市民办教育机构中，与舞蹈有关的校外教育学校有60多所。兰州市每年接受校外舞蹈教育的学生大致在70000—80000人。"从兰州市第一个30多人的校外舞蹈学习班到现如今七八万人的庞大舞蹈学习群体，可见校外舞蹈教育三十多年以来的发展速度之快、规模之大。

兰州市校外舞蹈教育的大中型舞蹈教育机构较少，而小型舞蹈教育机构较多，形成一种以"大中型带动小型""小型借鉴大中型"的发展模式。其中，几家"龙头"舞蹈机构不断发展与扩大，已逐渐走向专业化和规范化，并在发展扩大的同时在兰州各地区开设分校，形成连锁办学的新模式。甚至一些机构注册了自己的商标和公司，形成集服装、文化、教育等产业于一体的文化产业有限公司，将教育事业发展为经济事业及综合性产业。但是，总体来说，除个别几家校外舞蹈教育机构规模较大之外，由于办学资金及相关费用的原因，其余校外舞蹈机构都是在稳中求发展，以小规模办学为主，兰州市校外舞蹈教育机构总体规模都不大。

目前，政府组织的校外舞蹈教育学校仅兰州市少年宫一家。民办的校外舞蹈教育机构在兰州卡特兰少儿艺术培训机构、兰州市卡普兰芭蕾舞学校、兰州敦煌舞蹈艺术学校等大规模的校外舞蹈教育学校的带领下不断发展壮大。

毋庸置疑，舞蹈教育是教授舞蹈艺术技能，普及与研究舞蹈理论知识的一门学科。对舞蹈艺术的发展和舞蹈文化的推广具有重要意义。在少儿教育中发挥着其他姊妹艺术教育所不能企及的"独特魅力"。校外舞蹈教育作为舞蹈教育的另一种教育模式,在其少儿舞蹈教育开展的过程中,不仅发挥着校内舞蹈教育的所有功能与作用,甚至可以说在某些方面还超越了校内舞蹈教育。

四 校外少儿舞蹈教育的现状调查

本文以兰州市四所校外少儿舞蹈教育机构作为研究对象,针对学生、家长、教师和相关负责人展开问卷调研与访谈。此次问卷调查共发放问卷310份,收回问卷310份。在收回的问卷中,有效问卷为304份。还随机抽取30位学生、30位家长和10位教师作为问卷调研对象。部分校外舞蹈机构的相关负责人成为访谈对象。其中学生问卷有效率为96.92%,家长问卷有效率为100%,教师问卷有效率为100%(见表4)。

表4　　　　　　　　问卷调查的对象、范围和内容

研究对象	调研方式	年龄范围	问卷设计内容
学生	问卷	4—15岁	基本信息、学习内容、艺术认识等
家长	问卷	4—15岁学生家长	基本信息、师资力量、艺术认识等
教师	问卷	舞蹈教师	基本信息、教学教法、教材内容、教学资质、薪酬等
校长	访谈	舞蹈教育机构负责人	生源、师资、硬件、管理等

(一)学生与学习状况

1. 学生基本信息

关于学生性别,根据学生问卷中的调查结果,在随机发放的130份学生问卷里,收回有效问卷126份。学习舞蹈的女生有117人,所占比例为92.86%,学习舞蹈的男生有9人,所占比例为7.14%(见图1)。

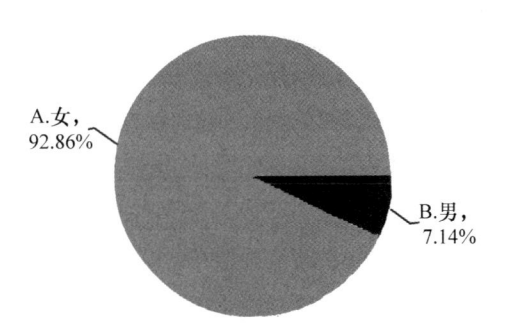

图1 学生性别

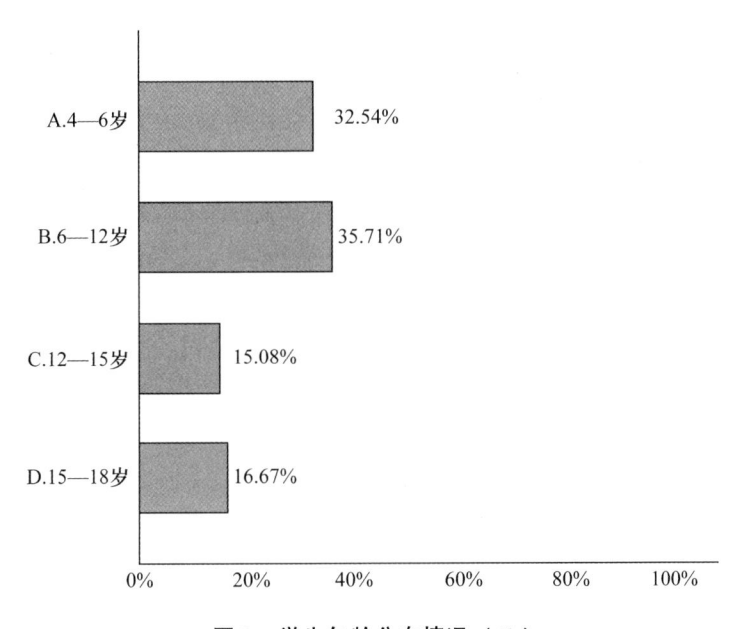

图2 学生年龄分布情况（%）

校外舞蹈教育机构学生的年龄分布情况如图2所示，其中，4—6岁年龄段的学生人数占问卷调查总人数的32.54%，6—12岁年龄段的学生所占比例为35.71%；12—15岁年龄段的学生所占比例为15.08%；而15—18岁年龄段的学生所占比例为16.67%。

2. 学习内容

如图3所示，在诸多舞蹈种类中，学习民族民间舞的学生占比为28.57%，学习芭蕾舞的学生占比为23.81%，学习拉丁舞的学生占比为15.87%，学习爵士舞的学生占比12.70%，学习古典舞的学生占比为1.59%，学习其他舞蹈的学生占比为4.76%。

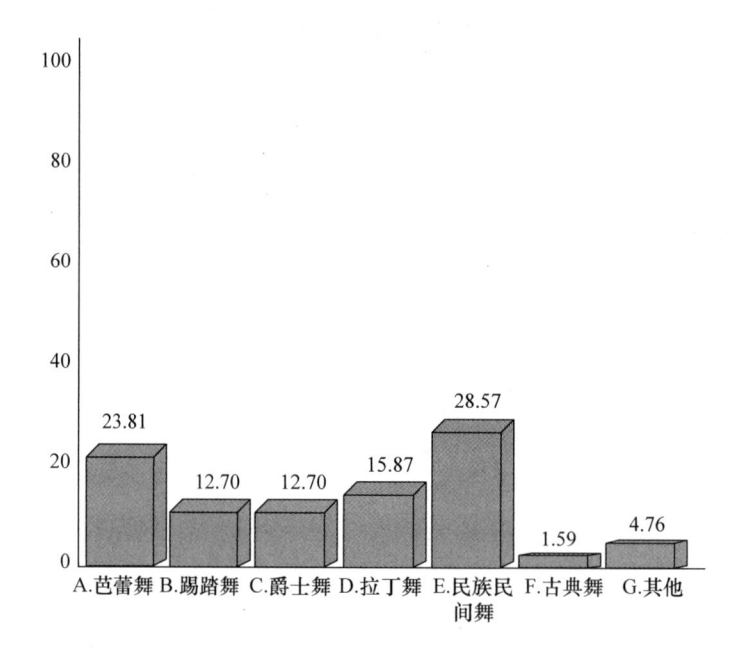

图3 学生所学舞蹈风格（%）

学生问卷第4题"你是否喜欢所学舞种"的调研结果如图4所示，有54.76%的学生表示喜欢目前所学舞种，有30.95%的学生对所学舞种持"一般"态度，有14.29%的学生表示不喜欢所学舞种。

3. 舞蹈考级

图5是学生每年舞蹈考级参与情况的调研结果。结果显示，有64.29%的学生参加校外舞蹈机构的舞蹈考级，与此同时，也有35.71%的学生不参加校外舞蹈机构的舞蹈考级。

A.喜欢，54.76

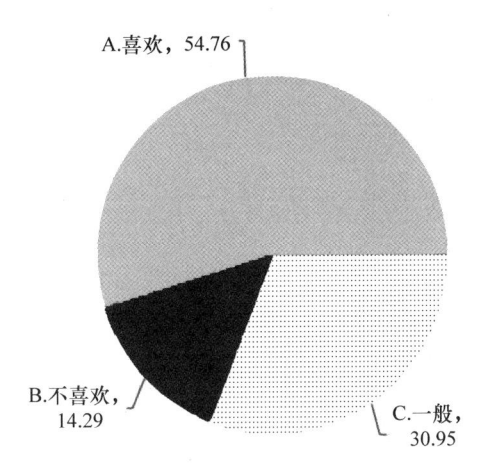

B.不喜欢，14.29

C.一般，30.95

图4　学生对所学舞蹈的满意度（%）

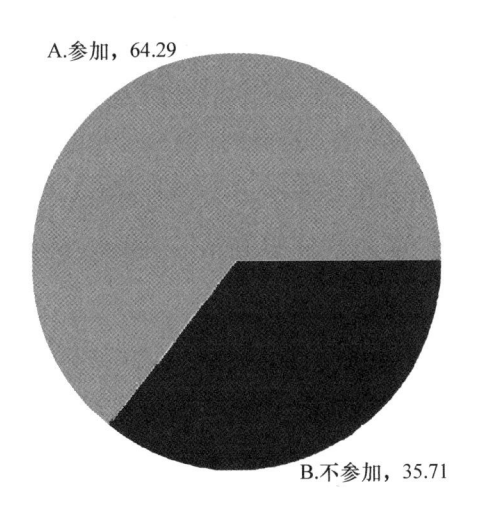

A.参加，64.29

B.不参加，35.71

图5　考级参与情况（%）

图6是在图5参与每年考级的64.29%的学生中，对参与考级种类的调研结果。其中"中国舞等级考试"占49.38%，"芭蕾舞考级"占14.81%，"'小舞星'考级"占8.64%，"爵士舞考级"占11.12%，"民族民间舞考级"占9.88%，"其他"类舞蹈考级占6.17%。

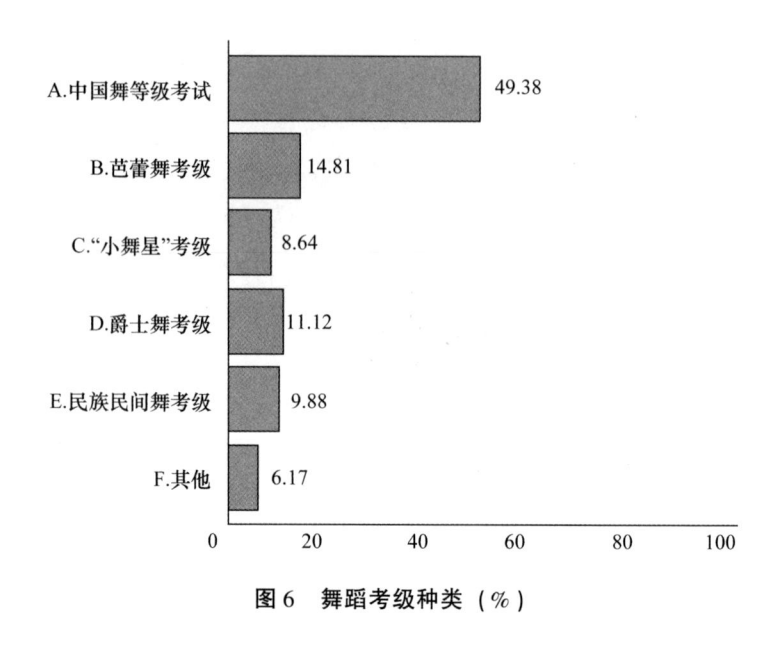

```
A.中国舞等级考试    49.38
B.芭蕾舞考级       14.81
C."小舞星"考级      8.64
D.爵士舞考级       11.12
E.民族民间舞考级    9.88
F.其他            6.17
```

图6　舞蹈考级种类（%）

4. 艺术能力提升

舞蹈教育对少儿艺术能力提升的调研结果如图7所示。认为舞蹈

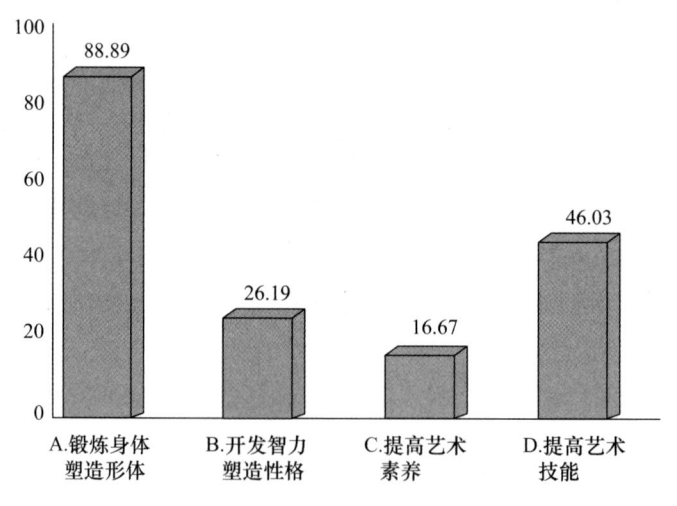

```
A.锻炼身体塑造形体   88.89
B.开发智力塑造性格   26.19
C.提高艺术素养      16.67
D.提高艺术技能      46.03
```

图7　对艺术能力的认识（%）

注：此题为多选题，选项具有重复性，故百分比＞100%。

学习"锻炼身体 塑造形体"的比率为88.89%，认为舞蹈学习"开发智力 塑造性格"的比率为26.19%，认为舞蹈学习"提高艺术素养"的比率为16.67%，认为舞蹈学习"提高艺术技能"的比率为46.03%。

(二) 师资队伍

1. 教师基本信息

图8是教师问卷中关于教师性别的调研结果。其中女教师占86.13%，男教师占13.87%。

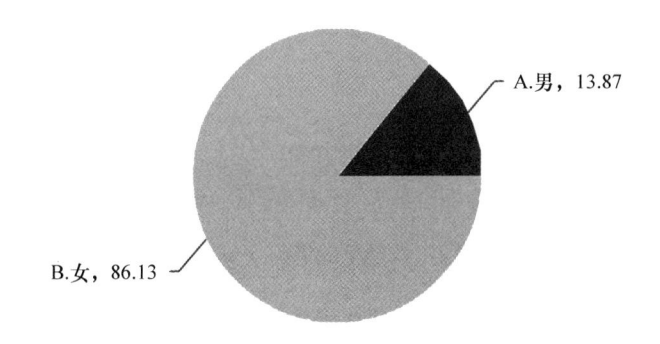

图8 教师性别比例（%）

图9是教师问卷中对校外舞蹈教师年龄的调研结果。其中年龄在18—25岁的教师比例为85.33%，25—35岁的教师比例为12.00%，35—45岁的教师比例为2.67%，而45—60岁和60岁以上年龄阶段的教师所占比例为0。

图10是对教师问卷第2题"您的学历"的调研结果。结果显示，教师学历为"大专"的比例为2.67%，教师学历为"本科"的比例为85.33%，教师学历为"硕士研究生"的比例为12.00%。选择"其他"选项的比例为0。

图11是对校外舞蹈教师教龄的调研结果。1—4年教龄的教师比例为76.00%，5—8年教龄的教师比例为18.67%，9—10年教龄的

教师比例为4%，10年以上教龄的教师比例仅为1.33%。

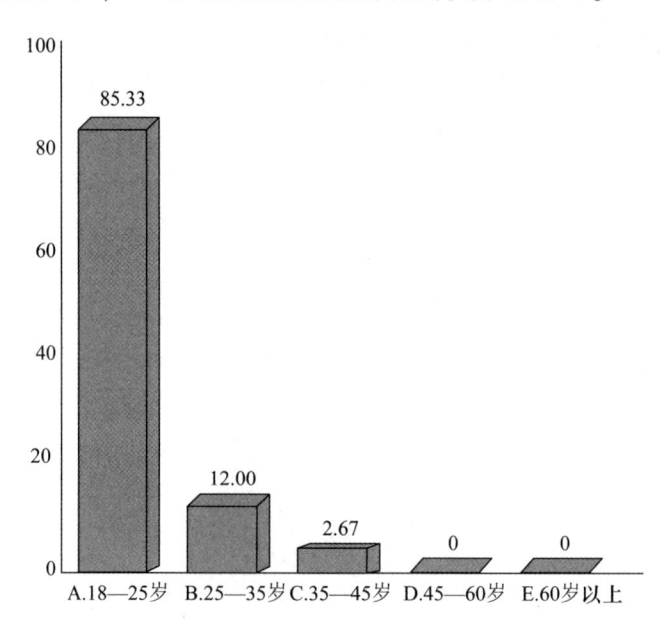

图9　教师年龄情况（%）

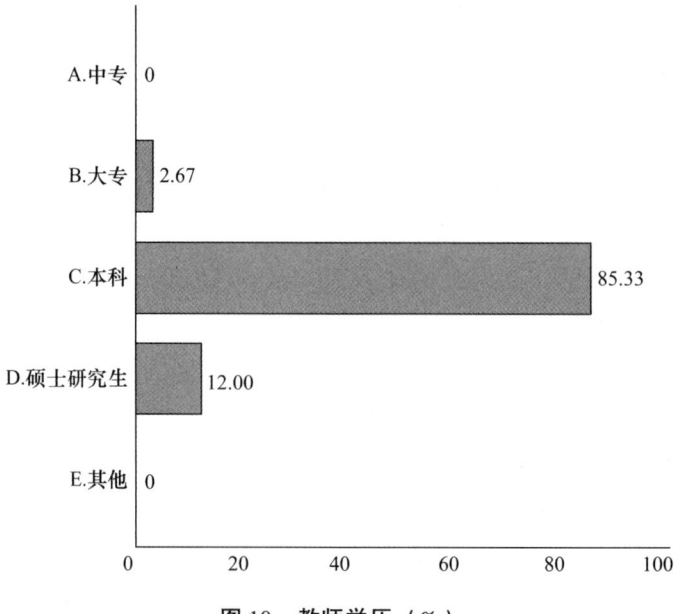

图10　教师学历（%）

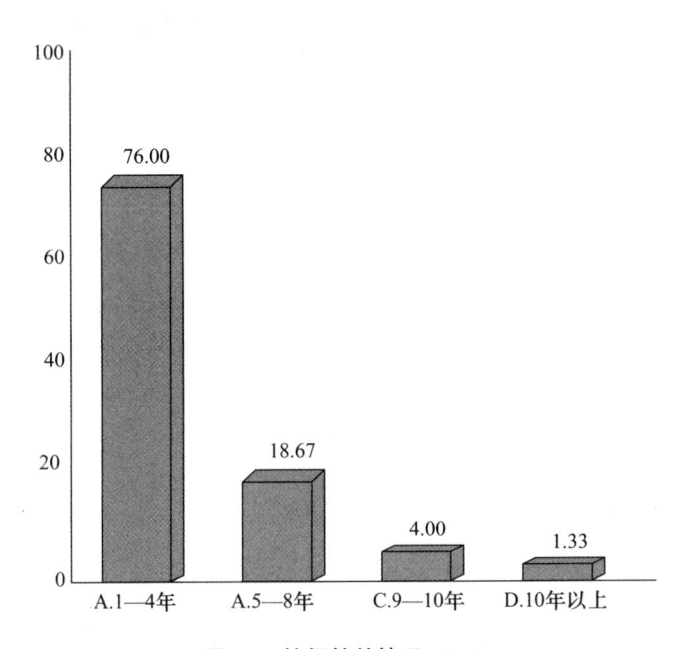

图 11 教师教龄情况（%）

图12是校外舞蹈教师月薪的调研结果，教师工资在1000元以下的占18.67%，教师工资在1000—2000元的占42.66%，教师工资在2000—3000元的占20.00%，教师工资在3000—4000元的占8.00%，教师工资在4000元以上的占10.67%。

图13是教师对于月薪满意度的调研结果。其中，对月薪表示"满意"的占10.67%，对月薪表示"一般"的占64.00%，对月薪表示"不满意"的占25.33%。

图14是根据教师所承担的课量与月薪对比结果。

图15是教师问卷第9题"您是否具有教师资格证"的调研结果，其中有教师资格证书的教师比例为54.67%，没有教师资格证书的教师比例为28.00%，正在考证中的教师比例为17.33%。

图16是对有教师资格证教师的证书类型的调研结果，持舞蹈专业教师资格证书的占68.00%，持国家教师资格证的占24.00%，

而国家教师资格证书和舞蹈专业教师资格证书都有的占 8.00%。

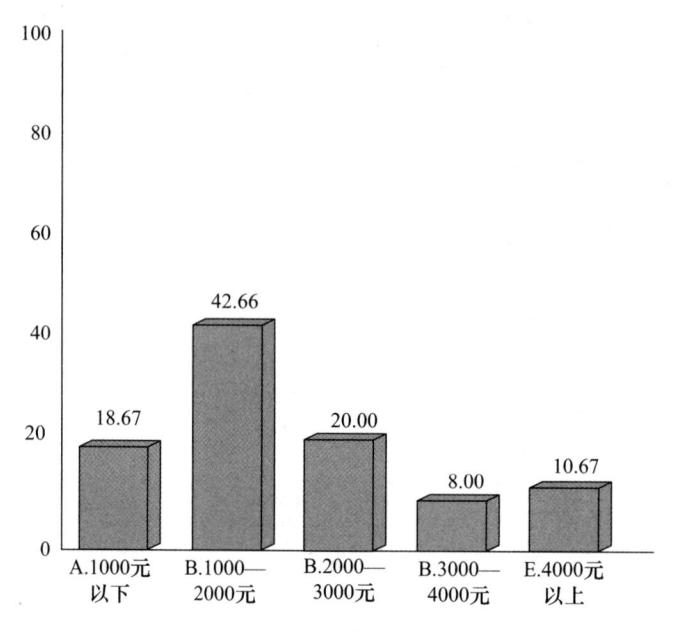

图 12　教师月薪情况（%）

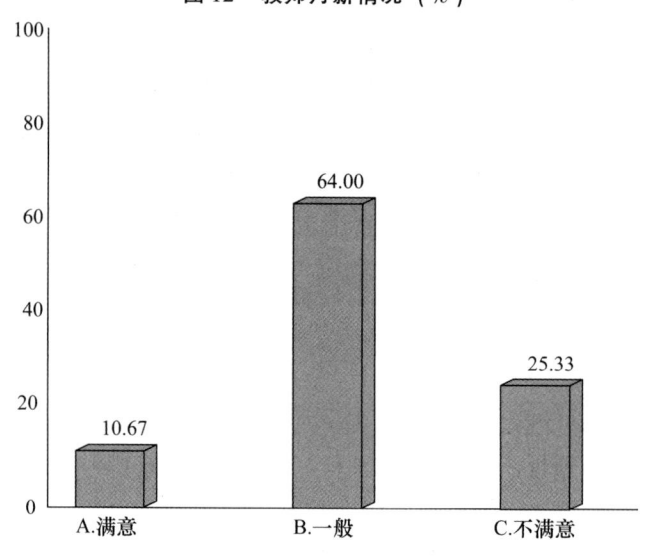

- A.1000元以下：18.67
- B.1000—2000元：42.66
- B.2000—3000元：20.00
- B.3000—4000元：8.00
- E.4000元以上：10.67

图 13　教师月薪满意度（%）

- A.满意：10.67
- B.一般：64.00
- C.不满意：25.33

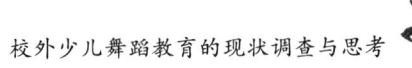

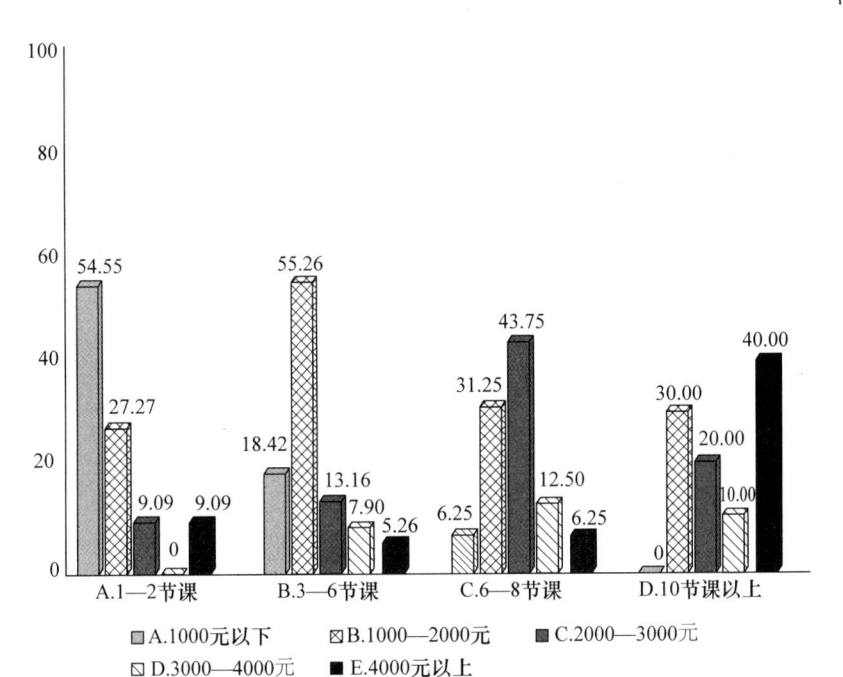

图 14　与教师授课量相对应的月薪情况（%）

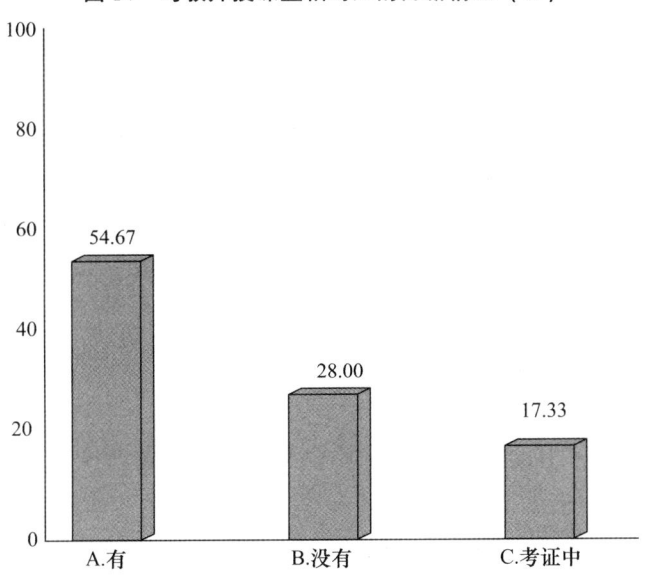

图 15　教师资格证持有情况（%）

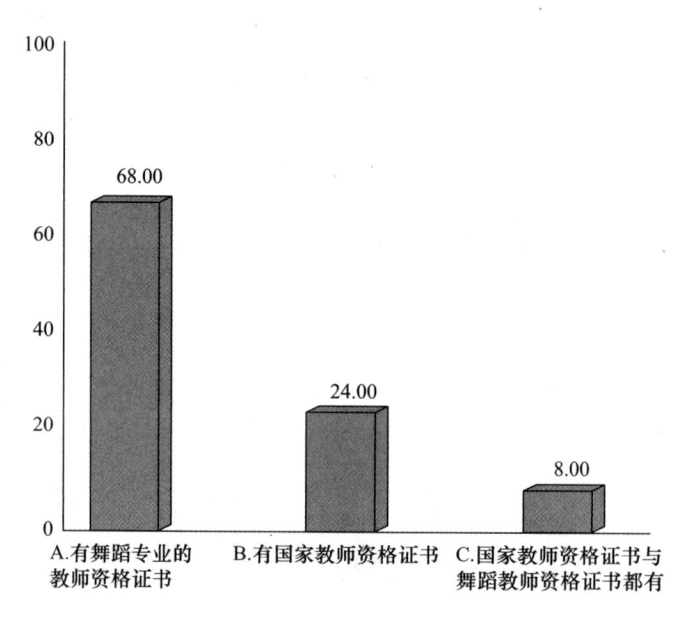

图 16　教师资格证类型（%）

图17是对教师任职状况的调查结果。其中兼职教师占72.00%，专职教师占25.33%，其他占2.67%。

2. 教学理念

关于教师问卷第15题"您在少儿舞蹈教学中侧重于哪方面的培养"的问卷调研结果如图18所示。选择"乐感及节奏"的占55.77%，选择"体能"的占66.67%，选择"兴趣"的占71.79%，选择"德育"的占37.82%，选择"技术技能"的占48.72%，选择"其他"的占5.13%。

（三）课程设置

1. 课程安排

在对学生所期望的校外舞蹈课程时间安排的调研中，选择"每天晚上"上课的学生比例为4.76%，选择"周末"上课的学生比例为46.82%，选择"寒暑假"上课的学生比例为38.10%，选择"其他"时间上课的学生比例为10.32%。

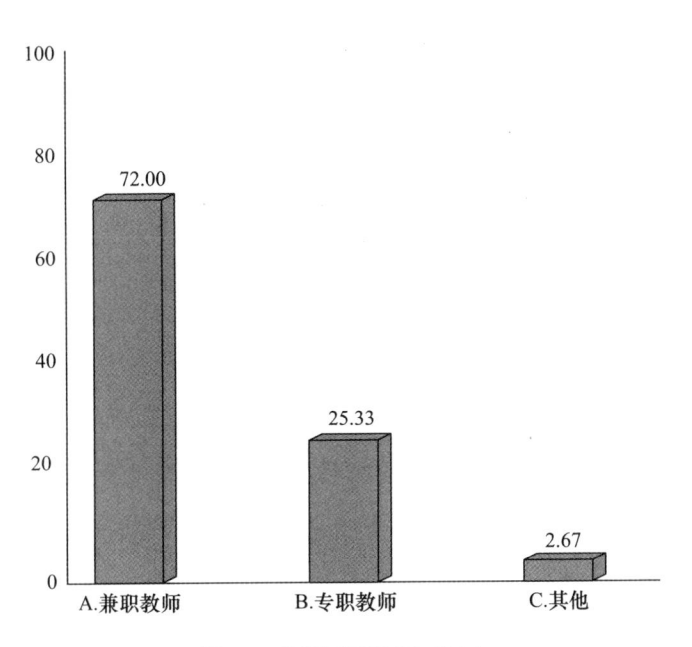

图 17 教师任职情况（%）

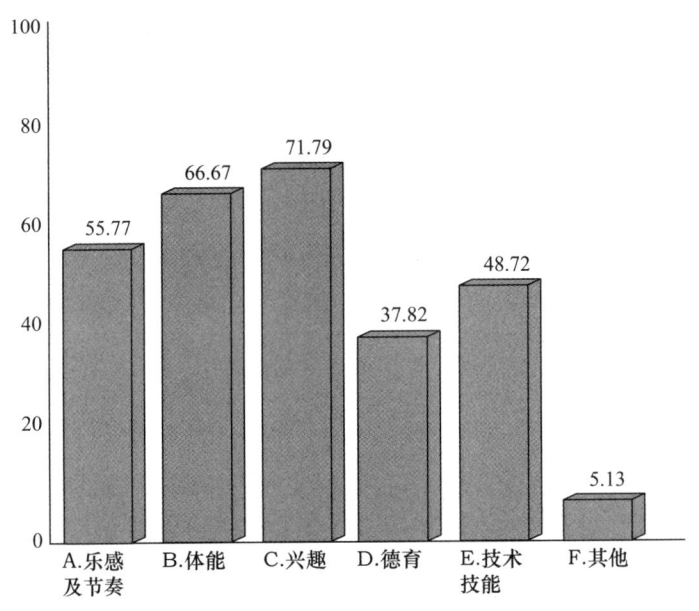

图 18 教学认识（%）

注：此题为多选题，选项具有重复性，故百分比 >100%。

图 19　课程安排（%）

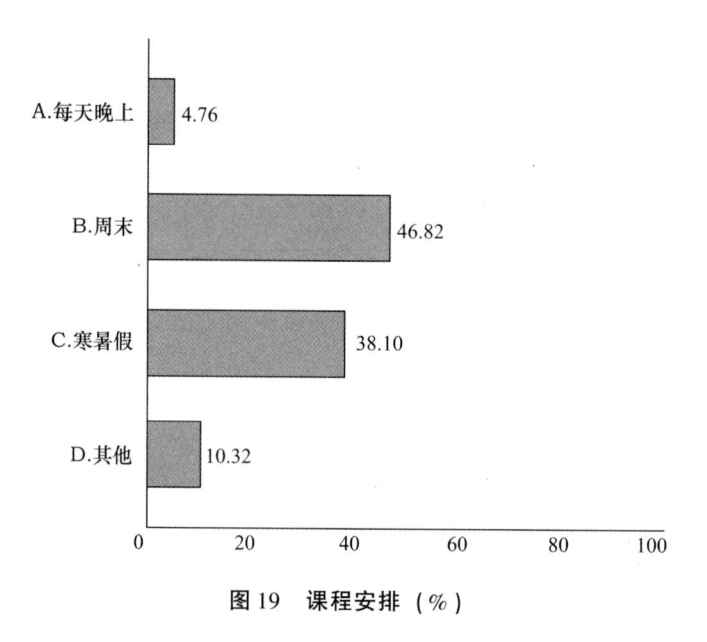

- A.每天晚上　4.76
- B.周末　46.82
- C.寒暑假　38.10
- D.其他　10.32

图 20 是学生问卷第 5 题 "你的舞蹈课一周有几节" 的调研结果。

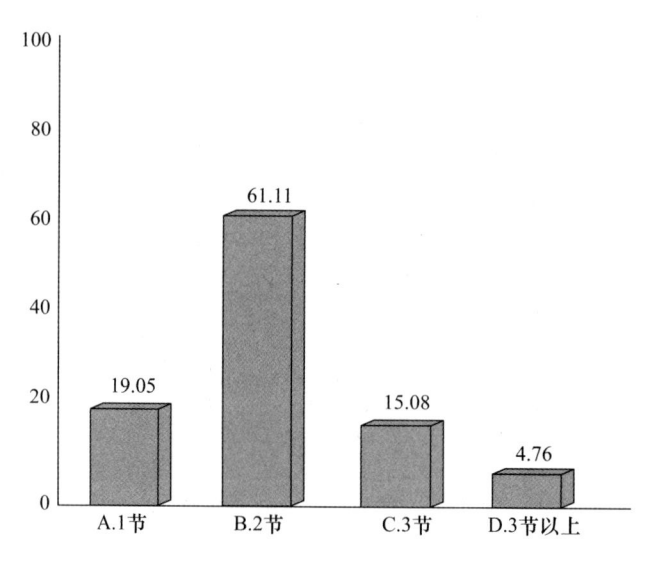

图 20　学生每周课量统计（%）

- A.1 节　19.05
- B.2 节　61.11
- C.3 节　15.08
- D.3 节以上　4.76

每周 1 节舞蹈课的学生比例为 19.05%，每周 2 节舞蹈课的学生比例为 61.11%，每周 3 节舞蹈课的学生比例为 15.08%，每周 3 节以上舞蹈课的学生比例仅为 4.76%。

根据图 21 所显示的数据可知，学生所上舞蹈课，时长在 40 分钟的占 1.59%，时长在一个小时的占 14.29%，时长在一个半小时的占 33.32%，时长在两个小时的占 40.48%，时长在三个小时的占 10.32%。

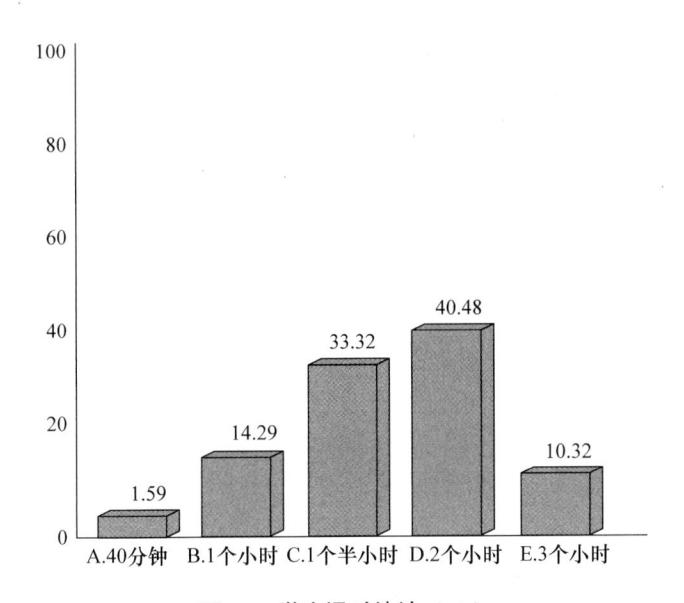

图 21　学生课时统计（%）

2. 教材内容

表 5 是兰州市四所校外少儿舞蹈教育机构教材使用情况的调研结果。

表 5　　　　　　　　　　教材使用情况

	机构 A	机构 B	机构 C	机构 D
中国舞考级教材			√	√

续表

	机构 A	机构 B	机构 C	机构 D
芭蕾舞考级教材		√	√	√
"小舞星"考级教材	√		√	
爵士舞考级教材				√
拉丁舞考级教材				√
踢踏舞考级教材				√
歌剧舞剧院考级教材	√			
中国民族民间舞考级教材			√	

（四）硬件设施

表6是笔者对兰州市四所校外少儿舞蹈教育机构硬件基本情况的实地调研结果。其中"√"为具备的硬件，"○"为不具备的硬件。

表6　　兰州市四所校外少儿舞蹈教育机构硬件基本情况

	机构 A	机构 B	机构 C	机构 D
镜子	√	√	√	√
把杆	√	√	√	√
道具	√	√	√	√
服装	√	√	√	√
音箱	√	√	√	√
木地板	○	√	√	√
塑胶	√	√	√	○
垫子	√	○	√	√

图22是学生问卷中关于学生对所在舞蹈机构环境与硬件满意度的调研结果。对环境及硬件表示"满意"的占56.35%，对环境及硬件表示"不满意"的占9.52%，对环境及硬件状况表示"一般"的占34.13%。

图23是家长问卷调查中家长对孩子所在校外舞蹈教育机构硬件设施配备状况的评价。其中表示"非常齐全"的占23.85%，表示"基本齐全"的占70.64%，表示"不齐全"的占5.51%，表示"其

他"的为0。

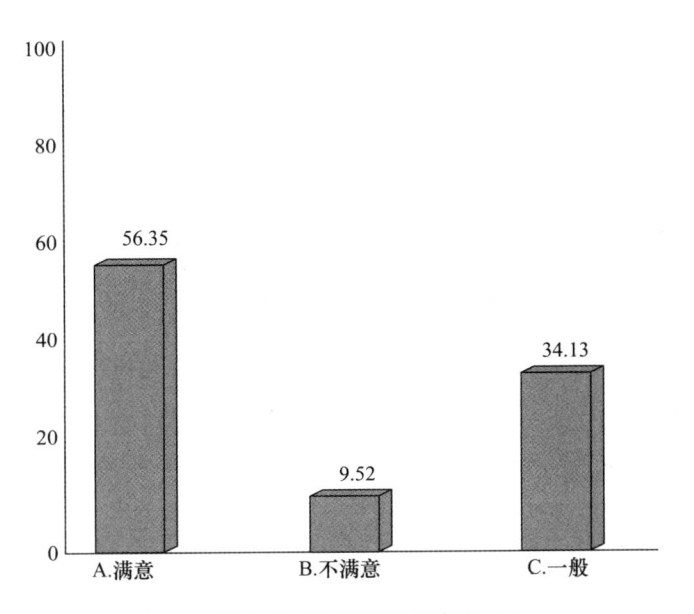

图22 学生对硬件设施的满意度（%）

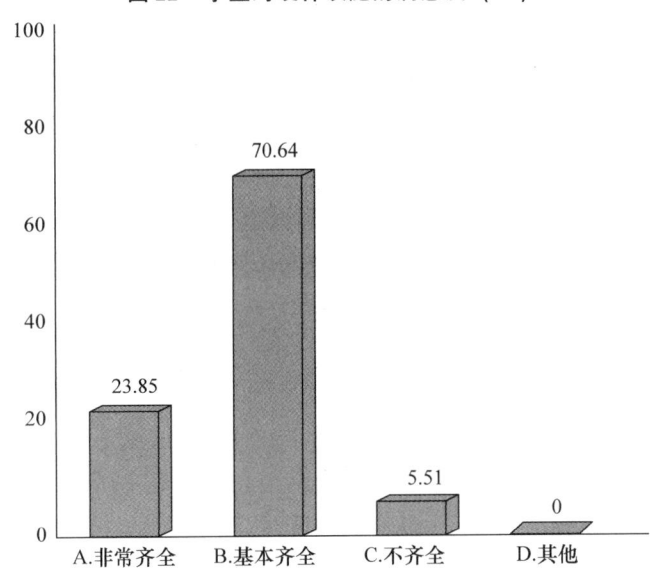

图23 家长对硬件设施的评价（%）

(五) 管理制度

1. 注册与收费

表7是笔者对兰州市四所校外少儿舞蹈教育机构注册情况的调研结果。

表7　　　　　　　**校外舞蹈机构注册情况**

	民政部门	文化部门	教育部门	工商部门
机构 A	☆		☆	
机构 B	☆		☆	
机构 C	☆		☆	
机构 D		☆	☆	☆

表8是兰州市四所校外舞蹈教育机构每周课量及收费详情。

表8　　　**兰州市四所校外少儿舞蹈教育机构收费情况**　　　（元）

学费 机构	课量（每周）	学费（半年）	学费（全年）
机构 A	2	1200	2160
机构 B	2	1200	2400
机构 C	2	1170	2340
机构 D	2	1100	2200

图24是对家长月薪的调研结果。家长工资在1000—2000元的占2.75%，家长工资在2000—4000元的占39.45%，家长工资在4000—6000元的占45.87%，家长工资在6000元以上的占11.93%。

图25是家长对于孩子所在校外舞蹈教育机构收费满意度的调研结果。认为收费"过高，不能接受"的比例为7.34%，认为收费"高，还能接受"的比例为35.78%，认为收费"能接受"的比例为53.21%，认为收费"便宜"的比例为3.67%。

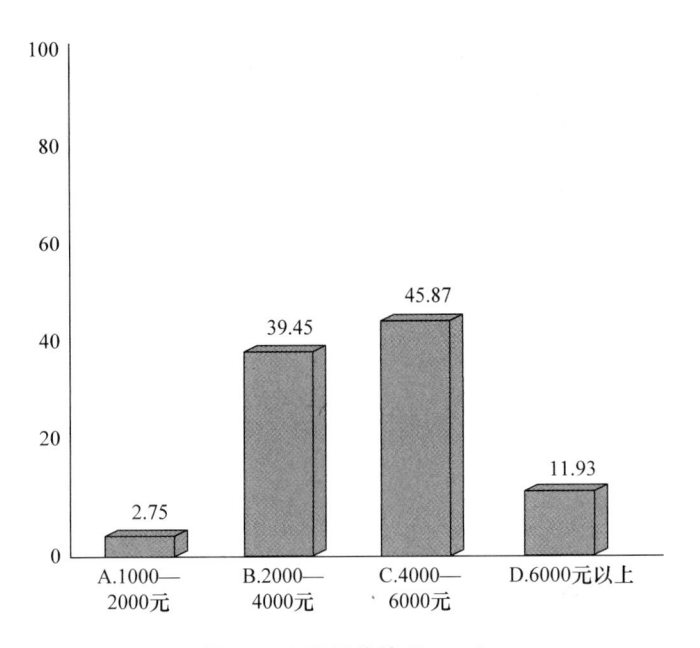

图24 家长月薪情况（%）

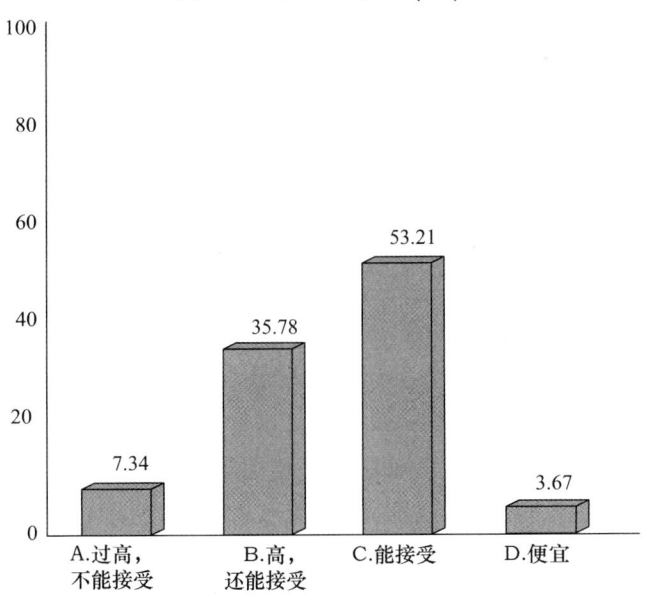

图25 家长对收费的态度（%）

2. 宣传与培训

图 26 是家长问卷中关于通过何种校外舞蹈教育宣传方式选择就读学校的调研结果。通过"舞蹈比赛"的占 11.01%，通过"广告媒体宣传"的占 30.28%，通过"朋友介绍"的占 33.94%，通过各种"机构的汇报展演"的占 24.77%。

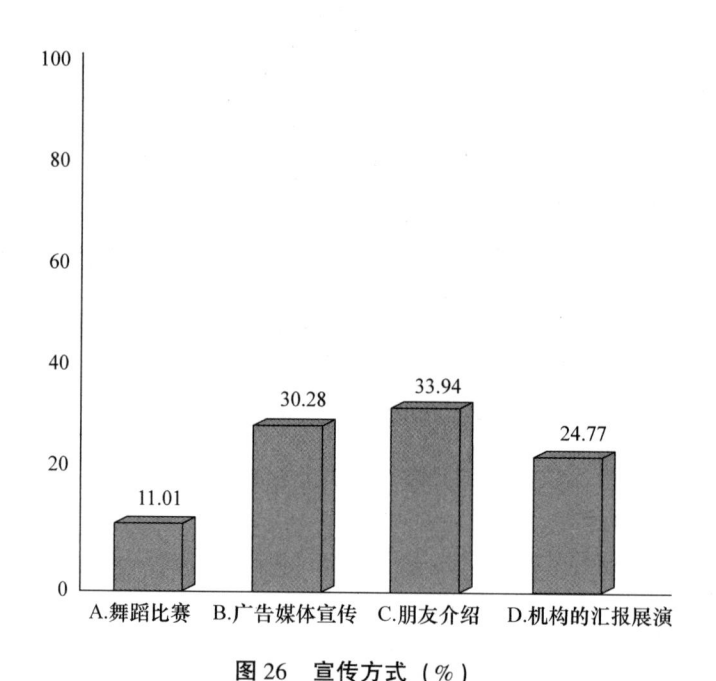

图 26　宣传方式（%）

图 27 是校外舞蹈机构是否对舞蹈教师进行相关培训的调研结果。结果显示，有 64.00% 的教师所在舞蹈机构对其进行过相关培训，有 36.00% 的教师所在舞蹈机构没有对其进行过相关培训。

图 28 是对图 27 中对教师进行过相关培训的机构，对教师相关培训方向的调研结果。其中培训放在"专业方面"的比例为 58.33%，培训放在"教学方法"方面的比例为 87.50%，培训放在"其他"方面的比例为 16.67%。

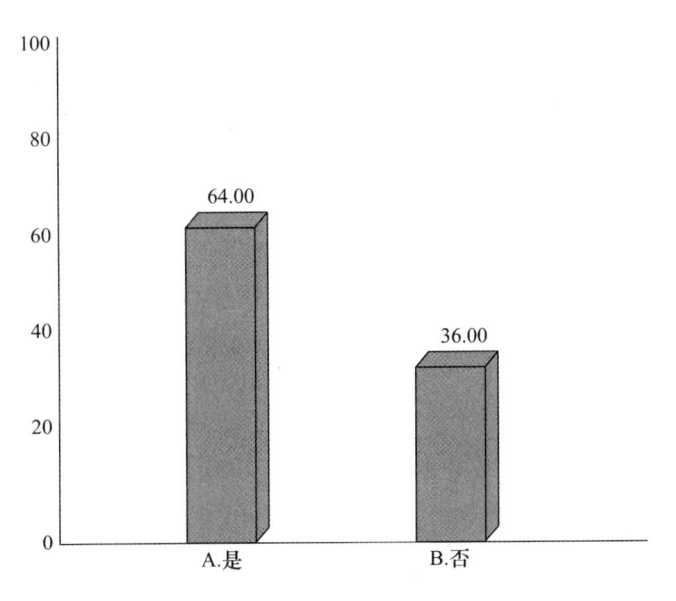

图 27　教师培训情况（%）

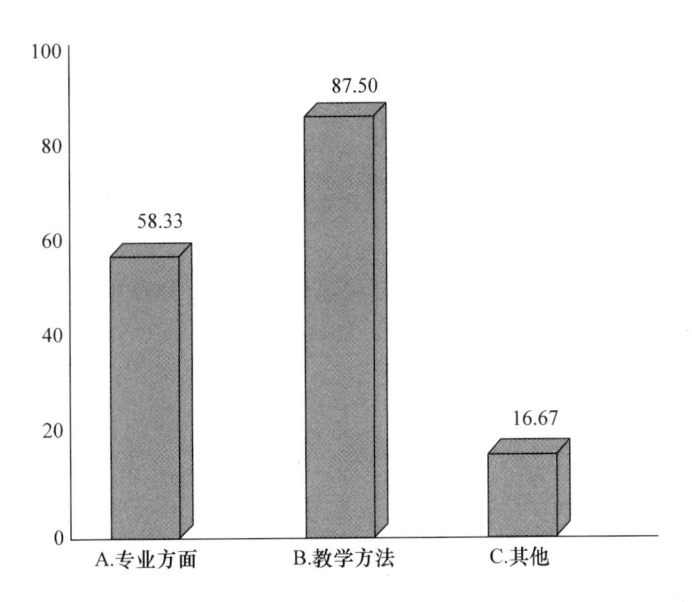

图 28　教师培训方向（%）

注：此为多选题，选项具有重复性，故百分比＞100%。

3. 人员管理与教学管理

图29是学生对校外舞蹈教育机构管理人员满意度的调研结果。表示"满意"的比例为67.46%，表示"不满意"的比例为32.54%。

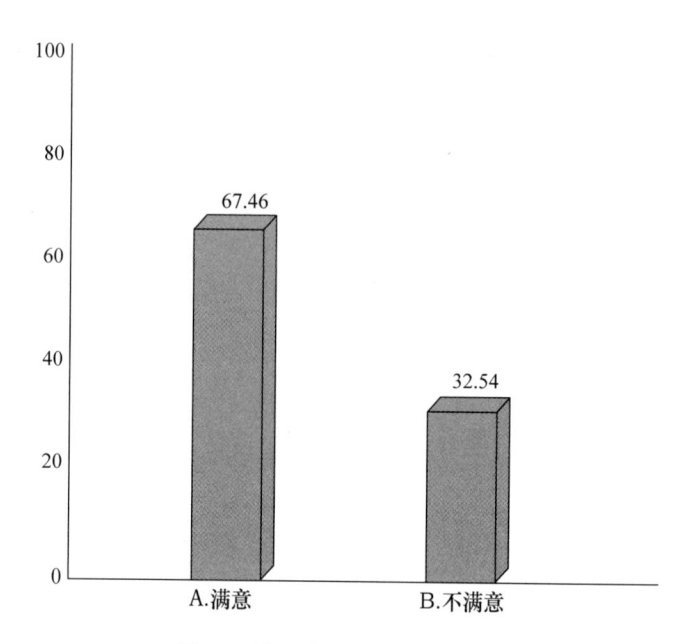

图29　管理人员的满意度（%）

图30是对校外教育机构关于教师教学计划管理的调研结果。有28.00%的教师所在舞蹈机构"有要求，但不上交"，有36.00%的教师所在舞蹈机构"一直要求，并按时上交"，有29.33%的教师所在舞蹈机构"没有要求过"，有6.67%的教师所在舞蹈机构对于教学计划的要求不在前三种选项的安排之内，故选"其他"选项。

4. 制度体系

图31是校外舞蹈教育机构C的相关安全责任制度。

图32是校外舞蹈教育机构C制定的关于规范教师职责与教学行为的相关管理制度。

校外少儿舞蹈教育的现状调查与思考

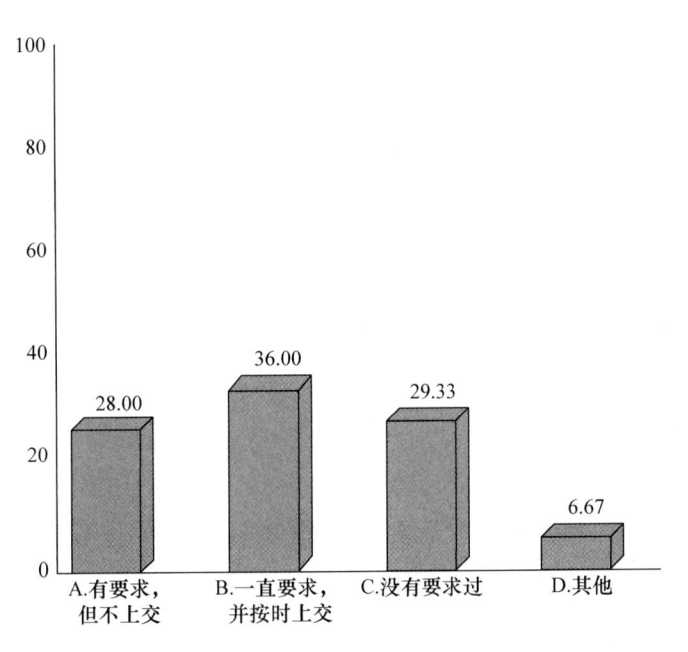

```
100
 80
 60
 40   28.00   36.00   29.33
 20                           6.67
  0
     A.有要求,  B.一直要求,  C.没有要求过  D.其他
     但不上交  并按时上交
```

图30　教学管理（%）

安全责任制度

一． 长期建立建全有关安全的责任意识。

二． 贯彻执行安全法规，对学生需进行安全教育，交通安全、防火、防灾安全等方面的宣传。

三． 对各种不符合安全的设施及时发现及时整改，不留安全隐患。

四． 发现安全问题要及时向有关单位反映，树立自觉的防范意识。

五． 严格落实安全责任制，预防为主，对不能预见的灾害，尽最大力量把损失降到最低程度，最大限度保护公共财产及群众利益。

六． 遵守安全法规，增强安全意识，关注安全人人有责，从我做起，从今天做起，把安全工作落到实处。

图31　机构C的相关安全责任制度

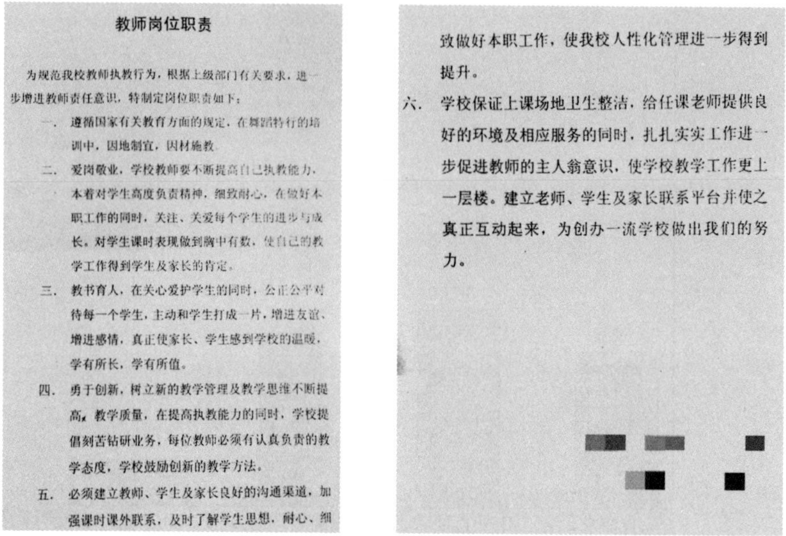

图32 机构 C 的教师岗位职责

五 校外少儿舞蹈教育调查结果分析与讨论

校外舞蹈教育顾名思义就是在校外开展与进行与舞蹈相关联的教育活动。可以说，校外舞蹈教育是当今社会经济发展到一定阶段的产物。根据问卷的调查结果来看，校外少儿舞蹈教育在发展中既有优长之处，同时也凸显了存在的问题。本节针对现状调查中学生、师资、教材、硬件、管理等几个方面出现的问题，对其进行分析与讨论，期望为校外少儿舞蹈教育未来的更好发展提供可供参考的理论依据。

（一）学生与学习情况

1. 基本信息

校外少儿舞蹈教育男女比例失衡。舞蹈界"阴盛阳衰"现象，在21世纪的校外少儿舞蹈教育中仍然存在。传统思想观念仍然是影响家长和学生不看好男生学习舞蹈的重要原因。男女比例的不平衡问题，不但是阻碍校外少儿舞蹈教育生源的重要因素，也是影响我国舞蹈教育发展的关键所在。那些执意认为"舞蹈"是女性"专属品"的思想应该予以摒弃。不论男生还是女生，只有经过舞蹈的学习与锻炼才能拥有挺拔的身形和良好的内在气质。每一位家长和学生都应该客观地看待这一事实，积极引导和鼓励男生接受舞蹈的学习。只有男生积极地参与舞蹈学习，在不久的将来才会一举改变舞蹈自古以来"阴盛阳衰"的局面，从而提高我国整体国民的舞蹈能力与舞蹈界的阳刚之气。

受教群体的年龄分布集中。从校外舞蹈教育的学生年龄分布来看，校外舞蹈教育2—12岁年龄段的学生所占比例较大。处于学前教育和基础教育阶段的他们是出现这一结果的主要原因。

一是舞蹈符合幼儿的身心发展特点。学前教育阶段的学生在幼儿园或学前班粗浅地学习舞蹈后，对舞蹈产生了极大的兴趣。由于舞蹈符合他们活泼调皮好动的性格，他们会对舞蹈产生强烈的学习欲望，从而最终选择在校外舞蹈教育机构进行全面的舞蹈学习来丰富自己的兴趣爱好。

二是基础教育阶段学生有艺术学习的需求。首先，舞蹈课程在基础教育阶段由于各种内在和外在因素的限制与制约没能得以开设与普及，学生学习舞蹈的强烈愿望无法得到满足。其次，小学低年级阶段学生的学习压力较小，有时间和精力在校外从事舞蹈学习。再次，沉重的书包致使孩子们出现驼背等问题。校外舞蹈教育机构正好为有效纠正和及时解决以避免学生出现各种身形不正问题提供了平台。最后，家长们"望子成龙，望女成凤"的迫切心理促使他们希望孩子能有一技之长，在除了文化课学习之外还能有过于他人的技术技能。12—15岁年龄段舞蹈学习群体的减少，是由多方面的原因导致的。

第一，12—15岁年龄段的学生正处于中级教育的初级阶段。校内学习任务繁重，学习压力过大是学生退出校外舞蹈教育的重要原因。

第二，家长们重校内教育，轻校外教育的传统思想，也是这些学生被迫放弃校外舞蹈学习的关键因素。

第三，处于青春期的少年，心理及生理变化较大，外在身形逐渐产生巨大变化，思想情绪不稳定，使他们对外界陌生环境和人际交流产生抵触心理，对日常生活产生消极反抗态度。处于15—18岁年龄段的接受中级教育的学生，在校外接受舞蹈教育的比例与初级阶段相比略显回升。这一现象并不奇怪。因为在此阶段学习舞蹈的学生，都有很强的功利性和目的性。尽管高中阶段的课程与初中阶段相比更为繁重，而且学生面临着巨大的升学压力——高考，但这一目标却恰恰与舞蹈教育不谋而合。在大学不断对艺术专业扩大招生的政策支持下，通过学习舞蹈考取艺术院校或综合类大学成为当今高考的一种考试特色。因此，在高中阶段转学艺术的学生比比皆是。

2. 学习内容

校外少儿舞蹈教育的教学种类繁多，形式各样。少儿们根据自己的喜好选择所学舞蹈的风格，数据显示，学习民族民间舞和芭蕾舞的学生较多。而新引进的踢踏舞、爵士舞、拉丁舞也日益为少年儿童所追捧。由此可见我国校外舞蹈内容与风格及形式之多，内容之广。

3. 舞蹈考级

舞蹈考级已经成为校方及学生舞蹈教育的"必需品"，并且成为校外舞蹈教育的一种特色办学方式。原因一是校外教育机构需要通过舞蹈考级的通关率来突显学校的存在价值。原因二是家长和学生也需要通过舞蹈考级来衡量和检测每一学年的成果与水平。也许只有通过考级这种形式才能更好地达到舞蹈教与学的"满足感"。但是，校外舞蹈教育千篇一律的以各种考级作为"办学特色"，这不仅对培养和激发学生的想象力毫无作用，而且在某种程度上扼杀了学生对于舞蹈学习的兴趣，以及在舞蹈方面潜在的创造力与想象力。

4. 艺术能力提升

学生已认识到舞蹈教育在其整个教育过程中的重要性。舞蹈教育对少儿体形与体能的锻炼，性格与智力的培养，艺术能力与艺术素养的提升都有很重要的作用。舞蹈学习不仅有利于少儿身心发展，还有利于激发少儿的想象力与创造力。简言之，舞蹈教育对少儿各方面的发展起着其他艺术教育所不能企及的重要作用。事实证明，受过舞蹈教育的孩子无论是内在气质还是外在形态都与其他少儿有很大的区别。

（二）师资队伍

1. 教师基本信息

第一，从教师的基本情况来看，首先，校外舞蹈教育教师男女比例不平衡。这种现象的存在是由于舞蹈教育生源"阴盛阳衰"的不良现象导致的。如果这种不良现象不能从根本上得到改变，其男性舞蹈则得不到发展。其次，教师年轻化。调查结果显示，校外少儿舞蹈教师年龄均在18—45岁，并且18—25岁年龄段的教师所占比例最大。原因一，处于少儿时期的学生朝气蓬勃，活泼好动，校外少儿舞蹈教师需要有旺盛的精力与青春的活力才容易与学生更好地交流和相处。原因二，校外少儿舞蹈课程大多集中在周末与寒暑假，处于单身阶段的18—25岁教师可以不受家庭的困扰，把更多的精力投入校外舞蹈教育事业中。原因三，载歌载舞的少儿舞蹈，在教学过程中需要教师不仅具有好的教学能力和示范能力，良好的体能素质也是校外舞蹈教师必须具备的重要条件。因此处于18—25岁的教师在体能、素质、力量等方面都应该是一个舞者精力最旺盛的黄金阶段。

第二，从教师的资质来看，一方面，校外舞蹈教师学历普遍较高，但教龄不长。纵观校外舞蹈教育发展的历程，校外少儿舞蹈教育的教师已从20世纪90年代的中专学历发展到如今的大专及大专以上的学历，并且以本科学历居多。可见，校外舞蹈教育发展速度之快。各大高等院校舞蹈专业不断扩大招生，为校外舞蹈学校培养了大批舞蹈教师，尤其是师范类的综合性院校。大批高校舞蹈本科毕业生由于从事职业与专业吻合性问题的冲突，选择在校外舞蹈教育机构就业。久而久之，校外舞蹈教育机构成为舞蹈本科毕业生就业的"避风港"。校外舞蹈教育机构工作压力小，工资待遇丰厚，工作时间相对灵活也是他们选择在这里从事工作的关键因素。另外，校外舞蹈教育机构市场竞争激烈，对招聘的教师学历提出了更高的要求，其中舞蹈专业硕士毕业生也逐渐成为校外舞蹈教育师资队伍的组成部分。另一方面，教师从教资格及所持资格证书类型各不相同。调查数据显示，从事校外舞蹈教育的绝大多数教师持有资格证书，且以持舞蹈专业教师资格证书者居多。原因在于：一是除师范院校的师范类学生之外，对于其他舞蹈专业的学生来说，考取国家教师资格证书不是一件容易的事情。二是舞蹈专业的教师资格考试，专业性强，考试方法相对简单，与国家教师资格考试相比较容易。三是校外舞蹈教育机构以舞蹈考级作为办学特色，要求舞蹈教师通常必须具有舞蹈专业相关教师资格证书。但是，没有教师资格证书的教师仍然占很大一部分比例，对于这些没有教师资格证书的校外教师，舞蹈教育机构需要在教学方法上对他们进行培训与辅导，保证他们的教学方法得当，教学质量合格。

第三，从教师任职状态来看，校外舞蹈教育机构以兼职教师为主，专职教师为辅。这些兼职教师包括在校大学生，社会舞蹈爱好者，在校任职教师等，由于兼职教师执教的不稳定性，校外舞蹈教育教师的流动性大，更换较频繁。这不仅影响学生的学习态度和学习成果，而且会影响校外教育学生生源的稳定性。

2. 教学理念

从教学理念来看，舞蹈教育不仅可以强身健体、塑造身形、培养乐感及节奏感，而且可以培养学生的创造力与想象力，提高审美能力。舞蹈课程是素质教育美育课程的重要组成部分。因此，舞蹈教师在教学中应该从各个方面对少年儿童进行引导与启发，最大限度地激发学生的各项潜力，使舞蹈教育的功用发挥到极致。研究数据显示，大部分舞蹈教师在教学过程中对少年儿童的各方面培养较为全面。但经笔者采访相关校外舞蹈机构负责人了解到，仍有小部分校外舞蹈兼职教师，尤其是在校大学生，由于年龄较轻、教学经验不够丰富，在教学过程中往往偏向于成人化和专业化，只重视少儿的基本功训练，把艺术学校基本功训练模式用在校外少儿舞蹈教学中，造成部分少儿对于舞蹈学习的恐惧，而教师自身并未发现问题的存在，自认为这种现象是舞蹈专业化的表现。

(三) 课程设置

1. 课程安排

根据对课程安排现状的调查结果，校外舞蹈课程安排基本上合理。每周有两节舞蹈课程的学生占总比例的一半多。这种课量的安排不但保证了校外舞蹈教育的有效进行，而且不会对学生学校内的学习产生影响。周末及寒暑假进行校外舞蹈学习的合理安排，能够保证少年儿童有充足的时间和精力接受校外舞蹈教育。

首先，学习周内学校课程较多，家庭作业繁重，只有双休日与寒暑假才能参加舞蹈艺术活动。这既丰富了课余生活，也增长了见识。

其次，假期进行校外舞蹈教育，不仅有利于少儿对学校内课程的学习与消化，而且有利于促进少儿右半脑的开发和利用。促使大脑左右两个半球根据学习的需要，进行自我调节，轮流占据支配地位。通过左右半脑的协同发展，有利于提高学生的学习效率，丰富和提升他们的艺术素养与修养，同时对学校内的学习起到积极作用。但是，研究数据显示，学生的舞蹈课时以1—2小时居多。法国生物学家乔治·居维叶说："天才，首先是注意力。"[①] "对儿童的研究表明：7—10岁儿童连续注意力约在15—20分钟。"[②] 可见，校外舞蹈课时过长，在一定程度上阻碍了学生舞蹈学习的效率。但是，由于舞蹈专业的特殊性，舞蹈教学是一种技术技能反复练习的过程。从热身到复习，从复习到教学，从单一动作到组合练习，这一漫长的课程学习需要充足的时间加以保证。因此，应合理安排舞蹈课程，在舞蹈教学中

---

① http://wenda.haosou.com/q/1378746441067940.
② http://www.docin.com/p-680408731.html.

积极调动学生的参与度与注意力是教师教学的重中之重。

2. 教材内容

教材作为教育和教学的物质保证,在校外舞蹈教育发展中受到舞蹈工作者的高度重视。为满足少儿的学习需求与好奇心,校外舞蹈教材涉及中国舞、民族民间舞、芭蕾舞、爵士舞、踢踏舞、拉丁舞、街舞等各类舞种。一改之前中国舞与民族民间舞"独霸"少儿舞蹈教育的局面,形成"百花齐放,百家争鸣"的新局面。另外,在众多的舞蹈教材中,少儿可以根据自身喜好,选择较为满意的舞种。而这种以兴趣为出发点,自主选择教材的学习方式,对少儿舞蹈教育的发展起着有力的推动作用。

我国校外舞蹈教育的教材主要以各种考级教材为主。就兰州市而言,包括少年宫在内的所有校外舞蹈教育机构均以各种考级教材为主。

作为我国三大主流舞蹈之一的民族民间舞,强烈的民族特色与地域风格的动作,是吸引少儿学习舞蹈的重要原因。光鲜亮丽、光彩照人的民族服饰和带有趣味性的各种舞蹈道具更是少儿爱不释手的"玩具"。最具贵族气质的芭蕾舞,在科学、系统的训练体系中,在开、绷、直、立的训练原则下,在足尖鞋的翩翩起舞中,在芭蕾舞裙的上下起伏中,"掳获"了太多的具有舞蹈梦想的人。虽说芭蕾舞与其他舞蹈相比,在学员的选拔上更为严格,训练更为艰苦。但是,芭蕾舞的学习与追求是每个热爱舞蹈的人所一生向往的。选择学习芭蕾舞也许就是这些少年儿童的梦想。他们希望可以立起脚尖轻盈地舞蹈。踢踏舞、拉丁舞、爵士舞作为 21 世纪中国少儿校外舞蹈教育类型的"后起之秀",也同样受到少儿们的爱戴。踢踏舞新颖、活泼、自由的表演形式,脚踏地板的清脆击打声,富有节奏感的舞步;爵士舞时尚动感的元素,自由、开放的表现形式;国际标准拉丁舞的严谨与运动精神都是民族民间舞和芭蕾舞所不能企及的,这些新型的舞蹈,不仅开阔了少儿的眼界,而且满足了他们的好奇心与兴趣。

总之,虽然铺天盖地的各种舞蹈考级教材丰富和扩展了校外少儿的舞蹈学习内容,但是考级教材绝对不是校外舞蹈教育的代名词。校外舞蹈教育是在校外对少儿进行美育教育的一种形式。考级教材内容只是舞蹈教育的一小部分,舞蹈教育教材实施的真正目的是对少儿进行艺术教育的整体普及与熏陶。

(四) 硬件设施

对于校外舞蹈教育来说,教学环境主要指室内环境及教室外的周边环境。教学环境与设施已成为家长和学生选择受教于校外舞蹈教育机构的重要因素。因此,不断完善硬件,改善教学环境应成为校外教育机构的一件大事。

调查显示,校外舞蹈教育机构的整体硬件设施基本符合舞蹈教育的需求,且学生及家长对相关硬件的配置表示基本满意。但是,其中仍然存在一些问题。例如,地板材料使用的差异性。笔者采访的四所校外舞蹈教育机构除一所机构的地板与所教授舞种需要的硬件相匹配之外,其余三所舞蹈机构铺设的地板均与所教授舞种不相匹配。

舞蹈作为一种空间艺术,在舞蹈教育中应该留有足够的空间以供教学。台湾相关部门对舞蹈培训班的设立制定了明确的标准:其教室"面积不得小于45平方米,平均每一学生所占面积不得小于2平方米,除社交舞教室铺设一般地板外,其他各科舞蹈教室应铺设木质地板。如有妨碍安宁之虞者须有防震、隔音设备。照明须完全明亮,并采用日光灯,以每6平方米40度烛光一盏标准计,不准装置各种彩色灯泡,或变化灯光亮度之设备。教室须装备面镜及扶把。须有音箱设备(如扩大机、电唱机、录音机等)。播放音乐有妨碍安宁之虞者,须有隔音设备。须有完善之采光及通风设备(电扇、抽风机或冷气机)"[①]。

少儿舞蹈教育机构应该根据所教授舞种选择不同的地板。通常拉丁舞及踢踏舞教学需要铺设木地板,一是保证舞者可以更好地转体,

---

① 转引自吕艺生《舞蹈教育学》,上海音乐出版社2000年版,第32页。

二是保证踢踏舞者可以通过舞鞋与地板的击打发出清脆的声音。民族民间舞或古典舞、芭蕾舞等舞蹈教学需要在教室下层铺设舞蹈专用的木制地板后再在上层铺设塑胶，以起到减震、防滑的效果。在不断丰富与发展硬件设备的同时，应该保证舞蹈教室采光充足、通风顺畅。只有在环境适宜的教室里，少年儿童才能有效地进行舞蹈的学习。

如图33所示，这样的舞蹈教室设置于某商场内，其周边环境嘈杂，除不适合少儿学习之外，室内房顶起架较低，四面墙壁环绕，无窗无光。既不通风，又无采光。无论室内室外都不符合舞蹈教学的设置标准。所在机构与相关管理部门应当及时加以改善，达到舞蹈教室的设置标准要求，避免出现少年儿童在学习过程中缺氧等问题。因此，改善和完善教学环境与硬件是校外舞蹈教育需要重视和实施的首要事情。

图33 校外舞蹈机构 A 舞蹈教室内部环境

（五）管理制度

1. 注册与收费

校外舞蹈教育机构的注册与管理较为混乱。舞蹈教育机构的注册主要由教育部门、文化部门、民政部门、工商部门等相关部门负责。校外少儿舞蹈机构因其注册形式不同，相关注册部门也有所不同。多渠道、多口径的注册及管理，导致少儿校外舞蹈教育机构开办形式混乱，在迅速发展与扩大校外舞蹈教育的同时，出现了许多无证办学的"舞蹈机构"。这需要相关部门加强对这些校外教育机构的管理力度，保证校外办学的正规化与合理化。其原因在于：一是相关部门的制度滞后于校外舞蹈教育发展的速度。在访谈相关舞蹈机构负责人（X2）时，他告诉笔者："校外舞蹈教育机构在教学管理上经常出现问题，在需要管理部门出示相关文件予以证明和支持的关键时刻，管理部门却没有制定和涉及相关问题的法制法规，这种没有政府文件及相关法规监管的管理模式，致使校外舞蹈教育机构在一些管理上很难正常进行。"二是相关部门没有切实履行相关法规制度，在市场的快速发展中，校外舞蹈教育作为"后起之秀"，在市场上占据着重要位置。而合理规范和推动校外舞蹈教育的发展，受到政府相关部门的高度重视。这种看似同抓共管的"繁荣局面"，致使校外舞蹈教育机构泛滥。一位相关舞蹈机构负责人（X1）告诉笔者："开办校外舞蹈教育机构或学校，要说标准，是有的。从政府方面来讲，它对这方面的发展比较重视，但是并未落实标准，就是所谓的'雷声大，雨点小'。他们有想法，有声音，就是不见什么措施，也拿不出什么标准。而关于校外舞蹈教育机构开办这方面的标准，目前都是舞蹈业内的相关标准。"三是相关部门对于其职能与管理宣传不足。相关负责人反映说，管理部门对于其职能与管理范围的宣传力度不足，使得部分机构或学校注册人不了解校外舞蹈教育注册的程序与过程，导致很多相关负责人与法人在办理和处理相关事务时，不能得到相关部门直接而有效的帮助。正是由于多部门管理的这种现状，相关部门对于校外舞蹈教育的监管较为松懈，也许出于不会将责任置于某一部门负责的"侥幸心理"。这使得一些校外舞蹈教育机构仍然存在无证办学的情况，这就是由于相关部门的监管与检查力度不够大，让部分人有机可乘。例如，校外舞蹈培训机构有经教育部门注册的学校，有经工商管理部门注册的个体、公司，也存在无证办学的"黑校"。对于这个问题，舞蹈教育相关专家（Z3）认为："民办校外舞蹈教育机构和官方办学机构还是有很大差距的，因为官方这方面的人才和力量都是体制内的。而民办的培训机构在号召力和可信度上还存在许多的问题。"

兰州市校外舞蹈教育机构整体的市场收费情况较为稳定。半年学费基本在1200元左右，全年学费控制在2300元上下。结合学生家长月收入在2000—6000元的现状来讲，他们对一年2300元左右的校外舞蹈教育费用基本能够接受，并且符合家长的消费标准。从课量上看，四家机构均以每节25元左右为标准。但从课时上看，四家舞蹈教育机构在上课时长上存在一定的区别，有1.5小时、2小时和3小时不等的时长。因此，相关部门对于收费应该制定合理的规范与标准。课时的长短、机构的投资力度、硬件现状都应该是制定收费标准的考虑因素。

2. 宣传与培训

少儿校外舞蹈教育机构的宣传方式多种多样，其目的就是在不断宣传的过程中增加生源、扩大规模，提升少儿校外舞蹈教育机构的盈利空间。宣传的方式也应根据各机构的自身条件而有所不同。一是提高教学硬件、师资队伍、硬件设施，通过学生家长口口相传的方式，进行宣传。二是通过电视广告、报纸等多媒体形式进行宣传。三是通过每年的汇报展演进行宣传。四是通过各种舞蹈比赛进行宣传。

兰州市大多数校外少儿舞蹈机构对教师进行过相关方面的培训，并且主要集中在专业技能与教学方法两个方面。这种教师培训不仅能够更新教师的教育观念，而且教师也能及时了解新形势下的舞蹈发展趋势以及与舞蹈相关的作品和动作。同时可以提高教师自身的专业水平与能力，促进教师更好地教学。总之，要想更好地发展与扩大少儿舞蹈教育机构，提高舞蹈机构的知名度与信誉度，各舞蹈机构需要在教师、硬件环境等各个方面不断提升。而对于教师不定期的培训是保证教学质量与教学成果的根本。如果想使舞蹈机构有一个良好的发展前景，对舞蹈教师进行不定期的培训是不可缺少的，俗话说："有投资才会有回报。"师资水平的高低决定着机构的教学质量与教学效率，更决定着舞蹈机构的文化软实力。

3. 人员管理与教学管理

美国国际农机商用公司董事长西洛斯·梅考克说过："管理是一种严肃的爱。"① 管理就是把复杂的问题简单化，把混乱的事情规范化。

就校外舞蹈教育机构内部管理来看，校外舞蹈机构的人员管理基本合理。校外舞蹈教育机构作为学校外的教育，与校内教育相比，虽缺少了国家及政府的经济支持，但是仍然需要在教学、师资、硬件、收费等各个方面加强管理和整顿，保证更好地服务于受教育者。

在教学管理方面，校外舞蹈教育仍存在一些问题。从问卷调查及访谈的结果来看，教师教学计划的安排与管理并不规范。久而久之，在长期的舞蹈教育教学中如果不进行系统的教学计划安排，而是由着舞蹈教师的意愿自由教学，这样长期发展下去，教育效果将不堪设想。

4. 制度体系

"管理就是做好无数小的细节工作。"② 一个学校或企业的相关制度是保证其生存与发展的有力保障。调查结果显示，校外舞蹈教育机构在相关制度的制定与实施方面还存在很大的问题，而造成这些问题的原因，一是相关监管部门的管理力度不够；二是校外舞蹈教育机构的自身发展还不够成熟与稳定。在整个校外舞蹈教育的实施过程中，相关负责人将重心放在教学与经济效益上，忽略了相关制度的有效

---

① http：//www.xuexila.com/success/logion/55308.html.
② http：//www.xuexila.com/success/logion/55308.html.

实施。

(六) 小结

多年来，校外少儿舞蹈教育在谋求生存与发展的同时，既有其优长之处，又存在一些问题。综合来看，其优长之处在于：

第一，校外少儿舞蹈教育增进了家长的参与性，拉近了家长与孩子的距离，培养了彼此的感情。

第二，保证了受教育者的平等性，向社会所有少年儿童敞开大门，为他们提供学习舞蹈的机会与展示自我的平台。

第三，提高了教学的灵活性，与学校灌输式的教学方式相比，校外舞蹈教育的教学模式更受少儿喜欢，并且教学效果更突出。

第四，丰富了教材的多样性。

第五，增强了教师的专业性，对舞蹈教师不定期举行少儿舞蹈的培训与学习，为教师认识各种舞蹈及舞蹈教学提供了很好的学习平台，同时丰富和加强了他们各种舞蹈的专业技能。

第六，凸显了舞蹈教育的美育价值。但是，辩证法告诉我们，任何事物都没有绝对的平衡。我们要用辩证的方法去看待事物，事物应该是相互矛盾的。凡事只有经过对比才会出现另一面。既然少儿校外舞蹈教育的发展显示出许多的优长之处，那么其发展也必有其不足：

其一，开办、注册校外舞蹈教育机构市场管理混乱。"多口径注册，多部门监管"的管理模式对规范和发展少儿校外舞蹈教育造成极大的阻碍。校外舞蹈教育在监管方面漏洞百出，市场混乱不堪。

其二，教学环境及硬件设施不符合标准。

其三，教师流动性大、兼职教师较多。

其四，民办校外舞蹈教育动机过于功利化。

其五，舞蹈教学偏于专业化。

其六，办学缺乏特色。

正视少儿校外舞蹈教育的优长与不足，对其今后的发展有着不可估量的积极作用。少儿校外舞蹈教育发展的优长之处需要其他姊妹艺术的学习与借鉴，更需要校外舞蹈教育相关管理部门的大力支持与鼓励。另外，其发展中的不足既需要校外舞蹈教育不断的自我完善，也应当受到相关管理部门的监管与督促。

六 校外少儿舞蹈教育发展的对策与思考

校外舞蹈教育作为艺术教育的核心，美育教育的重要组成部分，承载着少年儿童对舞蹈教育的无限追求与热爱，寄托着国家对少年儿童未来的无限期望与寄托。如今，在素质教育的大背景下，在学校舞蹈教育有心无力的现状下和校外舞蹈教育迅速发展的当下，如何规划和整顿校外舞蹈教育，使其可以更好地发挥舞蹈教育的各项教育功用，是所有舞蹈教育工作者和有舞蹈梦想的人最迫切的愿望。

（一）结合教育方针，强化艺术教育理念

相关舞蹈教育专家（Z1）指出："舞蹈进课堂是每一个公民必须接受的一种教育，并不是一种简单的兴趣特长。国民艺术教育体系不应当只有音乐和美术，应该把舞蹈教育作为国民教育整体文化的重要一部分。"

德国哲学家黑格尔说过："艺术对于人类来说，是通向天堂的唯一钥匙。"[①] 校外少儿舞蹈教育应该在美育教育的大背景下，积极贯彻和落实艺术教育的基本理念。将美育教育的教学宗旨落实到校外舞蹈教育中，真正做到德、智、体、美全面发展。

（二）强化政府职能，完善管理体系

保证校外舞蹈教育机构良好发展，少不了政府与管理部门的扶持与监管。无论是资金的支持、政策的颁布、监管的力度以及审查的范围都是促进校外舞蹈教育发展的有效措施。

---

① 叶运生、姚思源：《素质教育在中国》，四川人民出版社2001年版，第323页。

1. 加大投资力度

"……校外教育并非学校教育的简单延伸，而是基于人的身心发展、时代演变的需要、尊重个性的国际理念及创新人才培养的需要等必须予以推进的活动。"① 校外舞蹈教育并不是某人或某个组织的小范围教育活动，而是全社会的教育活动。这种全民性的素质教育活动应该受到国家及政府的高度重视。

（1）资金投入

引荐社会各界投资人士关注校外舞蹈教育，促进外界对校外舞蹈教育资金的支持，使校外舞蹈教育发展的经济基础得以保证。

（2）人才投入

教育相关部门应设立校外舞蹈教育的专属机构，引进国内外舞蹈专业或教育专业的人才，研究校外舞蹈教育相关课题，为校外舞蹈教育提供人才支持。

2. 加大监管力度

校外舞蹈教育市场的混乱与政府及相关部门的监管力度不足有很大的关系。校外舞蹈教育机构的审查、注册、监管目前都存在很多问题。

（1）统一校外舞蹈教育的办学注册方式

经过对兰州市校外舞蹈教育机构进行调研采访得知，校外舞蹈教育机构的注册形式多种多样，其注册与管理部门也各不相同。笔者认为，民办校外舞蹈教育机构或学校，总体来说，其主旨离不开教育与盈利。在经济迅速发展的当下，所面临的最现实问题便是生存。不存在不以盈利为目的的民办校外舞蹈教育机构。因此，教育部门和工商部门应该是校外舞蹈教育机构或学校注册和登记的监管部门。同时，这两个部门应该按其职责履行相应的义务，保证校外舞蹈教育机构开办的合法性与统一性。

---

① 吴遵民、钱江：《现代校外教育论：校外素质教育的路径与机制研究》，上海社会科学院出版社2014年版，第78页。

(2) 加强校外舞蹈教育的监管

校外舞蹈教育如雨后春笋般遍地开花的背后,存在着许多无证舞蹈学校。"各级教育主管部门虽然能通过办理办学许可证和年审手续对办学机构进行监督,但对于未办证先办班、注册登记后改变教学场所及对于各类从事教学工作的艺术团体等缺乏有效监管,是导致违规办学问题发生的主要原因。"如果相关部门监管力度大,相关法规制度健全,就不会有不法之徒的可乘之机。政府及管理部门应该加大对校外舞蹈学校和机构的审查力度,核实办学的合法性,严惩违规办学的机构与学校,保证少年儿童受教的规范性。

(3) 完善校外舞蹈教育的相关制度

政府与相关管理部门应该完善原有的校外舞蹈教育相关制度,制定更加完善和全面的规章制度,对校外舞蹈教育的学校和机构给予统一的规范和约束。

3. 推进校内与校外的协调合作

校内教育由于政府在投资力度、政策及制度等各个方面的重视,在硬件设施、规章制度、师资队伍、教学教材等方面的发展与校外教育相比较为成熟与稳定。因此,校外舞蹈教育需要走进校内,了解学生在校内学习的基本情况,了解学生的学习兴趣和学习状态,学习校内教育的相关管理制度、教师培训以及各种管理模式,只有这样才能更好地补给校内教育,同时投其所好地满足学生的舞蹈学习需求。

(三) 校外舞蹈教育机构的自我完善与改进

校外舞蹈教育发展的关键在于舞蹈机构或学校本身对其发展的重视度。舞蹈教育机构自身的不断完善与改进是决定其长久和良好发展的决定性因素。

1. 稳定师资队伍,提升教学水平

舞蹈教师是校外舞蹈教育的"软实力",一个舞蹈教育机构的教师不具有专业性,缺乏热情活力,是很难促进舞蹈教育发展的。避免教师的流动性,转变教师就职状态,加大对教师的培训,提高教师的工资待遇是加大教师队伍建设的有效保证。

（1）避免舞蹈教师的流动

教师流动性大，是校外舞蹈教育所存在的最大问题。若要真正改变师资队伍的现状，减少教师的流动性是第一要务。频繁更换教师不仅对学生舞蹈学习的质量会产生影响，而且会使学生对舞蹈教育产生怀疑。

（2）转变教师就职状态

校外舞蹈教育机构普遍以兼职教师为主，专职教师为辅。可见，这是造成教师流动性大的主要原因。兼职教师与专职教师相比，在工资待遇与福利方面存在很大差异。久而久之，舞蹈教师由于对工资福利待遇的不满以及生活压力所迫而选择另谋高就。因此，为避免这一情况的发生，校外舞蹈教育机构应该尽力转变教师的就职状态，转兼职为专职，保证教师的付出与收获成正比。

（3）不断提升教师教学水平

"教师培训是指接受一定层次教育后的一种追加教育，以学习新理论、新知识、新技术、新方法和补充、扩展、深化更新的知识为主，以提高人的素质和理解力，不断开发人的潜力和创造力为目标所进行的终身教育。"[①] 教师培训是提升教师专业水平与教学效率与质量的保证，只有不定期地对舞蹈教师进行培训，更新他们的专业技能与理论知识，提升教师的教学水平，教师才能更好地了解舞蹈发展的近况，做到教学最新化，教材现代化、时尚化。

2. 完善教学环境，改进硬件设施

"目前校外舞蹈教育作为一种服务性教育，环境设施也是诸多家长和儿童选择学习机构的重要条件。"[②] 教学环境与硬件设施在少儿舞蹈学习过程中或多或少地影响着学生学习的结果与效率。舞蹈教学

[①] 史建华：《校外教育机构管理实践与研究》，武汉大学出版社2013年版，第141页。
[②] 葛萍萍：《对当前中国校外儿童舞蹈教育发展的思考》，学位论文，南京艺术学院，2011年。

也是一种审美教学。"学习环境与氛围直接影响着人的精神气质和审美情趣，艺术化的环境或无形化有形地成为学生陶冶情操和接受审美教育的大课堂。"① 因此，各校外舞蹈教育机构应该根据相关标准与要求，对机构的教学环境进行完善，保证其消防安全、采光充足、通风好和周边环境安静。硬件设施是保证舞蹈教学顺利进行的物质保障，舞蹈教育机构应该根据所教舞种，配备与之相匹配的专业地板、面镜、把杆、服装、道具、音箱等。

3. 丰富舞蹈教材，凸显区域特色

舞蹈教材是舞蹈教育的核心，少儿舞蹈教育的教材应该符合少儿的身心发展特点，符合他们好动的习性。目前，我国的校外舞蹈教材千篇一律地以各种考级教材为主。这些教材虽在一定程度上规范了教师的教学内容，填补了校外舞蹈教材的空白，提供了校外舞蹈考级的平台，但是，这些校外考级教材都是环环相扣的，没有前一级的舞蹈学习，后一级的舞蹈学习就较为困难，并且越至高级别就越为明显。而且高级别的教材更显专业性，更考验学生的功底。这对半路学习舞蹈的学生来说尤显不公平。因此，校外舞蹈教育不能成为舞蹈考级的代名词，而应该是校外业余舞蹈教育，是一种以培养学生兴趣，陶冶其情操，提升其审美能力，激发其创造力与想象力的艺术教育。各校外舞蹈教育机构的受教者应该是所有少年儿童，而无论他们舞蹈基础高低，能力强弱，习舞学习时间长短。

丰富的舞蹈教材是解决具有不同舞蹈基础的学生学习舞蹈的关键。除舞蹈考级教材之外，各地区应该发挥地区特色，编创具有本地区民族特色的舞蹈教材，丰富舞蹈教材内容，提升本地区民族、文化特色。甘肃省兰州市地处我国西北地区，是一个多民族聚居的地方，校外舞蹈教育相关工作者应该立足于这一基本现状，整理裕固族、东乡族、保安族、回族、藏族等多个民族的舞蹈，编创适合少年儿童学

---

① 葛萍萍：《对当前中国校外儿童舞蹈教育发展的思考》，学位论文，南京艺术学院，2011年。

习的舞蹈教材，让少儿在回族的花儿中载歌载舞，在藏族的锅庄中尽情舞蹈，在保安族腰刀舞蹈的学习中体会男儿舞蹈的气概。各校外舞蹈教育机构可以根据自身师资队伍以及生源现状，编创适合本机构舞蹈教学的教材或少儿舞剧。笔者认为，只有这样才能进一步丰富舞蹈教材内容，提升区域特色和地方特色，而不是如各校外舞蹈教育机构负责人所说的那种以舞蹈考级为主的办学特色。

4. 规范运营模式，制定相关制度

校外舞蹈教育机构的发展，除在师资队伍、教学教材、硬件环境等方面进行改善与完善之外，还需要重视其机构内部的管理。做到内部管理科学规范，分工明确，收费合理有依据。只有舞蹈教育机构拥有系统的运营模式与合理规范的相关制度，才能进一步规范与完善其自身的发展。

（四）普及舞蹈教育，理性地选择舞蹈教育机构

1. 正视舞蹈教育，减少功利性

学生及其家长对舞蹈教育须有客观的认识，不应把舞蹈作为锻炼身体与减肥的"附属品"，更不应该把舞蹈学习作为今后考学加分的"利器"。舞蹈教育对少年儿童的终生都会产生润物细无声的深刻影响，既表现在人的外在形体与姿态上，又表现在人的品德、性格与智商等多个方面，如果单单把舞蹈作为减肥与锻炼身体的"附属品"就太过于片面了。

2. 增强维权意识，保障受教育的合法性

校外舞蹈教育的发展离不开学生和家长的参与和支持。家长为孩子选择校外舞蹈教育机构时，应该对其注册登记、师资能力、教材内容、教学环境等一系列软硬件有个基本了解，这样才能保证孩子接受舞蹈教育的正规性与专业性，切忌人云亦云。

对于部分无证办学的"黑校"，除加大政府与相关部门的监管之外，还需要学生与家长的监督和反映。"黑校"的存在受害的往往是学生及其家长，因此，学生及其家长应该加强法律意识，对无

证办学的黑校予以警惕，保证校外舞蹈教育市场的合法性与规范性。

七　结语

当下，舞蹈教育作为素质教育中艺术教育的核心课程。在美育教育的积极倡导下，校外舞蹈教育逐渐成为少年儿童不可或缺的一种教育形式。家长寄予孩子的期望，以及孩子学习舞蹈的欲望都是校外舞蹈教育繁荣发展的重要因素。

回首校外舞蹈教育短短几十年的发展历程，既有收获又有不足。其收获在于，既推进了家长在孩子受教过程中的参与度，又保证了舞蹈教育中受教育者的平等性；既改变了校内填鸭式的教学模式，又使舞蹈教学相对灵活；既丰富了少儿舞蹈教材，又缓解了高校舞蹈专业毕业生的就业压力。但是，在市场快速发展的驱动下，在校外舞蹈教育机构遍地开花的现状下，校外舞蹈教育在注册与管理、师资队伍建设、舞蹈教材的内容、硬件设施及环境、机构内部管理等方面存在许多的问题。而这些问题的进一步解决是推动校外舞蹈教育良好发展的"助推器"。

不管是校内舞蹈教育还是校外舞蹈教育，都是以舞蹈为媒介，通过教学的形式实施美育教育的一种方式。其目的就是通过这种快乐的艺术活动，激发少年儿童学习舞蹈的兴趣，陶冶其情操、培养其审美意识、激发其想象力和创造力。

甘肃省普通高中舞蹈高考教育现状调查与研究

一 绪论

（一）研究的背景

随着我国对素质教育理念的不断强化，艺术教育也越来越受到广泛关注，舞蹈教育的发展水平也在不断提升，更多的学校越来越重视艺术类教育。自1999年各大高校开始扩大招生规模以来，各学校增设了艺术类专业。与此相应，普通高中也开始组织开设艺术辅导班。然而，这使得艺术类本科的招生门槛越来越高，全国各大高校招收艺术类文化课的分数线也有了大幅度提升。在这种"艺考热"的大背景下，学生选择报考舞蹈专业，既推动了全社会的艺术教育发展，又推广了艺术教育市场，使人们的艺术素质有了整体性提高，艺术教育也成为当前社会关注的焦点。

国家对艺术教育高度重视，自中华人民共和国成立以来，国家教育部、文化部等相关部门就艺术教育方面的工作陆续出台了一些相关的政策法规性文件。"1980年，教育部与文化部联合发出《关于当前艺术教育事业若干问题的意见》，1989年国家教委正式发布《全国学校艺术教育总体规划（1988年至2000年）》，2002年教育部印发《全国学校艺术教育发展规划（2001—2010）》，2002年教育部发布《学校艺术教育工作规程》，等等"[①]，使得艺术教育有了更广阔的舞

[①] 刘焕彩：《普通高中艺术特长生培养研究》，学位论文，河北师范大学，2013年。

台。改革开放以来，伴随着高等教育改革的步伐，艺术教育尤其是舞蹈专业教育在学校教育的层面发生了很大的变化，"新中国成立后开办的舞蹈中等职业教育面临转型，一类与高校合并组建新的院系；另一类独立升格为高职艺术院校。1999 年，高校的大幅扩招政策，加快了高等教育大众化的进程。据统计，2011 年底，我国 1080 所高校中已有 700 多所高校设置了艺术专业或开设了艺术类课程，截至 2012 年，全国有 166 所大学招收舞蹈学专业学生，有 59 所大学招收舞蹈编导专业学生。2008 年，全国 18 所高职院校中，有 17 所招收舞蹈表演、舞蹈编导与舞蹈教育专业学生。"[①]

然而，结合我国的艺术教育现状，舞蹈高考生的教育以及高考这一重要环节还存在一定的问题或矛盾。第一，学生对艺术教育的认知力度不够，舞蹈高考生来源主要分为以下四类：兴趣爱好型、专业深造型、追求升学型、复读型。第二，舞蹈高考生家庭教育存在问题，大部分学校在舞蹈高考生高考的教学和管理方面缺乏经验。很多父母在培养孩子成为艺术生的过程中，容易出现一些错误的方法或怀有消极的心态，这对学生的全面发展和健康心态的养成都是无益的。第三，招考存在问题，招生人数少而报考人数多，高考录取文化课分数线不断提高。本文对甘肃五个地区（兰州、定西、白银、陇南、天水）的舞蹈高考生进行了调查分析，以及通过了解他们的生活状况、学习状况、家庭状况、心理状况，为甘肃省艺术生高考提供一些参考性建议。第四，我国社会总体上表现出功利性的特征，并且大多数人受传统思想的影响，以为只有学习文化课造就的学生才是真正的人才，也是最有用的人才。因此社会对艺术教育总是怀有偏见，而舞蹈专业也不被社会所承认，可是，在多元智能理论的冲击下，我国学界越来越认识到提高学生的每一种能力，使得学生的各种素质得以全面发展才是教育之选择，尤其应注意对学生优势能力的培养和发挥。故

---

① 中华人民共和国文化部文化科技司：《改革开放三十年中国艺术职业教育蓝皮书》，文化艺术出版社 2009 年版，第 5—19 页。

而，如何平衡社会对艺术教育的已有偏见，是当下教育要慎重思考的话题之一。

（二）研究的目的与意义

1. 研究目的

第一，本文通过对甘肃省舞蹈生高考教育中所出现的相关问题进行摸底与探究，试图为甘肃省舞蹈生高考教育提出更为有效、得当的解决途径与具体措施。

第二，本文对相关主体（学生、家长、学校、行政部门）所出现的一系列问题进行数据分析，以更直观的方式为舞蹈生高考教育提供科学可行的参考依据，并对相关管理部门和从事此行业的工作者的教学与管理提供建议。

2. 研究的意义

对于甘肃省舞蹈高考生高考教育所存在问题的研究，有利于进一步实施素质教育，培养更加优秀的舞蹈人才。通过对舞蹈高考生教学、管理等方面的研究，有针对性地提出有效的解决策略。

第一，就学生而言，能够更好地使舞蹈高考生树立正确的学习观，拓宽其专业知识面，增强文化知识，提高舞蹈技能水平，培养更多的基本功扎实、专业素质过硬的舞蹈人才。

第二，就学校而言，能够激励每位教育工作者重视自身教学水平、改进教学方式，和学生一起营造良好的教学氛围。

第三，就家长而言，有助于他们全面了解舞蹈高考生的心理状态及其在学习过程中可能遇到的问题，做到未雨绸缪。

第四，就社会而言，有利于更多的社会人士关注舞蹈高考生高考教育中所存在的问题，为从事舞蹈教育的工作者提供借鉴，以此推动高等教育的改革和发展。

3. 研究重点与难点

（1）研究重点

第一，全面梳理有关普通高中舞蹈生高考教育的研究成果。

第二，对调查问卷与访谈结果进行统计与分析。

第三，提出舞蹈高考生高考教育的相应建议。

（2）研究难点

其一，准确把握甘肃省兰州市、白银市、陇南市、天水市、定西市五个地区的舞蹈高考生及其家长和学校教师的心理动态。

其二，探讨舞蹈高考生对于高考的自身认知。

其三，全面把握与贯彻国家对舞蹈教育的政策，对国家政策动态进行研究。

4. 研究综述

笔者通过CNKI文献及对相关的官方网站搜索得知，关于"舞蹈高考生高考教育"的理论性书籍基本上寥寥无几，对这一方面的研究十分匮乏。以"舞蹈高考生高考教育"和"艺考热"为关键字，共搜索到文献39篇，其中学位论文11篇。

（1）有关"艺考热"看法的研究

罗英迪在《艺考热的生态分析》中认为，对艺术人才的选拔，艺考是重要途径之一，我国艺术事业发展中在高考这个层面艺术类专业有着无法替代的重要意义。在大部分高校对艺术专业不断扩招的现实环境下，教育发展的常规被打破，同时也产生了很多负面效应。他把艺术专业高考定义为教育生态系统中的一部分，从这个角度研究"艺考热"，并分析了它所处的生态环境对艺术类专业高考的影响，努力为艺考专业的未来献言建策。[1]

邹新娟在《论素质教育背景下的"艺考热"》中认为："随着我国国民素质的不断提高，高考考生逐年增加，各大高校都进行了扩招，艺术类考生同样如此，部分普通高校还增设了艺术专业来扩大生源，艺术类院校和师范类院校更是艺术专业扩招的先行军，这些现象导致"艺考热"潮的出现。这其中存在诸多原因。首先，经济社会的发展使人们不仅仅满足物质层面的需求，人们更多地追求精神需

---

[1] 罗英迪：《艺考热的生态分析》，学位论文，湖南师范大学，2010年。

求,也就是对艺术的需求大大增加,继而推动了艺术事业的发展。其次,推进素质教育的大流使学生全面发展,艺术教育也更加受到重视。再次,高考中存在一批文化课较弱的学生,他们想在高考的大军中突围,不愿意挤文化课这座'独木桥',那么文化课要求相对较低的艺术类专业,成了这批学生的'高考捷径'。最后,高校在高等教育的普及化过程中利用相关政策寻求发展,自主招生成为各大院校扩招谋求经济利益最大化的一个重要措施,艺术类专业作为自主招生范畴,为其所用。"①

刘根禾在《"艺考热"有关社会问题的思考》中认为:"'艺考热'的出现,全社会对艺术教育发展的重视程度提高了,同样,艺术教育的市场也不断发展,人们的艺术素养大大提高,伴随而来的就是考生整体素质下降,艺术专业的教学质量下滑,艺术生就业压力大幅增加,这些负面效应的产生和社会资源的极大浪费,使专业类艺术院校生源的质量和数量受到严重的冲击。"②

杨成秀、窦青在《"艺考热"现象刍议》中提到:"'艺考热'这种社会现象是人为建构的结果,由考生、中学、高校三方促成动机,离不开人的主观意图、价值取向的驱使。"文章指出:首先,应加大对艺术的关注度。改革开放以来,我国各种形式的艺术培训机构如雨后春笋般出现,艺术生队伍的庞大让很多发达国家为之震惊,"艺术热"在中国成为热门话题,"艺考热"正是"艺术热"发展过程中被极端化了的一个层面。其次要提高教育危机意识。随着人们日益增长的物质文化需求和国家精神文明建设步伐的加快,人们希望自己的子女接受高等教育的愿望更加强烈,意识到高等教育对应着更多的发展机会和平台,因此,中国现行教育环境下的家长们会想尽一切办法让孩子迈进大学的门槛。最后是名利欲望的膨胀。变相的求学心态使很多处于青春期的孩子不能脚踏实地地学知

---

① 邹新娟:《论素质教育背景下的"艺考热"》,学位论文,复旦大学,2009年。
② 刘根禾:《"艺考热"有关社会问题的思考》,《艺术百家》2007年第6期。

识，而是用教育谋求名利，在大学中出现了集体'文转艺'现象。高校在求发展求生存的利益驱使下，无视这种现象的存在，大量扩招扩建，不求教学质量，使得教学育人的这片桃李蓝天在功利的驱使下改变了它本来的色彩。"①

王振先在《"艺考热"与"高扩招"彰显艺术院校诸多问题》中提出："艺术院校可持续发展的重中之重是质量，随着'艺考热'的逐年增温，艺考成为社会关注的敏感话题，艺术生的独特魅力也成为自主招生的一道亮丽的风景线。在社会主义精神文明建设的大环境下，艺考人才需求量不断增加，艺术类院校大面积扩招，综合类高校也相继开设艺术类专业。专业的艺术类院校如何在其中彰显自身价值，如何提高师资水平，如何改善教学质量和设施条件，如何科学地调整专业结构，在培养人才改革的进程中，在保证质量的前提下各专业艺术类院校任重而道远。"②

（2）对舞蹈高考生教育的研究

①对于舞蹈高考生教学管理方面的研究

陈赓在《重庆地区舞蹈高考考生即兴舞考试的现状以及提升对策研究》③中主要从三个方面进行阐述。第一是通过对重庆地区舞蹈高考生即兴舞考试的方式、常见的问题进行现状阐述。第二是根据重庆地区参加舞蹈高考的考生的来源情况以及舞蹈专业考生学习的情况以及当地政策等综合性因素对所出现的问题进行分析。第三是通过对舞蹈专业课知识的学习与积累，以及文化课的学习，加强舞台表演能力的练习和即兴舞蹈编创技巧的练习方面来阐述，从舞蹈专业考生的综合能力和即兴舞编创技巧的能力方面来提升即兴舞的表演能力。

张欣在《高中舞蹈教育现状原因及对策——以呼和浩特市铁路一

---

① 杨成秀、窦青：《"艺考热"现象刍议》，《艺术教育》2006年第5期。
② 王振先：《"艺考热"与"高扩招"彰显艺术院校诸多问题》，《艺术教育》2007年第11期。
③ 陈赓：《重庆地区舞蹈高考考生即兴舞考试的现状以及提升对策研究》，学位论文，华东理工大学，2015年。

中、第七中学为例》① 中对高中实施舞蹈教育做出了设想:"一是关于舞蹈教育教学方法的对策,主要应采取'口传身教''一对一''照镜子'的教学方法。二是国家政策法规的出台,素质教育的提出,人们生活水平的不断提高,使舞蹈教育有了很好的发展依据。三是提出了发展高中舞蹈教育,普及舞蹈教育使之全民化,提高舞蹈教师综合能力,指出高中舞蹈教学应达到的水平以及完善相应的国家政策,最终得出结论,高中需要进行舞蹈教育,舞蹈教育对于高中生可以起到很大的帮助,可以使高中生实现素质教育的全面发展。"②

张顺丰在《河北省音乐舞蹈类专业考前培训调查研究》③ 中分三部分进行了阐述,第一部分主要对课题研究的背景、意义、对象、范围、国内外的研究现状以及相关概念进行阐述,分析了河北省音乐舞蹈类专业考试的基本情况;第二部分主要介绍河北省音乐舞蹈类专业艺术联考的基本情况,包括专业测试的内容、要求、方式、分值、形式、类别等,利用图表的方式对省内外院校在河北省音乐舞蹈类专业招生情况做了详细的分析研究;第三部分是对音乐舞蹈类考生考前培训的调查与研究,以私人音乐、舞蹈培训机构为例,对河北省一些培训机构和培训班做了详细的调查与分析,对音乐舞蹈类考生考前培训的学习情况以及培训学校师资等方面通过调查问卷的方式进行分析,并提出了影响音乐舞蹈类专业考生考试的一些重要因素。

杨婷在《浅谈高中舞蹈教育的现状及其对策》④ 中认为:"舞蹈教育在逐渐普及的同时出现了一系列问题。舞蹈教育课程的设定应当应对不同省份,不同地区应有不同的教学内容与方式。对于各类学校在舞蹈教育方面提出了不同的培养模式与对策。"

---

① 陈赓:《重庆地区舞蹈高考考生即兴舞考试的现状以及提升对策研究》,学位论文,华东理工大学,2015年。
② 张欣:《高中舞蹈教育现状原因及对策——以呼和浩特市铁路一中、第七中学为例》,学位论文,内蒙古师范大学,2015年。
③ 张顺丰:《河北省音乐舞蹈类专业考前培训调查研究》,学位论文,河北师范大学,2011年。
④ 杨婷:《浅谈高中舞蹈教育的现状及其对策》,《新闻天地》2009年第8期。

李玲燕在《舞蹈高考生高考备考策略探究与实践》①中提到:"面对诸多的舞蹈高考生以及考试压力不断增大的艺术类高考,针对舞蹈教师在训练过程中所遇到的常见问题与舞蹈类特长生在舞蹈考试中容易出现的问题与原因,研究和提出了一些有效的舞蹈高考生高考备考计策,使舞蹈高考生在原有的基础上能够快速提升舞蹈专业水平,并且能够轻松应对舞蹈专业考试。"

杜聪在《普通高校招生舞蹈类专业省级统考模式探析》②中对普通高校艺术类专业统考的政策,以及统考中考试内容与分值比重,考试科目的成绩等级,考试成绩的使用情况进行分析。以创新专业课考试为主体来推动舞蹈专业类招生和舞蹈人才培养。

汪继红在《关于舞蹈高考中的两大问题》③中认为:"舞蹈高考生应对考试要解决三个问题,首先是对于舞蹈的认识,以及剧目的选择、服装的选择。其次是对于自身的了解,从气质类型和心理因素两方面来了解自己。最后是关于招生院校以及与考试相关的一些问题。"

韩效英在《高中舞蹈高考生的教学与训练》中认为:"随着素质教育的普及以及新课程标准的推出,舞蹈课程作为一门新兴学科,教师应当有针对性地对于舞蹈高考生教学制定有效的方式,可以通过培养学生的学习兴趣,以及科学有效的训练方法,因材施教,以及培养学生的舞蹈美感来达到目的。"

谢冈鑫在《我国舞蹈教育的发展现状及前景展望》④中提到:"美国作为发达国家在教育方面更是引领世界,美国在各个阶段舞蹈课程普及,并将其定位为必修课,制定了详细的教育目标和清晰的教学体系,甚至以舞蹈、音乐为代表的艺术科目纳入了学校教学的核心课程。舞蹈教育源于艺术,更包含着情感,自然也是美育教育的重中之重。在美国,全面普及舞蹈教育的目的是提高学生的综合素质,并

---

① 李玲燕:《舞蹈高考生高考备考策略探究与实践》,《北方音乐》2015年第20期。
② 杜聪:《普通高校招生舞蹈类专业省级统考模式探析》,《舞蹈》2014年第5期。
③ 汪继红:《关于舞蹈高考中的两大问题》,《大舞台》2010年第12期。
④ 谢冈鑫:《我国舞蹈教育的发展现状及前景展望》,学位论文,长江大学,2014年。

非有意培养专业的舞蹈人才,通过学习舞蹈,能够使学生得到全面发展,使学生增强体魄的同时,对艺术也有基本的认识。

②对于舞蹈高考生心理问题的研究

王庆在《心理问题对特长教育的影响》中对艺术特长生容易出现的恐慌、焦躁、自傲等心理问题,艺术特长生的承受能力普遍较差,人际关系处理不好,自控能力差等问题提出了一些改善的方法。①

李晖在《关于艺术类高考学生的学习心理分析及对策》② 中认为,艺术类考生是高考生群体中的一部分特殊群体,对艺术考生群体的心理健康的培养,应从艺术考生考前心理压力过大的原因以及专业课程学习中的具体表现、心理素质的调整对策三方面进行分析。

综上所述,随着经济社会的不断发展,人们更加注重精神层面的追求,对艺术的向往使得各大高校和专业艺术类院校不断扩招,甚至让艺考成为社会的热门话题,人们对之的关注度增加,高考艺考生人数不断增多,我们亟待解决的就是怎样更好地适应艺考环境,怎样提高艺术类院校的专业特色,控制各大高校艺术类生源,提高教学质量,让更多的人参与到文艺复兴的道路上,使我国精神文明建设更上一个台阶。诚然,在这个过程中,我们还有很大的阻力和矛盾,笔者通过对上述问题的剖析、研究,从中抓住"艺考热"产生的原因与问题,还艺术考生一片蓝天,为我国高等院校构建长期有效的教育机制献言建策,为我国艺术事业的发展尽绵薄之力。

5. 研究的核心概念

(1) 普通高中

本文中的普通高中是指公办的全日制普通高中,不包括职业高中、艺术学校附中、民办高中以及私立高中。

---

① 王庆:《心理问题对特长教育的影响》,《中国校外教育(理论)》2008年第51期。
② 李晖:《关于艺术类高考学生的学习心理分析及对策》,《辽宁师专学报》(社会科学版) 2008年第5期。

(2) 舞蹈高考生

舞蹈高考生是指掌握一定的舞蹈专业知识与技能，参加全国高考招生统一考试、报考舞蹈类高等院校或普通类高校舞蹈专业的高中学生，他们属于艺术类考生中的一类。本文主要以接受 12 年一贯制教育，并以舞蹈专业参加高考的学生为主要研究对象。舞蹈高考生根据其来源与特点可以分为以下几类：

第一，兴趣爱好型。

这类考生学习舞蹈的主要动机是自身对舞蹈的热爱，他们因对舞蹈的热爱，对舞蹈家的崇拜而选择学习舞蹈。

第二，专业深造型。

这类考生从小就接受了正规的舞蹈学习，并且参加舞蹈考级，在各类舞蹈比赛中获奖，具备舞蹈天赋，希望通过高考进入高等类专业学校继续钻研。

第三，追求升学型。

这类考生的文化课水平比较差，选择学习舞蹈就是为了考大学，通过舞蹈类专业的考试进入大学，抱着走捷径的想法。

第四，复读型。

这类考生参加过舞蹈高考，因为落榜或者成绩不理想而继续选择学习。

二 研究方法与过程

(一) 研究方法

1. 文献法

通过广泛收集与本文内容相关的研究成果、期刊文章，并对电子文献中现有的数据进行整理、归纳、分析和总结，为研究提供充足的理论依据。

2. 问卷调查法

为了解舞蹈高考生高考教育的现状，笔者设计问卷，选取甘肃省兰州、白银、陇南、天水、定西五个地区的部分舞蹈高考生为调查对象，完成对问卷的发放和回收，通过对数据的统计与分析，总结舞蹈高考生高考教育的现状与问题。

3. 访谈法

访谈法是研究者与研究对象面对面的接触，通过直接交谈来收集资料的一种研究方式。

本文的主要访谈对象是甘肃省个别学校的领导、专业课教师、文化课教师以及学生家长。

（二）数据来源

1. 资料收集

本次研究收集资料的方法主要包括文献法、问卷法与访谈法。其中文献的搜集，主要是对 CNKI 研究成果和相关的官方网站进行检索。本文所需的一手资料收集分为预调查与正式调查两个阶段。预调查时间为 2016 年 4 月 15 日至 5 月 5 日。在正式调查过程中问卷的调查时间为 2016 年 5 月 15 日至 7 月 3 日。访谈时间为 2016 年 5 月 23 日至 2016 年 11 月 19 日。

2. 样本概括

（1）问卷的录入与整理

本文样本的确定分为随机抽样和目的性整群抽样。对问卷的发放与回收均进行了较为严格的管理。本文针对甘肃省兰州、白银、陇南、天水、定西五个地区的舞蹈高考生发放问卷 300 份，收回问卷 296 份，选取有效问卷 257 份。

表1　　　　　　　　　问卷发放与回收统计

发放问卷（份）	收回问卷（份）	收回率（%）	有效问卷（份）	有效率（%）
300	296	98.7	257	85.7%

问卷通过核对之后，采用专业软件 Epiddate 3.1 进行录入，并对录入数据逐一加以核对，之后，将数据导入 Spss 19.0 中进行统计分析。共有 257 名学生的调查数据进入统计程序，对于个别缺失值，则以平均值代替。此外，针对调查问卷中部分开放型题目的笔答资料进行收集，归类整理。

（2）访谈资料的数据整理

本文对高中学校的领导、教师、学生家长三类访谈对象进行了随机编号，分别用英文字母表示。第一类，高中学校领导，共有 5 名，分别用 XA，XB，XC，XD，XE 表示（见表2）。

表2　　　　　　　　高中学校领导访谈数据整理

受访者（职称与职务）	访谈日期	访谈时间	访谈方式
XA 副校长	2016/05/28	16：00—16：40	办公室/录音笔/笔记本
XB 教导主任	2016/06/09	9：10—9：30	办公室/录音笔/笔记本
XC 教研室主任	2016/07/03	11：00—11：30	电访/录音笔/笔记本
XD 副校长	2016/08/29	14：30—14：50	办公室/录音笔/笔记本
XE 教研室主任	2016/10/03	19：00—19：27	电访/录音笔/笔记本

第二类，教师，共有 11 名，分别以 JA，JB，JC，JD，JE……表示（见表3）。

表3　　　　　　　　教师访谈数据整理

受访者（职称与职务）	访谈日期	访谈时间	访谈方式
JA 专业课教师	2016/05/23	16：30—17：10	教室/录音笔/笔记本
JB 专业课教师	2016/06/7	16：35—17：20	教室/录音笔/笔记本
JC 专业课教师	2016/06/16	15：10—15：40	培训班/录音笔/笔记本
JD 文化课教师	2016/06/29	20：10—20：40	电访/录音笔/笔记本
JE 专业课教师	2016/07/01	19：10—19：50	咖啡厅/录音笔/笔记本
JF 文化课教师	2016/07/06	16：00—16：40	办公室/录音笔/笔记本
JH 文化课教师	2016/08/16	11：00—11：40	电访/录音笔/笔记本

续表

受访者（职称与职务）	访谈日期	访谈时间	访谈方式
JI 专业课教师	2016/08/17	15：00—15：50	培训班/录音笔/笔记本
JJ 专业课教师	2016/09/15	10：55—11：40	电访/录音笔/笔记本
JK 文化课教师	2016/10/17	20：00—20：30	咖啡厅/录音笔/笔记本
JL 专业课教师	2016/10/20	14：55—15：40	教室/录音笔/笔记本

第三类，学生家长，共有6名，分别以 ZA，ZB，ZC，ZD……表示（见表4）。

表4　　　　　　　　学生家长访谈数据整理

受访者（职称与职务）	访谈日期	访谈时间	访谈方式
ZA 家长	2016/06/23	16：30—17：10	电访/录音笔/笔记本
ZB 家长	2016/07/7	16：35—17：20	家里/录音笔/笔记本
ZC 家长	2016/07/16	15：10—15：40	培训班/录音笔/笔记本
ZD 家长	2016/08/29	20：10—20：40	电访/录音笔/笔记本
ZE 家长	2016/11/01	19：10—19：50	电访/录音笔/笔记本
ZF 家长	2016/11/19	16：00—16：40	家里/录音笔/笔记本

三　甘肃省舞蹈高考生高考教育问卷调查与访谈结果分析

（一）舞蹈高考生高考教育的问卷调查结果与分析

1. 学生的基本信息

由表5可知，学习舞蹈专业的舞蹈高考生，兰州地区男生占25.76%，女生占74.24%。白银地区男生占45.28%，女生占54.72%。陇南地区男生占42.00%，女生占58.00%。天水地区男生占14.89%，女生占85.11%。定西地区男生占14.63%，女生占85.37%。

表 5　　　　　　　　　　学生性别统计

		兰州		白银		陇南		天水		定西	
		人数	百分比（%）	人数（人）	百分比（%）	人数（人）	百分比（%）	人数（人）	百分比（%）	人数（人）	百分比（%）
性别	男	17	25.76	24	45.28	21	42.00	7	14.89	6	14.63
	女	49	74.24	29	54.72	29	58.00	40	85.11	35	85.37
合计		66	100	53	100	50	100	47	100	41	100

由表6可知，在收回的257份有效问卷中，兰州地区的人数占25.68%，白银地区的人数占20.62%，陇南地区的人数占19.46%，天水地区的人数占18.29%，定西地区的人数占15.95%。

表 6　　　　　　　　　　学生学校所在地统计

兰州		白银		陇南		天水		定西		合计	
人数（人）	百分比（%）	人数（人）	百分比（%）	人数（人）	百分比（%）	人数（人）	百分比（%）	人数（人）	百分比（%）	人数（人）	百分比（%）
66	25.68	53	20.62	50	19.46	47	18.29	41	15.95	257	100

2. 学生的学习情况

（1）学习动机

由图1可知，学生成为舞蹈高考生的原因是，由老师、同学推荐的比例为10.12%；受家庭影响的比例为2.72%；因个人爱好的比例为57.58%；为了升学的比例为19.07%；因文化课成绩不理想的比例为10.51%。

（2）学习的兴趣

由图2可知，在学生对舞蹈专业学习感兴趣的程度方面，表示非常感兴趣的比例为61.87%。表示基本感兴趣的比例为36.96%。表示不感兴趣的比例为1.17%。

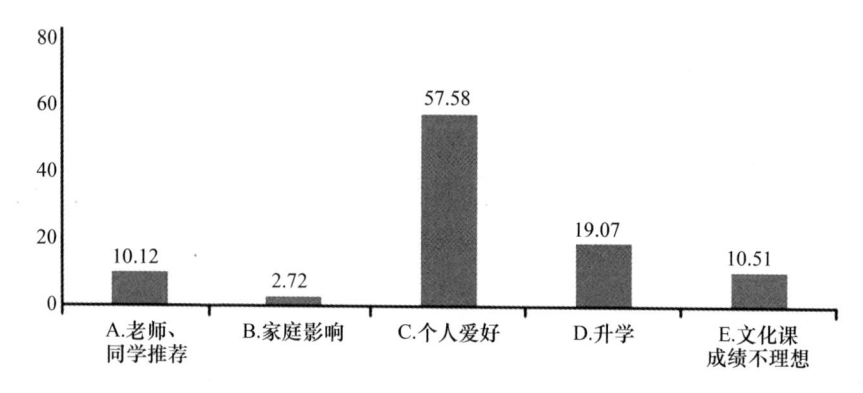

图1 学习舞蹈专业的主要原因统计（%）

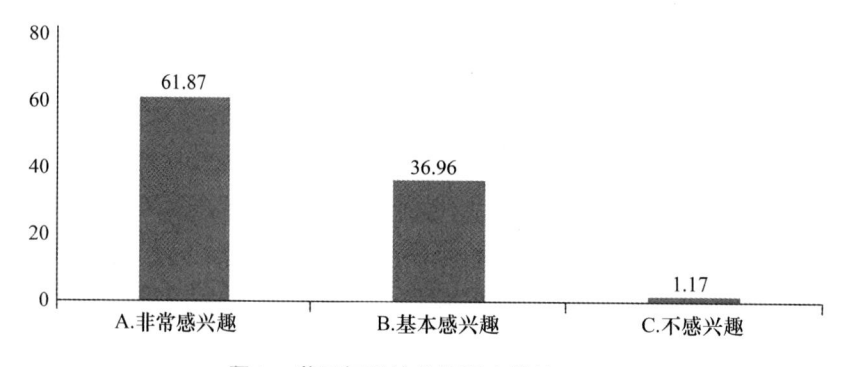

- A.老师、同学推荐：10.12
- B.家庭影响：2.72
- C.个人爱好：57.58
- D.升学：19.07
- E.文化课成绩不理想：10.51

图2 学习舞蹈的兴趣程度统计（%）

- A.非常感兴趣：61.87
- B.基本感兴趣：36.96
- C.不感兴趣：1.17

（3）学习的态度

由图3可知，学生对是否能够自觉学习舞蹈表示"能"的比例为65.37%，表示"需要督促"的比例为34.24%，表示"不能"的比例为0.39%。

由图4可知，学生在学习舞蹈的过程中对待挫折表示"尽量克服"的比例为84.82%，表示"想办法克服，实在不行就放弃"的比例为14.79%，表示"直接放弃"的比例为0.39%。

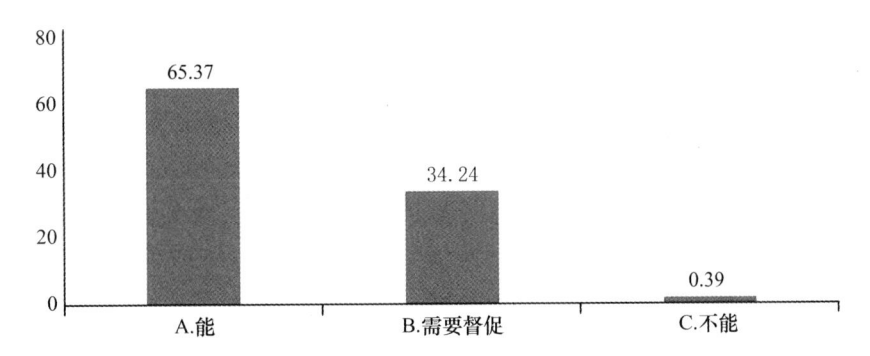

图3 是否能自觉学习舞蹈的统计（%）

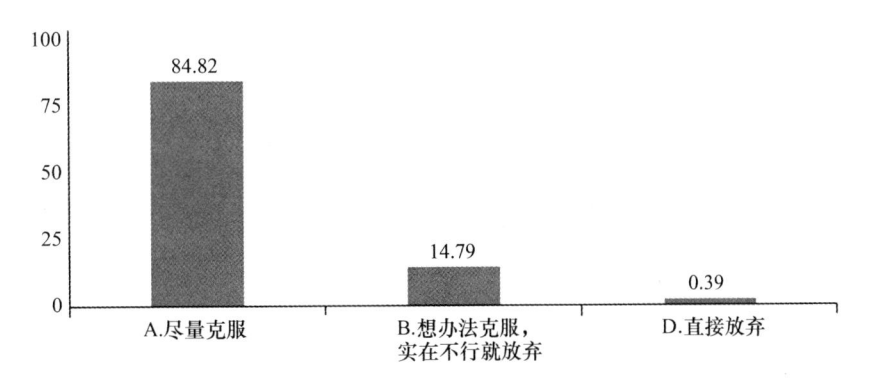

A.能 65.37　　B.需要督促 34.24　　C.不能 0.39

图4 如何对待学习中遇到挫折的态度统计（%）

A.尽量克服 84.82　　B.想办法克服，实在不行就放弃 14.79　　D.直接放弃 0.39

由图5可知，对如何在舞蹈高考中取得成功这一问题，认为依靠"个人的天赋与努力"的比例为64.98%，认为依靠"教师教学的水平"的比例为5.45%，认为依靠"各方面条件保障"的比例为29.57%。

由图6可知，在学生学习成绩（包括文化课）方面，认为"优秀"的比例为11.67%，认为"良好"的比例为71.98%，认为"较差"的比例为16.35%。舞蹈高考生对自己的学习成绩（含文化课）总体水平感觉"良好"与"较差"的共占88.33%。

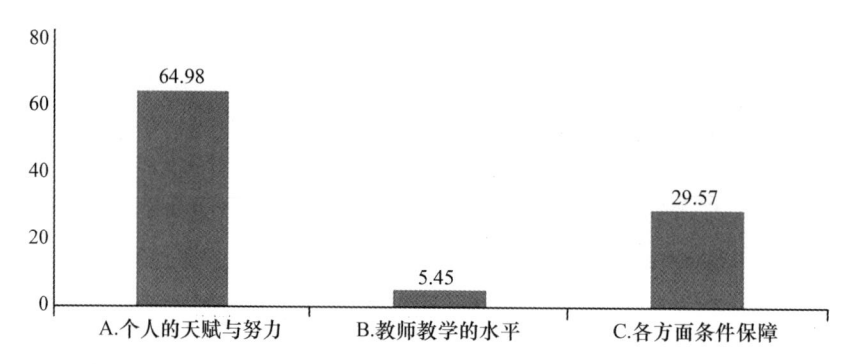

图5 如何在高考中取得成功的统计（%）

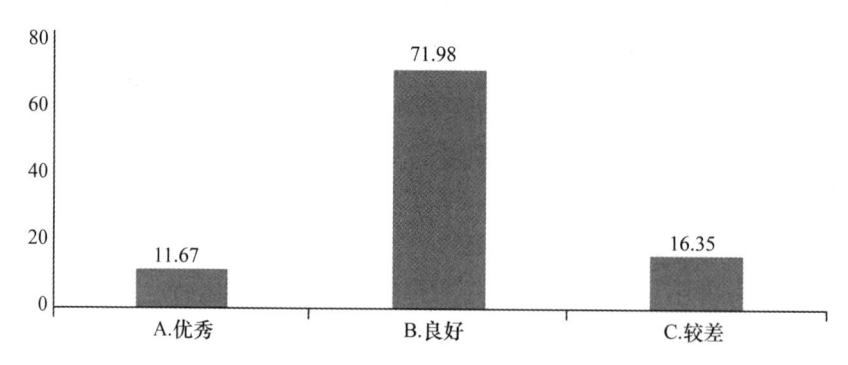

图6 舞蹈高考生学习成绩（包括文化课）情况统计（%）

(4) 学习文化课与专业课的时间分配

由图7可知，在学生如何看待文化课与专业课学习这一问题上，认为应当"以文化课为主"的比例为6.61%，认为应"以专业课为主"的比例为23.35%，认为"两者同等重要"的比例为70.04%。

由图8可知，在如何分配专业课与文化课学习时间这一问题上，认为"专业课占80%"的有108人，占比为35.41%。认为"专业课占50%"的占比为40.86%。认为"专业课占10%"的比例为2.33%。认为"说不准"的占比为21.40%。在分配专业课与文化课学习时间上，大多数学生能够合理安排舞蹈专业课与文化课的学习时间，但也有一部分学生用80%的时间学习专业课，忽视了文化课的学习。另有一部分学生处于盲目学习的状态下，不会合理安排自己的学习时间。

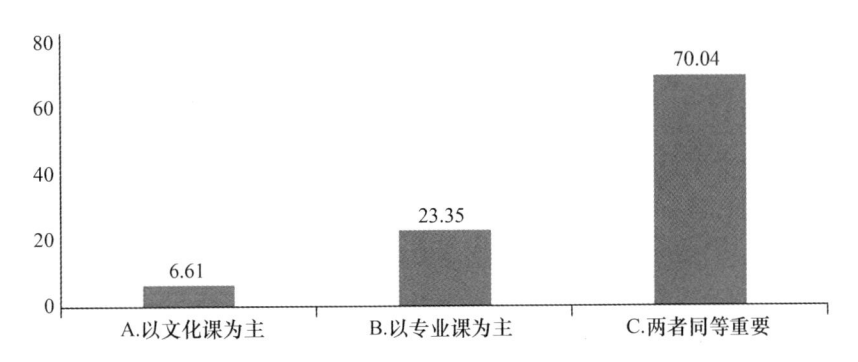

图7 如何看待专业课与文化课学习的统计（%）

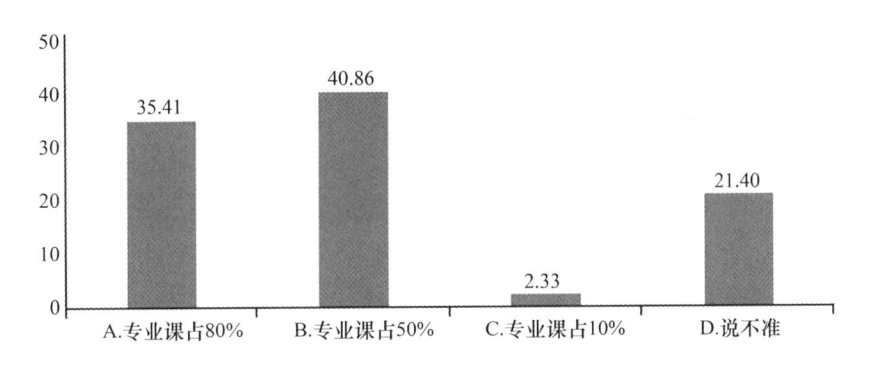

图8 专业课与文化课学习时间分配的统计（%）

由图9可知，在学生学习舞蹈的年限这一问题上，选择"一年到两年"的比例为35.40%。选择"三年到五年"的比例为28.02%。选择"六年以上"的比例为23.74%。选择"没有专门学过"的比例为12.84%。大多数学生学习舞蹈的时间在五年之内，还有12.84%的学生没有经过专门的舞蹈学习。

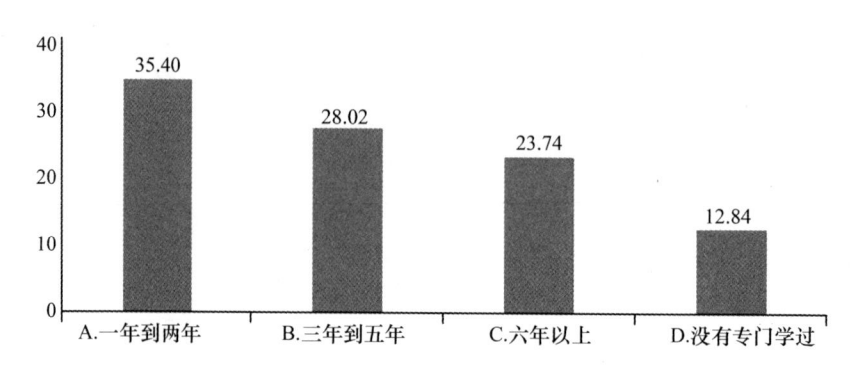

图9　舞蹈高考生学习舞蹈的年限统计（%）

（5）校外培训班学习情况

由图10可知，在学生是否参加校外舞蹈高考培训班这一问题上，"参加"的比例为79.77%，"没有参加"的比例为20.23%。

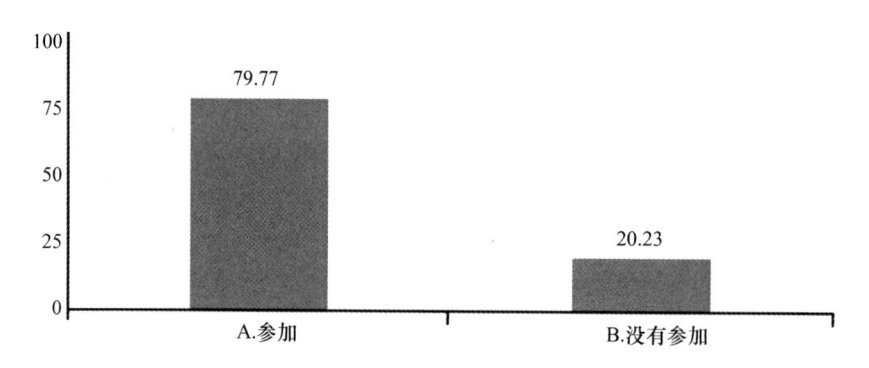

图10　舞蹈高考生是否参加校外舞蹈培训的统计（%）

由图11可知，学生在何时进入舞蹈培训班这一问题上，"高一"进入的比例为42.41%，"高二"进入的比例为21.79%，"高三"进入的比例为35.80%。大多数舞蹈高考生在高中阶段就已进入校外舞蹈培训班。

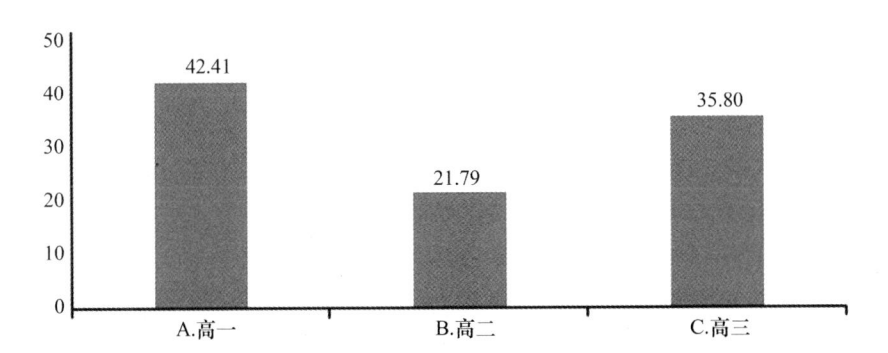

图 11　舞蹈高考生进入校外舞蹈培训班的时间统计（%）

由图 12 可知，在学生选择参加校外舞蹈培训的目的中，选择"应对高考，在短时间内加强技能知识"的比例为 77.43%。选择"学校没有专门的舞蹈老师"的比例为 12.45%。选择"其他"的比例为 10.12%。舞蹈高考生选择校外舞蹈培训班的主要目的是应对高考，在短时间内加强技能学习，有 12.45% 的舞蹈高考生是因为学校师资缺乏，没有专门的舞蹈专业教师，所以选择参加校外舞蹈培训。

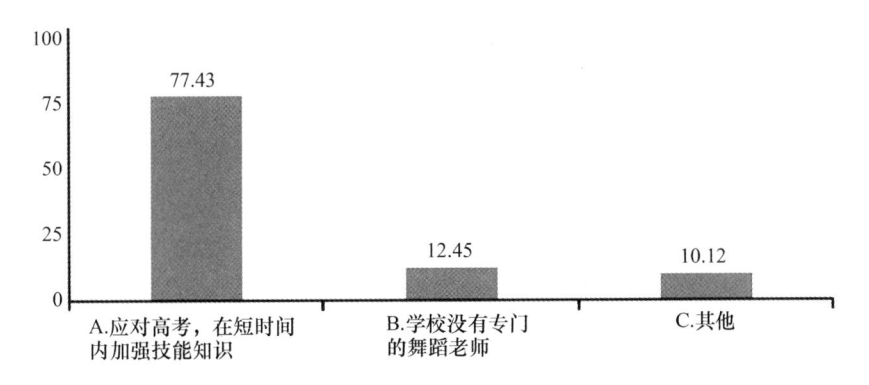

图 12　选择参加校外舞蹈高考培训的目的统计（%）

由图 13 可知，在学生接受培训班专业学习的时间方面，接受 1—3 个月的比例为 23.74%，接受 3—6 个月的比例为 49.41%，接受半年以上的比例为26.85%。近一半的学生接受了3—6个月的校外培训。其中有23.74%的舞蹈高考生只参加了1—3个月的校外培训。

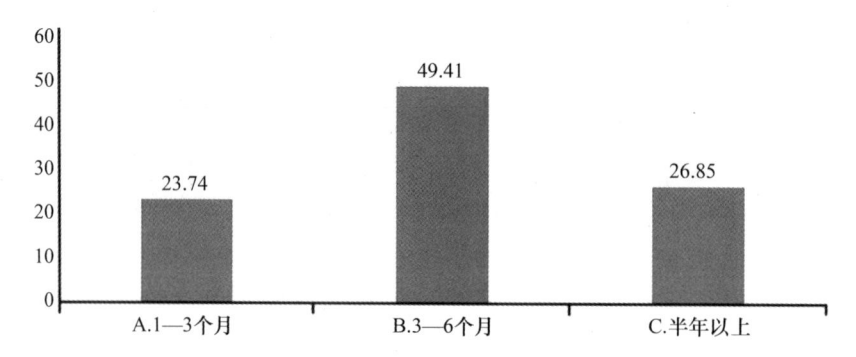

图13 舞蹈高考生在培训班接受专业学习的时间统计（%）

由图14可知，关于学生所在的舞蹈培训班对学生的专业学习有没有帮助方面，认为"非常有帮助"的比例为80.54%，认为"一般"的比例为18.68%，认为"没有帮助"的比例为0.78%。有80.54%的舞蹈高考生认为在校外参加舞蹈培训对他们有非常大的帮助。

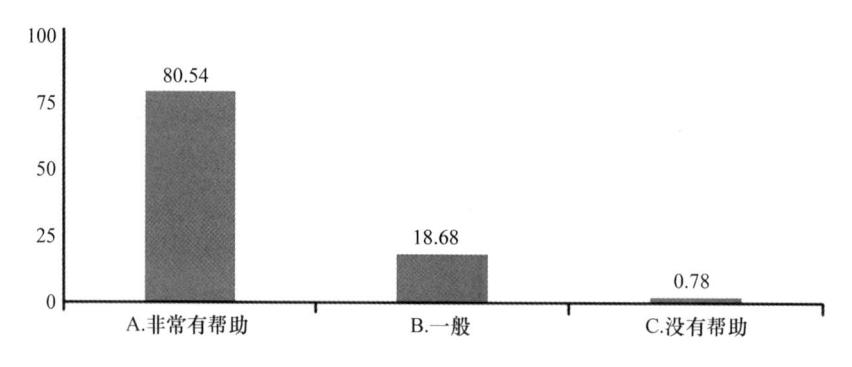

图14 培训班对学生专业学习是否有帮助的统计（%）

（6）学生对舞蹈高考政策的了解

由图15可知，舞蹈高考生在对高考形势的关注方面，表示"非常关注"的比例为 64.20%，表示"一般"关注的比例为 34.63%，表示"不关注"的比例为 1.17%。

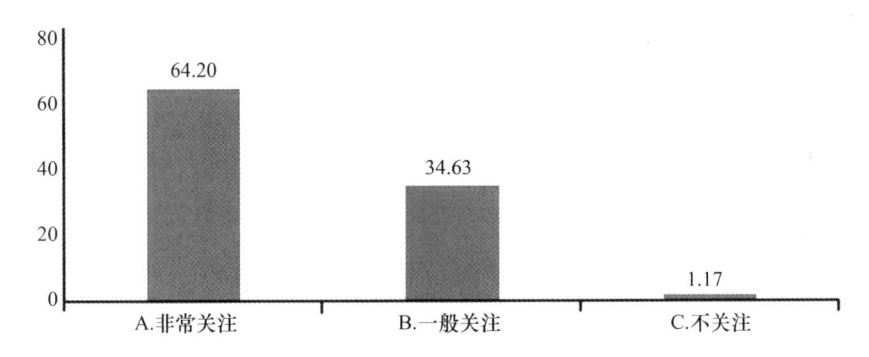

图 15　舞蹈高考生对高考形势关注度的统计（%）

由图 16 可知，在舞蹈高考生了解舞蹈高考的招考体制与考试内容方面，表示"完全了解"的比例为 23.34%，表示"基本了解"的比例为 67.32%，表示"不了解"的比例为 9.34%。

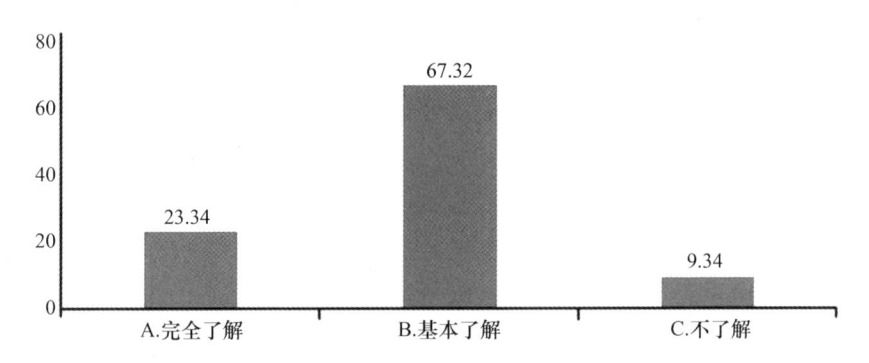

图 16　舞蹈高考生对舞蹈高考的招考体制考试内容了解的统计（%）

3. 家庭情况

由图 17 可知，家庭"非常支持"学生学习舞蹈的比例为 64.98%。"一般支持"的比例为 33.85%。"不支持"的比例为 1.17%。

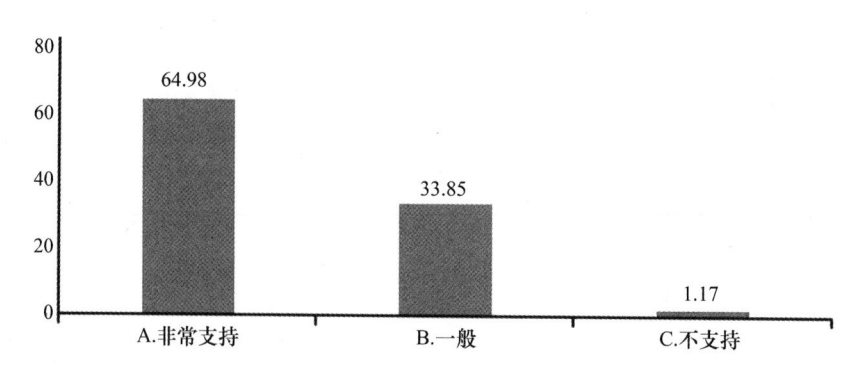

图 17　家庭支持学生学习舞蹈的态度统计（%）

由图 18 可知，在家庭是否能够承担学生学习舞蹈费用方面，表示"可以"的比例为 39.30%。表示"基本可以"的比例为 47.47%。表示"有困难"的比例为 13.23%。

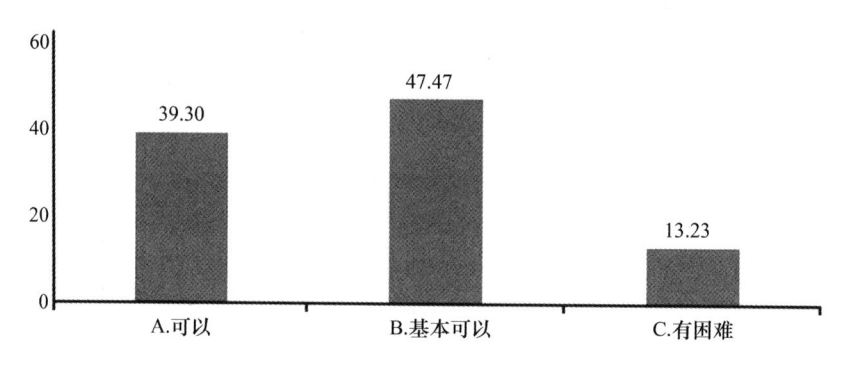

图 18　家庭承担学生学习舞蹈费用情况统计（%）

由图 19 可知，在家庭对学生学习舞蹈的期望方面，表示希望学生"有一技之长"的比例为 31.52%。表示希望学生"实现自己的理想"的比例为 33.85%。表示希望学生"就业"的比例为 28.79%。表示"其他"的比例为 5.84%。

4. 学校的教学与管理情况

由图 20 可知，学校开设舞蹈高考辅导班的比例为 64.20%。学校没有开设舞蹈高考辅导班的比例为35.80%。

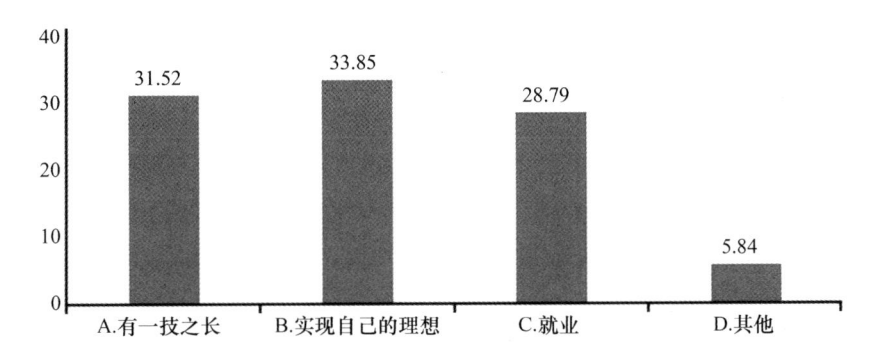

图19 家庭对学生学习舞蹈期望的统计（%）

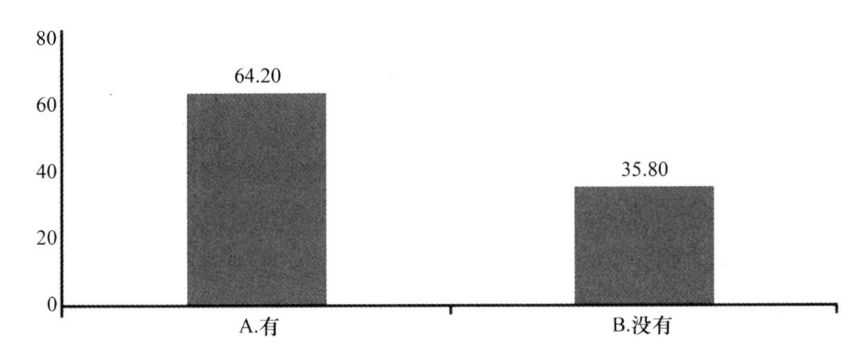

图20 学校是否开设舞蹈高考辅导班统计（%）

由图21可知，学校有专职（兼职）舞蹈教师的比例为71.60%，没有专职舞蹈教师的比例为28.40%。在师资方面，有71.60%的学校有专职（兼职）舞蹈教师，其中兼职教师居多。还有一部分学校没有舞蹈教师。

由图22可知，在设施这一问题上，认为学校设施很好的比例为31.52%。认为设施"一般的"比例为56.81%。认为学校"没有"专门的教学设施的比例为11.67%。

由图23可知，在学校是否重视舞蹈高考生管理的问题上，认为学校非常重视特长生管理的比例为46.30%。认为管理"一般"的比

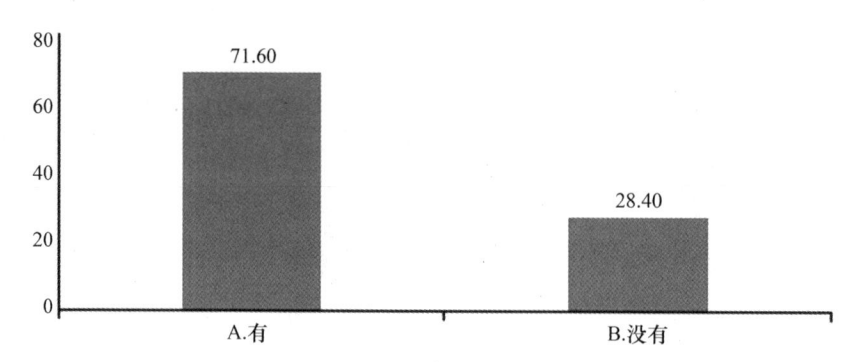

图 21　学校是否有专业的舞蹈教师统计（%）

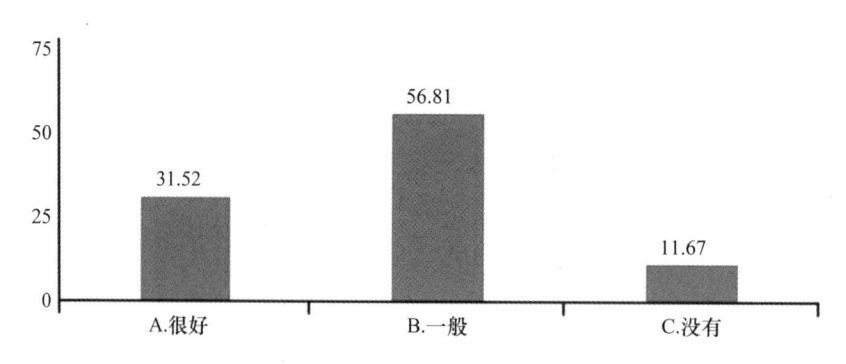

图 22　学校的舞蹈教学设施统计（%）

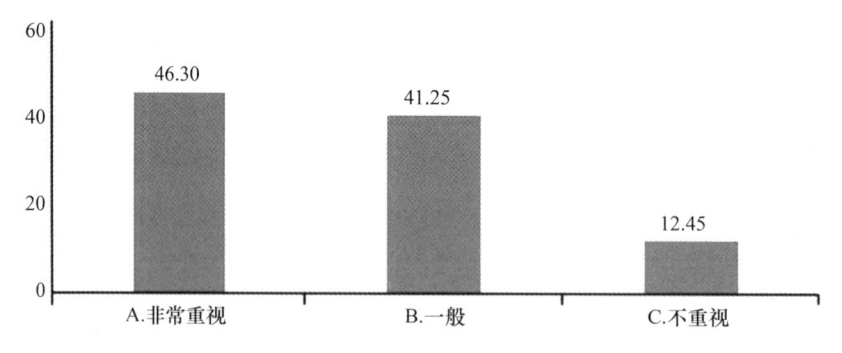

图 23　学校对舞蹈高考生的管理情况统计（%）

例为 41.25%。认为"不重视的"比例为 12.45%。在学校是否重视舞蹈高考生管理方面,学校管理基本上比较重视的占 87.55%,还有 12.45% 的学校对舞蹈高考生的管理是不够重视的。

(二) 舞蹈高考生高考教育的访谈结果与分析

针对甘肃省舞蹈高考生高考教育的问题,本文在问卷调查的基础上,对高中学校的领导、教师以及学生家长这三类群体共22名进行了访谈,并对重点问题进行归整与分析。

1. 高中学校领导访谈内容的归整与分析

本文确定的对象,主要是甘肃省普通高中学校的校领导,共有五位。他们对学校关于舞蹈高考生的管理,对于家校联合教育方面的建议,对于舞蹈高考生高考政策的了解以及学校在舞蹈高考生教育中所存在的问题进行了回答。

表7   高中学校领导访谈编码归类统计

重点问题	回答问题核心内容	回答问题的人数(n=5)	百分比(%)
学校对于舞蹈高考生是如何管理的	有专门的管理对策	4	80
	没有专门的管理对策	1	20
在家校联合教育方面,您有哪些建议	开家长会	5	100
	建立家校微信群	2	80
对于艺术类高考政策的了解	了解	5	100
	有专门的研究	3	60
学校在舞蹈高考生教育中存在哪些问题	师资	4	80
	教学条件	1	20

表7显示,在学校针对舞蹈高考生的管理问题上,五位专家中有四位谈到,学校对于舞蹈高考生有专门的管理对策。其中一位专家谈到,由于学校舞蹈高考生、艺术生较少,对于这部分学生没有制定专门的管理对策。有位校领导指出:

对于舞蹈高考生的管理，除了要让他们遵守学校的管理之外，还要对他们制定人性化的管理制度，在管理的过程中注重人性化的沟通。(XA)

对于学生来说，无规矩不成方圆。尤其是对于舞蹈高考生，严格的管理是保证他们能够认真学习的前提。(XD)

学校对于舞蹈高考生有专门的分管领导和教师，对于这些艺术生在学校纪律、学习等各方面的情况是统一管理的。(XB)

艺术生人数少，一般一届只有二十几个学生，对于学校高考的升学率影响不大，所以学校更重视对普通学生的管理。(XE)

图24 某高中舞蹈教室

从校领导的访谈中可以看到，大多数学校对于舞蹈高考生的管理问题比较重视，能够严格管理舞蹈高考生。但是仍有学校由于艺术生生源少而对这部分学生没有专门的管理对策。

对于家校联合教育方面，五位校领导都谈到多召开家长会，多与学生家长沟通。其中有两位校领导提到，在信息化时代，可以通过建立微信群的方式，与学生家长及时沟通。有校领导谈到：

很多家长都忽视对学生的家庭教育，不主动、不重视与学校教师的沟通与交流。所以学校对于这一现象提出的解决对策是多召开家长会，学校主动多与学生家长沟通。(XA)

学生家长都比较忙，经常开家长会，家长也不一定会按时参加，所以可以通过建立微信群的方式，及时跟家长沟通学生的学习情况、心理情况等。(XC)

从对校领导的访谈中可以看出，在舞蹈高考生的教育方面，家长处于被动的状态，不能够积极配合学校的教育。学校对于家校联合教育，相对来说比较重视。

对于艺术类高考政策的了解，五位校领导对于艺术类高考的政策都有了解，其中有五位校领导谈到，对于艺术类高考政策，有专人进行专项研究。

图 25　某高中舞蹈教室

校领导谈到：

> 对于艺术类高考国家政策与招考体制，有专人专项进行研究，并且对招考体制及其内容会及时与专业教师进行探讨。（XB）

> 对于高考政策与艺术类招考体制，没有深入了解，会让专业课教师针对舞蹈高考政策进行动态了解。（XD）

从校领导的访谈中可以看出，对于舞蹈类专业的高考政策、招考体制、考试内容都有一定的了解，部分学校更是进行专人专项研究，学校的这种做法是对舞蹈高考生的高考教育负责任的表现。

对学校在舞蹈高考生教育中所存在的问题，有四位校领导谈到，师资的缺失是主要的问题，有一位校领导谈到学校在教学设施方面的问题。校领导谈到：

> 学校在舞蹈高考生教育中存在的主要问题是师资问题，学校只有两名音乐教师，既要上好音乐课，又要对音乐高考生、舞蹈高考生进行培训，所以说师资问题是最大的问题。（XA）

> 在舞蹈高考生教学硬件设施上存在一定的问题，学校只是腾出一间教室，也没有镜子、音响、垫子等教学设备。（XE）

从校领导的访谈中可以看到，舞蹈高考生高考教育存在的主要问题是师资与教学条件的缺乏。

2. 教师访谈内容的归整与分析

本文确定的研究对象，主要是甘肃省普通高中学校专业课教师、文化课教师、班主任，共11位。他们从高考形势、教学方法、教学效果、课程安排、对学生心理问题的关注等方面进行了回答。

表8　　　　　　　　高中学校教师访谈编码归类统计

重点问题	回答问题核心内容	回答问题的人数（n=11）	百分比（%）
对于高考形势您怎么看	校考学校逐渐变少	8	72
	考生多	10	90
教学方法、教学效果如何	口传身教法	10	90
	舞蹈理论知识欠缺	6	55
课程安排合理吗	课时量大	4	36
	舞蹈专业学习时间少	5	45
您对于学生的心理问题关注吗	心理独特	6	54
	有叛逆心理	3	27
您认为舞蹈高考生在文化课学习方面的情况如何	有偏科现象	3	27
	学习态度不端正	4	36
您是如何对舞蹈高考生进行管理的	加强引导	8	72
	给予正确的指向	9	82

表8显示，对于高考形势这一问题，有八位教师认为高考艺术类校考院校逐渐变少，有10位教师认为考生增多。教师们谈到：

　　在2015年的艺改背景下，部分学校的校考资格被取消，实施统考，省外校考院校数量不断减少。（JA）

　　在2014年新的艺改中，明确提出了艺术生的文化课分数线不能低于同批次普通本科分数线的70%和65%。在2015年的艺考新政策下，对艺术生影响最大的，依然是文化课分数线的再度提高。（JD）

从教师的访谈中可以看出，艺术类专业统考范围扩大，使得校考院校数量大大减少。由于艺考政策的改变，文化课的录取分数线不断提高。舞蹈类专业的高考形势越来越严峻，考试难度越来越大。

对于教学方法、教学效果如何的问题，有10位教师谈到，他们

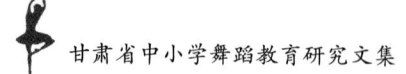

在教学过程中主要应用了"口传身教"的教学方法。有 6 位教师谈到，教学过程忽视了舞蹈理论知识的教学。教师们谈到：

  运用"口传身教"的方式进行教学。因为自身没有舞蹈基础，所以在教学过程中只能够采取"口传"的教学方式，这样的教学方式对于舞蹈高考生专业的学习效果一般。（JE）

  我是幼师中专毕业，由于音乐舞蹈教师的缺失，我既要负责音乐高考生，又要负责舞蹈高考生，学校也从来不组织老师培训，自身的专业能力有限，达不到舞蹈高考生高考教育的要求，所以只能推送学生参加校外舞蹈培训。（JI）

  虽然我所学专业是舞蹈学，但是由于学校没有单独开设舞蹈课，在学校还要带音乐课，课时量一周达到 12 节甚至更多，我没有课余时间再去研究理论与技法方面的文献。只能采取"填鸭"的方式，在教学过程中以教师为主导，学生就像一块干海绵，教师给他们注射多少水分，他们就最大限度地吸收。（JL）

  由于自己不具有丰富的舞蹈知识及其他知识，口才又不好，语言表达能力弱，所以在教学过程中只用到了"身教"的教学方式。只注重技法的学习，忽视了舞蹈理论知识的贯穿。（JJ）

  从教师的访谈中可以看出，对于舞蹈高考生高考教育，教师们的水平有待提高，主要是提升其思想、舞蹈理论知识和文化修养，使其对舞蹈高考生的教学取得更好的效果。

  对于课程安排是否合理这一问题，有四位教师认为，教学课时量大，内容丰富。有五位教师认为，学生学习舞蹈专业的时间少。教师们谈到：

学生在校期间，高中文化课科目有六门，这可以从课表中看出。文化课的学习已经把学生在校的学习时间占满了，所以舞蹈专业的学习只能排在自习课或者课外活动时间里，因此，学生学习舞蹈专业课的时间太少。（JA）

舞蹈培训班在课程设置上还是比较完善的，从周一至周六舞蹈课程充斥在所有的学习时间里。教学内容也比较丰富。（JE）

从教师的访谈中可以看出，高中学校学生在校期间学习舞蹈专业课的时间不足。但是，在校外舞蹈培训班的学习中课时量大，内容丰富。这也是学生选择参加校外舞蹈培训的主要原因。

对于学生的心理问题关注度这个问题，有六位教师谈到舞蹈高考生心理较为独特，有三位教师谈到舞蹈高考生会出现叛逆的心理。教师们谈到：

舞蹈高考生相比普通文化课学生的心理较为独特，学生性格都比较外向、开朗、活泼，个性比较强，遇到不顺心或者是不满意的事情反应十分强烈；与老师、同学之间的交往关系比普通学生要亲密，容易形成自己的小圈子。（JB）

由于舞蹈高考生性格外向、开朗，他们与异性同学之间的交往过于频繁。大多数舞蹈高考生在学校期间有亲密的异性朋友，甚至出现早恋的情况；不管是男生还是女生对自己的仪容都过度在意，花太多的心思在自己的容貌和穿着打扮上，在学校能够很明显地看出舞蹈高考生与普通学生的打扮不同；不遵守学校的纪律、规章制度，经常发生违反学校纪律的事情。（JK）

从教师访谈中可以看出，舞蹈高考生普遍存在一些心理问题。教育工作者的职责不仅是教书，还要育人，在传授学生知识本领的同时，还要加强对他们人格方面的塑造。这就提醒我们每一位舞蹈教育工作者，要在以后的工作中多多关注学生的心理健康，引导学生朝着积极、健康的方向发展。

对于舞蹈高考生在文化课学习方面的情况，有三位教师认为舞蹈高考生的文化课出现偏科的现象比较多，有四位教师认为主要原因还是在于舞蹈高考生学习态度不端正方面。教师们谈到：

> 多数舞蹈高考生学习文化课的积极性不高，相比于其他学生更容易出现迟到、旷课、请假的现象；上课期间，学生的学习集中度较低，经常交头接耳、看课外书或是做一些与文化课学习无关的事情；考试态度不端正，作弊之类的事情时有发生，无论会做还是不会做都交白卷；日常学习中也存在很多问题，对老师布置的作业不交、不重视，课堂提问时一问三不知。老师在公布考试结果时，学生会表现出一种满不在乎的样子，在讲解试卷习题时不用心改正，以至于同样的题目再出现时依然不会解答。（JD）

> 偏科现象严重，对学习文化课没有像学习专业课那样感兴趣，肯下功夫；运用大部分时间去学习专业课，将专业课摆到了主要的位置，忽视文化课的学习。所以大多数文化课老师认为，舞蹈高考生文化课基础薄弱，学习态度不够端正，不能合理安排专业课与文化课的学习时间。（JF）

从教师访谈中可以看出，舞蹈高考生在文化课学习方面态度不端正，偏科现象严重。在教学的过程中要让舞蹈高考生端正学习态度，重视文化课的学习，要让他们认识到学习文化课的重要性，要"因材施教"制定适合舞蹈高考生的教育方式，要讲究方式方法。

在如何对舞蹈高考生进行管理方面，有八位教师认为应对舞蹈高考生进行引导，有九位教师认为要给予舞蹈高考生正确的指向。教师们谈到：

对于舞蹈高考生，应当帮助他们树立正确的奋斗目标，端正学习态度，多帮他们分析往届录取成绩及录取模式，多将往届考试取得成功的人的学习经验与学生交流。（JD）

引导学生重视学校的校规校纪；针对舞蹈高考生的特点，加强对他们各方面能力的培养；培养他们处理人际关系的能力，开拓他们的视野，引导他们更加客观、真实地了解社会，消除消极观点，关注青春期的心理变化，有效纾解其心理压力；培养舞蹈高考生的竞争意识，保持活力迎接挑战，并且引导他们正确认识高考，勇敢面对高考。（JH）

从教师访谈中可以看出，教师对于舞蹈高考生的管理还是比较重视的，老师分别从引导、正确的指向两个方面进行舞蹈高考生的管理。

3. 学生家长访谈内容的归整与分析

本文确定的对象，主要是甘肃省舞蹈高考生的家长，共有六位。他们从对孩子教育负责程度与教育方法、对孩子心理问题的关注程度、对青春期的叛逆行为所采取的措施等方面进行了回答。

表9显示，在对孩子的教育负责程度与教育方法这一问题上，有

表9　　　　高中学校学生家长访谈编码归类统计

重点问题	回答问题核心内容	回答问题的人数（n=6）	百分比（%）
您对孩子的教育负责程度与教育方法	比较负责	4	67
	没有尽到责任	2	33
您对孩子心理问题关注度	攀比	3	50
	自闭	3	50
您对青春期孩子的叛逆行为所采取的措施	耐心教导	2	33
	求助班主任	3	50
您怎样看待家校联合培养	作用非常大	2	33

四位家长谈到对于孩子在教育方面还是比较负责的,有两位家长谈到,对于孩子的教育方面没有尽到责任,忽视孩子的教育。家长们谈到:

> 我们缺乏科学的教学方法,所以孩子从小就没有养成好的学习习惯和思想行为。(ZA)

> 现在大多数家庭都是独生子,孩子学习不认真,成绩不理想,我们作为家长想给予他们教育,但是长辈们会护着孩子,舍不得让孩子伤心。(ZE)

> 自身比较忙,想通过创造物质财富给孩子更好的生活保障,所以忽视了对孩子的教育。(ZF)

从家长的访谈中可以看出,家庭对孩子教育的负责程度与教育方式还是存在一定问题的,家长应当掌握一些教育理论,运用科学的方法对孩子进行引导。

对孩子心理问题关注度这一问题,有三位家长谈到孩子出现攀比心理,另有三位家长谈到孩子出现自闭、脾气暴躁等心理问题。家长们谈到:

> 目前对于孩子的心理状况还是比较关注的,孩子的最大问题是攀比心理,比较严重。缺乏爱心、感恩之心。(ZB)

> 由于舞蹈高考、学习的压力,孩子变得脾气暴躁、自闭不愿与家长沟通,我们也很难走进孩子的内心。(ZC)

从家长访谈中可以看出,在学习和升学的双重压力下,正处于青春期的舞蹈高考生在心理方面出现了一些问题,这些问题已经影响到了学生身心的健康发展。因此，家长要重视孩子的心理状况。

对于青春期孩子的叛逆行为所采取的措施这一问题，有两位家长谈到会通过耐心教导的方法对孩子进行教育，有三位家长谈到，孩子不配合家长，导致家长只能求助班主任，让班主任教导。家长们谈到：

> 由于舞蹈高考、学习的压力，孩子变得脾气暴躁、自闭，不愿与家长沟通，我们也很难走进孩子的内心。孩子回家不会跟家长谈学校的事情，家长一问学校的事情，孩子就显得不耐烦，要么不吭声，要么扭头走了，我们家长很被动，所以只能求助班主任，让班主任对孩子进行疏导教育。(ZC)

> 青春期的孩子往往比较任性、比较自我，我们应该在"爱"与"尊重"的前提下了解孩子心里所想，对孩子采取沟通式的教育。(ZF)

从家长们的访谈中可以看出，对于孩子心理问题的解决一定要注重方式方法，家长不能将自己的想法强加给孩子，要懂得尊重孩子，让孩子正确地认识自我，树立前进的目标。

对于家长怎样看待家校联合教育这个问题上。家长们认为，对于孩子的教育，学校应该起到重要的作用，家长只能起到辅助作用。

四　甘肃省舞蹈高考生高考教育中存在的问题及原因分析

（一）舞蹈高考生自身存在的问题及原因分析

通过调查问卷以及访谈可以看出，舞蹈高考生在高考教育方面自身存在着一些问题。

1. 舞蹈高考生的学习积极性

从调查问卷统计中可以看出，大多数舞蹈高考生在学习舞蹈之前文化课成绩一般，其学习积极性、主动性欠佳。问卷调查显示，能够自觉不需要老师督促学习舞蹈的有 65.37%，还有 34.63% 的学生不能够自觉地学习舞蹈，学习很被动，缺乏主动和持之以恒的学习态度。

2. 人文教育与专业技能

在对待专业课与文化课的学习上，有 23.35% 的学生认为应当以学习专业课为主，忽视文化课的学习。在分配专业课与文化课学习时间上，有 35.41% 的学生用 80% 的时间学习专业课，忽视文化课的学习。在与教师的访谈中得知，舞蹈高考生在文化课学习上，不认真听讲，不按时完成作业，对于一些难懂难学的课程，有些学生明确表示放弃学习，这样的心态对老师的教学产生了不利影响，也不利于学生的发展。

郭声健在《音乐教育论》中提到："音乐是文化的一部分，它与其他相关文化如文学、绘画、心理学、社会学等具有十分紧密的联系，而这些相关的文化就构成了音乐的内涵。"① 笔者认为，舞蹈与其他艺术相同，也是文化的一部分，与其他文化紧密联系，因而构成了舞蹈的文化内涵。舞蹈与文化相辅相成、相得益彰，舞蹈因为文化而更加意味深长，文化在舞蹈的辉映下焕发出更加夺目的光彩。我们要借力文化素质的培养，提高学生舞蹈鉴赏能力，表现、创造以及审美能力。我们要从"舞蹈人"成长为"舞蹈文化人"②。

表演能力是评定一个舞者的依据，成功的舞蹈表演往往建立在表演者对舞蹈作品的文化、内涵、创作背景的了解上。对舞蹈精神世界的理解和感悟，对舞蹈内涵的把握，对舞蹈所表现的情感和体验都建立在表演者人文知识的深度上。因此教师在教学中应当加强对学生文化素质的培养，让学生的专业技能和文化修养同步提升。所以在舞蹈

---

① 郭声健：《音乐教育论》，湖南文艺出版社 2004 年版。
② 邓小娟：《从"舞蹈人"成长为"舞蹈文化人"——高校舞蹈专业教师成长的必由之路》，《课程·教材·教法》2016 年第 6 期。

教学中，不仅仅要重视学生的舞蹈技能训练，还要让学生了解相关的人文知识。其实，任何一门艺术学科都应当在学好专业技能的同时，注重对学生人文知识的传授，舞蹈教学也不例外。"因为人文学科的贡献主要在于'以独特的方式提高人的价值判断意识'，在于'以一种知识和教育领域所没有的真诚态度'来接纳价值观念。"[①] 在当今社会，家长和老师更多地关注舞蹈高考生的专业技能教育，而不怎么看重文化素质培养。这样本末倒置的教学理念对舞蹈高考生的培养与成长是不健全的，也是不健康的。舞蹈学科与其他课程的不同之处是，它要充分发挥学生的想象能力，而想象是学生从各种文化学习的体验中生成的。所以，舞蹈教育工作者要帮助学生找到梦想的翅膀，让他们的翩翩舞姿化作雨浸润到每位观众的心田里。这就给教师们提出了新的要求：提高自身的知识技能素养与职业道德素养，形成"终身学习"和"终身教育"的理念。如此这般，便能开创舞蹈教育新局面，为曾经缺失的文化素养培育找准目标，让舞蹈教育从业者在工作中更加得心应手。

3. 舞蹈高考生的自律性

大部分舞蹈高考生没有较强的自我约束能力，即使有着严格的校纪校规也是很难管理的：

第一，对校纪校规视而不见。部分学生既没有较强的自我约束能力，又不服从校方管理，我行我素，自由散漫，对专业考试也从不上心，成绩一塌糊涂，最后自我放弃，出现旷课、迟到、早退等现象。

第二，不遵守课堂教学纪律。由于艺术专业的大部分学生文化课功底较差，没有培养形成良好的学习习惯，在必修的文化课课堂上，经常有学生大声喧哗、交头接耳、玩手机、睡觉的现象，严重影响了其他同学的学习，影响了授课老师的心情，导致教学质量下滑。

第三，对艺术存在狭义的理解。部分舞蹈高考生自律性相对较

---

① ［美］列维·史密斯：《艺术教育：批评的必要性》，王柯平译，四川人民出版社1998年版，第247页。

差，养成了一些不良习惯，并且有较严重的惰性。由于对艺术理解的偏差，他们往往把自由散漫、与众不同理解为有个性，以此展示个人的魅力和艺术个性。

第四，穿着打扮不符合学生身份。舞蹈高考生由于专业特点和考试要求，很多学生对穿着打扮尤其在意，不仅体现在头发上，大部分人烫发、染发，而且体现在穿着上，存在化浓妆、穿奇装异服的现象。这些表现严重影响了学校的校容校貌，给学校带来了极大的负面影响。

4. 舞蹈高考生的心理状况

调查统计显示，舞蹈高考生独立意识与自我意识较强，意志品质不坚定，对学习不能持之以恒，情感方面过于感性，行为上易冲动等。对于艺术生而言，其独特的个性彰显着个人魅力，是一个文艺人所固有的气息，若过分追求也有其不可避免的弊端。此外，舞蹈高考生普遍没有树立良好的核心价值观，他们在学习这件事的理解上存在偏差，他们自认为文化课教育对其没有意义，只要有专业的艺术功底即可。甚至存在一些不切实际的想法，比如"明星梦"，许多艺术生都羡慕明星们光鲜亮丽的生活，莫名的自我感觉良好，使得很多人盲目乐观，这也就间接回答了"艺考热"的问题。正是因为很多青春期的孩子无法正确地自我定位，自我认知，导致部分学生对自己的未来没有长足的规划，只是安于现状，没有扎实的基本功，创造不出有价值的文艺作品。当然，大部分学生对自己的认识、努力方向目标明确，有积极的学习态度，勤奋努力，有天赋又不失抱负。

舞蹈高考生产生这些心理问题的原因有：

一是教育理念存在问题。对舞蹈生的教育主旨是发掘学生的潜力和个性，塑造艺术性人才。但现在的舞蹈高考生教育只是简单地技能培训，填鸭式的教育让学生不能体会舞蹈艺术的魅力，无法引导学生从内心热爱舞蹈。为了学而学，只会增加学生的心理负担，艺术变成了枷锁，心理问题自然就出现了。

二是社会对舞蹈高考生仍存在偏见。一提到舞蹈高考生，很多人的第一反应就是"肯定不好好学习，要不然为什么学这些？"还有很多家长告诫自己的孩子不要和艺术生走得太近，舞蹈高考生被贴上了这样或那样的标签。在这样的环境下，被符号化的舞蹈高考生成为学校的异类，甚至常常被孤立，无法融入周围的生活圈子。青春期的孩子正处于敏感期，更容易受到外界环境的影响，长此下去，孤僻等心理问题便出现了。

三是舞蹈高考生学习压力不断增加。"艺考热"的火爆折射出的是我国重视精神文明建设、素质教育越来越被人们重视。在这样的大环境下，艺术院校扩招，艺术类学生不断涌入。随着报考人数的增加，艺术类招生越来越看重文化课水平，舞蹈高考生不仅要上专业课，练习舞蹈基本功，而且不能放松文化课的学习，学生的心理负担越来越重，心理问题也就出现了。

四是没有形成系统的舞蹈高考教育体系。应该说，我国发展艺术教育不过短短几十年的时间，在以往重视人文知识的教育环境下，舞蹈等艺术类学科依然处于成长阶段。更重要的是传统教育强调内涵的培养，学生处在稍显闭塞的环境中。但舞蹈教育却不同，它要求彰显学生的个性，散发学生的魅力，意在让每一个学生都成为舞台上最闪耀的焦点。一边是含蓄一边是耀眼，如此矛盾的教育内涵，让尚在人格塑造重要阶段的学生迷失了方向，只有形成一套系统完整的舞蹈高考生教育方法，引导学生重艺又重德，才是解决学生心理问题的根本方法。

(二) 家庭对舞蹈高考生的影响

家庭教育对每一个孩子的成长都起着非常重要的作用，包括家庭的经济情况、家庭的文化环境和教育态度都影响着孩子未来的人生。尤其是现在的社会价值多元化，孩子易受到外界环境的影响，家庭教育显得更为重要。

1. 家庭经济状况的影响

调查结果表明，大多数舞蹈高考生的家长对于自己的孩子在学习舞蹈专业上没有鲜明的认识和态度。家长们对于舞蹈专业的认知仅仅局限于高考的捷径上，这就歪曲了学习舞蹈本身的意义和动机。仅仅为了考试而学习舞蹈却不考虑孩子自身的兴趣和爱好，其实，这是对孩子的未来不负责，会加剧舞蹈类考生的心理压力。同时，对于艺术类学生来说，除了其兴趣爱好之外，家庭的经济条件和家长的支持也是很重要的影响因素，这些因素将直接影响学生是否能够完成学业。

在考虑高考中舞蹈类特长对于考生的影响时，各位家长要端正培养孩子的动机，不能仅仅考虑以后的学业而直接忽视孩子的兴趣爱好，因为这将决定孩子是否能够完全投入学习或者热爱学习而不是被动地接受。只有孩子具有这方面的兴趣和天赋才能够真正在这个领域有所成就，从而实现其人生价值。单纯让孩子成为家长实现愿望的工具，这种行为和学校鼓励与引导文化课成绩不理想的学生去学习舞蹈类专业都是对学生的不负责。关于学习舞蹈专业，家长需要从以下几方面做出衡量：首先，孩子是否对于学习舞蹈具有一定的兴趣、基础以及基本的能力或者是否具有学习舞蹈的天赋——让孩子有清晰的自我认知。其次，家长也需要进行自我评估——自己的经济实力是否能承担起培养一个特长生所需的费用。在这两点因素中，前者占更大的比重，单纯因为家庭条件的限制而影响孩子的艺术天赋和兴趣是不可取的。如果遇到这种情况，家长应该积极想办法来完成孩子的愿望和理想，当今社会对于这类学生也应有相应的帮助机制，通过多方面努力达成其心愿。最后，学习舞蹈类特长专业的孩子在学校或者受同龄人的心理影响也不可忽视，家长需要及时发现这方面的苗头和给予正确的引导。只有对这几方面做出综合考虑，才可以决定是否学习舞蹈。

2. 家庭文化环境的影响

家庭的文化氛围对于舞蹈类高考生的培养具有十分重要的影响。这就要求家长提高自身的文化素质，尤其是对于舞蹈类艺术的认知，正确看待艺术教育对孩子心理和成长的重要作用，树立正确的教育观念——让孩子接受艺术类教育最重要的目的在于促进孩子全面健康的成长。

(三) 学校教育对舞蹈高考生的影响

学校因素是指教育理念和教学管理两个方面，其中也包含着从业者的教学水平和工作态度。在对学生的调查和老师的访谈中，我们了解到学校方面确实存在一些问题。

1. 学校管理的影响

（1）盲目追求升学率

调查显示，参加高考的舞蹈高考生大多是由普通学生转为舞蹈高考生的，他们学习舞蹈专业的时间较短。部分学校没有本着以学生为主的原则，让其自愿选择擅长、喜欢的专业，而是一味地为了提高高考升学率。鼓励文化课不理想的学生学习艺术专业，并没有考虑到学生未来的发展方向和他们自己的兴趣爱好，更没有考虑这些学生的先天条件。艺考只是一块漂浮在高考海洋中容易上岸的木板，这是对学生极不负责任的行为，最终将这些半路上岸的艺考生推向社会，使得他们在今后的社会生活中既没有一技之长，也无法在艺术的道路上走得更加长远，恶性循环便由此而生。

（2）考前培训问题多

很多舞蹈高考生在提高专业整体水平、应试技巧等必考内容上都会集中在高三上学期，所谓的冲刺突击训练，家长、老师费尽心思在短期内想让学生达到艺考的标准，为文化课的后期学习争取更多的时间。在现行体制下所滋生的考前培训大体分为三种：一是学校的任课老师在校外私设培训机构，为了获得更多的经济收入，大部分老师会带很多学生，其中任课老师大部分年龄稍长，水平有限，教学设施不齐全，培训质量不高，导致艺考生费时费力，达不到预期的效果。二是校内封闭的考前培训，部分学校集中校内老师对参加考试的学生进行集中培训，由于大部分县区学校基本设施不齐全，师资力量不均等，加之学校额外增加老师的工作量，薪酬资金不到位，导致培训效果差，考生普遍水平较低。三是有条件的考生大多选择了专业的校外舞蹈培训班。虽然相对而言效果理想，但是高额的费用和专业舞蹈培训机构映射出的利益链条，给学生家长带来了巨大的经济负担。

2. 教师教育专业化的影响

（1）文化课与专业课的教学方式方法有待改进

舞蹈高考生可谓能文能"舞"，既要学好文化课知识，又要练好舞蹈基本功。然而，在目前的教学体制下，普通高中大部分存在着文化课和专业课各自为战的局面。这主要体现在两个方面：一是教师之间缺乏交流和沟通。文化课教师只管按课程表上课，很少就某位学生的成绩或表现与专业教师沟通，专业教师也只管专业教学，很少向文化课教师过问学生的文化课学习成绩和课堂表现，这样就使教师之间形成了独立的阵营，而这恰恰是教学中最不容忽视的问题。因为有很多学生文化课成绩好而专业课成绩落后，还有一部分是专业课成绩好而文化课成绩很差，如果教师之间不进行交流，学生的两极分化会越来越严重，最后导致"只开花不结果"，一部分学生因文化课或因专业课成绩差而最终与大学无缘。二是教师之间缺乏合作。对舞蹈高考生来说，文化课与专业课的学习同样重要，要想取得最后的成功，实现双赢，就需要专业课教师与文化课教师之间的密切合作。通过调查与访谈可以看出，在普通高中艺术特长生的教学中，很少有老师就学生的学习和思想问题进行交流，除了偶尔开个例会把教师们召集在一起布置任务外，很少举行两个团队之间的合作活动，最后在成绩不理想时都会推卸责任，这是教学管理中应该得到改善的问题。

（2）专业教师不注重学生的个性培养和特长培养

在学生学习舞蹈专业课时，部分老师只是千篇一律的教学而不注重学生个性的发现和培养。舞蹈类专业学生的个性化发展是社会进步的需要，如果在他们的个性培养中不能加以正确引导，则会产生对艺术个性的错误理解和肤浅的认识。例如，部分舞蹈专业学生误将艺术个性和纯粹的个性张扬同等看待：行为上不受约束，无拘无束、自由散漫，不愿将心比心，顾及他人的感受，就可能陷入个人主义和自由主义，引起纪律观念淡化和缺失，从而导致集体责任感、社会公德感的弱化。因此教师需要鼓励学生产生积极向上的学习态度，善于发现学生的某些特长，进行"因材施教"，不能因为某些方面的不足就否定其他方面的潜力，要根据学生的不同性格和学习能力进行引导和培养。

（3）忽略对学生思想品德与心理健康的教育

由于应试教育的不完美——评价一所学校或班集体的成绩主要还是看升学率的高低，这就导致学校和老师在对艺术生的培养中过多地关注教学结果，忽视教育过程和对学生品德方面的教育。对舞蹈高考生来说，他们的自制力和约束力本身就不足，而且接触社会的机会多，受不良风气的影响大，如受拜金主义、个人主义、利己主义等思想的影响比较严重，因此应将品德教育放到重要的位置上。在对老师的访谈中发现，他们认为对学生进行品德教育是十分重要的。因为不良影响和学习压力的增大让不少学生出现了不同程度的心理问题，存在信心缺乏、自闭抑郁、考试焦虑、人际关系紧张等问题，但是学校在对学生品德培养和心理健康教育上只是流于形式，缺乏具体的措施和办法。

（四）社会环境对舞蹈高考生的影响

社会环境也是影响舞蹈高考生高考教育的重要因素之一。调查结果显示，经济欠发达地区尤其是全国 48 个连片贫困区，教育也相应落后，自然在舞蹈专业教学上和省、市大城市有着很大的差距：一是贫困地区基层学校的教学设施无法得到保障。这些学校甚至没有一个像样的练功房，教师队伍更是老龄化严重，承担舞蹈高考生高考专业教育的还是年龄偏大的音乐老师，在全国精准扶贫、精准脱贫中，教育扶贫尤为重要，资源应大力向贫困地区倾斜，从师资和基础设施上解决舞蹈高考生高考教育难的问题；二是舞蹈高考生在贫困地区的认可度不高。家长对艺考有偏见，认为只有学习文化课才能有出路，一些优秀的舞蹈专业学生经常因为一念之差而被湮没在高考大军中。

此外，社会的不良习气容易影响舞蹈高考生的发展。由于其专业的特殊性，学习舞蹈专业的学生在文艺汇演、社会演出、各类比赛等过程中容易接触到社会上形形色色的人，这是普通高中生无法触及的环境，这其中就要发挥一个好的带队老师的作用，他既能让学生得到学习锻炼，又能使他们出淤泥而不染，这样才能使学生在复杂的社会中学到属于他们的知识。然而，绝大多数高中都无法做到让学生抱着学习的目的去接触社会。很多望子成龙、望女成凤的家长不惜一切代价将孩子送到校外培训机构进行专门培训，这就促使社会上出现各类培训班，这些培训班不仅收费高，而且长期研究高考升学专业考试，使得学校内的舞蹈专业教育最终成为一纸空谈。

目前社会上出现的培训班的最大问题是，无论教师、大学生还是行内行外的人都在办培训班，大多数培训班的教育质量一般，甚至不具备办学条件，出现了一系列不正规的舞蹈培训班。部分培训班只顾及自己的效益，教学管理松散、混乱，不注重学生的思想教育，不少学生在外染上了抽烟喝酒等恶习，对学生的身心健康造成了严重影响，学习教育更是无从谈起。

五　提升舞蹈高考生高考教育的策略

（一）全面提升舞蹈高考生的文化素养 促进其心理健康发展

1. 培养舞蹈高考生自主学习的积极性

学生根据自己的意愿进行学习，包括选择性学习和个别化学习，在学习的过程中对自己的学习行为负责，这就是我们经常说的自主学习。制订学习计划、确立学习目标、选择学习方法、把握学习过程、评价学习结果，这些都是包括在自主学习之内的。"给学生一杯水自己要有一桶水，授之以鱼不如授之以渔"，舞蹈高考生的学习特点是自主学习，需要注意几点问题：第一，培养兴趣，激发求知欲。第二，培养学生自主学习的习惯。第三，培养学生制订学习计划，合理分配时间的能力。

要实现以上三点，可以尝试从以下几个方面着手：第一，教师可采用鼓励法和肯定法来培养学生的兴趣，对他们的选择给予充分的肯定，同时讲明本专业的特点、优点。第二，通过让学生欣赏一些作品来让其感受艺术的魅力，让学生发现自己有潜力、有兴趣、有能力学好艺术专业，从而引导他们对于艺术的追求和渴望。第三，让学生清晰地认知本专业，在学习过程中要培养良好的学习习惯，让学生养成向老师学习和自主学习的能力。第四，要求学生在一定时间内完成一定的学习内容，培养学生良好的时间观念，提高学习的效率。第五，要求学生按时完成目标，在具体的时间内完成具体的学习任务。第六，培养学生的交流与团体协作的能力。因为专业的特点要求学生具有开阔的视野，不能"闭门造车"，不同学生对专业课的领悟能力不同，他们都有自己的特长和不足，需要在学习过程中互相交流，取人之长，补己之短，逐渐提高学习成绩。教育部颁发的《关于做好2016年普通高等学校部分特殊类型招生工作的通知》就艺术专业招生录取行为作出了明确的规定，进一步提高艺术类专业考生的高考文化课要求。还有一些高等院校在招收舞蹈教育专业学生时，只给专业划定一个分数线，然后按照文化课的分数由高到低进行录取。所以说文化课在舞蹈高考录取中是十分重要的。舞蹈高考生应当重视文化课的学习，应当合理分配文化课与专业课的学习时间。

  舞蹈高考生不像普通文化课的学生，他们要合理制定舞蹈高考生文化课的学习方式。首先，要让学生有信心学习文化课。舞蹈高考生由于没有学习文化课的兴趣，他们学习态度极为不端正，所以学习成绩较差；而学习成绩的不理想又影响了他们的信心。文化课教师应当从培养学生的学习兴趣来慢慢让其从心理上接受文化课的学习。其次，要选择适合舞蹈高考生的复习方式。舞蹈高考生的文化课复习要有针对性，根据每个学生的实际情况可以进行"一对一"的辅导。然后，应当有选择性地让学生进行文化课学习，在舞蹈高考生文化课教学中不能像对其他文化课学生一样，因为舞蹈高考生高考文化课录取分数线较低。所以，应当抓好基础知识，不要让学生做一些偏门难题。

2. 引导舞蹈高考生的心理健康教育

学生在高中时代正处于人生中的一个转折时期，正处于青春期，心理上会受到不同方面的压力，心理状况也有自身的特点。对有些出现心理问题的学生，应当及时进行治疗与咨询，否则会影响学生的身心发展，影响学生的学习。

艺术生因受到高考、自身家庭以及外界环境的相互影响而产生的心理问题主要有以下几种：第一，自负型。这类学生盲目自信，对老师的意见不能接受，严重影响学习。第二，自卑型。这类学生因为自身的一些弱点，在高考来临之时感到很自卑。第三，叛逆型。这类学生性格比较叛逆，容易和老师、同学产生冲突，对老师的教育会抱有抵触心理。第四，依赖型。这类学生自主性太弱，容易对老师和家长产生依赖，没有主见，缺乏锻炼。

舞蹈高考生还会存在下列心理障碍：第一，因盲目自负自卑而缺乏对自己的真实认识，这主要是由学校乃至社会环境对舞蹈高考生的不公平评价所导致的。第二，据调查，有30%的学生对校园环境有失落感，这使他们在学校处理人际关系方面有很大的障碍。

总体来说，舞蹈高考生的心理问题主要表现为焦虑、烦躁、自负、自卑等，抗挫折能力普遍比较差，人际关系敏感，自控能力不强。鉴于此，对舞蹈高考生进行科学有效的心理咨询是必要和重要的。"心理咨询是指应用心理学专业知识与技能给学生以心理上的帮助，使其正确地认识自己和社会，开发潜能，促进个性的全面发展和人格的完善。"[1] 在舞蹈高考生心理指导老师的选择上应结合学生的年龄特点，尽量避免一些兼职或退居二线的老教师，选择年轻的、与学生年龄接近的、代沟小的并且对舞蹈高考生心理情况、学习情况、生活情况比较了解的教师，避免呵护式的开导，以免引起学生的反感。

---

[1] 李凤雷：《浅谈高中心理咨询教师应具备的职业素质及实现途径》，《中国民康医学》（下半月）2006年第2期。

笔者建议，班主任可以从以下几个方面对舞蹈高考生进行心理指导：第一，从学生自身出发，通过有效的方式对学生进行心理疏导，帮助学生解决心理困扰，让学生学会自我调节，提高自己的心理素质，使其更好地适应社会，处理好各种关系，很好地完成自己的学业。第二，倡导人文关怀，成绩不能决定学生各个方面的好坏，不能将等级制度带到校园里，要关爱每一个学生，认识到舞蹈高考生的特长，鼓励他们，让他们热爱校园生活，让他们真实地感受到学校的人文关怀。第三，建立心理档案室，对每个学生的情况进行跟踪指导，及时发现问题，提前预防，要在萌芽时期，及时纠正学生的不理智行为和思想，并帮助他们，舞蹈高考生要面临专业课与文化课考试的双重压力，加之他们接触社会较早，而他们又是未成年人，对事情缺乏理性的认识，所以防微杜渐很有必要。

（二）提高家长对于舞蹈高考生教育的认知

苏联著名的教育家苏霍姆林斯基说过："如只有学校而没有家庭，若只有家庭而没有学校，都不能单独承担起塑造人的细微、复杂的任务。""学校里的一切问题都会在家里折射出来，学校教育中产生的一切困难，根源都可以追溯到家庭。"教育家哈巴特说："一个父母胜过一百个校长。"教育家福禄贝尔说："国家命运操纵在掌权者手中，倒不如说掌握在母亲的手中，因此，我们必须努力启发母亲——人类的教育者。"卢勒说过："农民怎样对待庄稼，决定了庄稼的命运，家长怎样对待孩子，决定了孩子的命运。"这些教育家、思想家告诉我们家庭教育的重要性。[①] 只有真正让家庭教育起到应有的作用，才能帮助学生创造更美好的未来。

当然，除了学校教育外，家庭教育对学生的影响也是巨大的，学生除了在学校外，接触最多的人便是父母，父母直接或间接地控制并影响着孩子。这主要表现在父母对孩子的情感影响最有力上，这是学

---

① 刘焕彩：《普通高中艺术特长生培养研究》，学位论文，河北师范大学，2013年。

校所无法取代的。

第一,父母可以给孩子树立榜样,用知识来影响孩子。这样既能起到辅导孩子学习的作用,又能加强家庭教育。舞蹈高考生普遍存在学习、纪律、思想、心理等方面的问题,如果家长不重视家庭教育,就会让他们的问题越积越多,而仅仅依靠学校很难进行全面培养,因此家庭教育对艺术生来说显得尤为重要。

第二,用科学的方法教育孩子,而不是打骂或无用的说教。这就需要掌握一定的教育理论和有关心理学的基本常识。完成环保教育、感恩教育、吃苦教育等,可以有效地解决学校教育、家庭教育所存在的不足等问题。大部分艺术特长生是独生子,家长把孩子看得很重要,舍不得孩子吃苦受罪,舍不得孩子遭遇挫折。而孩子从小就养成了"饭来张口,衣来伸手"的不良习惯,等到发现问题时,已深感为难和无能为力了。

第三,对于孩子而言,精神财富尤为重要。很多家长辛辛苦苦地给孩子创造物质财富,却忽略了精神财富,让孩子误以为不存在生存压力,不需要努力奋斗,成为"啃老族",这些都是家庭教育的误区。还有部分学生是单亲家庭,受到父母的关爱较少,因此性格孤僻,甚至叛逆,学习艺术专长后会变本加厉,最后学生往往会走向极端。

(三) 强化学校对舞蹈高考生高考教育的管理

1. 转变观念,改进对舞蹈高考生高考教育的认知

舞蹈专业招考的目的是在参加高考的学生中招选一批具有舞蹈天赋、舞蹈技能的学生,进入开设有舞蹈专业类课程的高校,进行更加专业的系统的舞蹈专业培养。而现在人们以升学率指标评估一所学校的水准,这样,有些高中学校认为学习舞蹈及其他艺术学科的学生必定占少数,所以忽略艺术生的存在。恰巧,有些高中学校却为了提高升学率而盲目推荐学生学习舞蹈及其他艺术学科,不管学生是否有舞蹈天赋,是否喜欢舞蹈专业,认为学生学习成绩不好,就盲目地将学

生推向舞蹈高考。还有一种现象是，有些学生自身喜欢舞蹈专业，也有舞蹈天赋，其文化课学习成绩也十分优秀。当这些学生想选择参加舞蹈专业高考时，其班主任，或者其他老师就会认为他们学习成绩好，选择舞蹈高考太浪费。在这些老师的观念中，学习舞蹈以及其他艺术学科的就应该是文化课成绩差，没有别的出路的学生。

在欧洲发达国家中，艺术专业的教育已经高度普及化，从事这项工作的人都是社会中的佼佼者，对于艺术的教育本来就是追求美、追求创新、追求高境界的科学，并非常人所理解的，任何人都能够接受艺术教育。艺术教育者往往都是博览群书的智者，他们更注重内涵与修养，通晓哲学、史学、文学、美学等多学科知识。我们可以看到，古今中外的许多艺术家，并不是仅仅在艺术方面有成就，他们在其他方面也有所作为。所以学校与教师应当正确认识艺术教育，提高对舞蹈高考生高考教育的认识，重视舞蹈高考生高考教育的培养，不要只是为了升学而忽视舞蹈高考生教育或者让学生盲目跟风地选择舞蹈专业。

学校在培养舞蹈高考生的过程中最重要的环节也是源头上的工作是选才。专业的舞蹈生必须具备的条件是，要有一定的舞蹈天赋和素质，并且要热爱舞蹈，喜欢舞蹈，这样才能够有较好的发展。所以在选才上，要在观念上认清楚，不要一味地认为学生文化课成绩不好，不喜欢学习的学生就应该选择学习舞蹈专业等艺术学科。事实上，在舞蹈高考中文化课基础差，没有好的学习习惯，即使学习舞蹈也是很难取得好的结果的。

有些学校还专门开设了艺术班，其主要目的是更好地兼顾文化学习和专业课学习以及管理艺术生更为方便。从艺术班的学生生源来看，一部分是通过中考时加试舞蹈或者其他艺术而考入高中的学生，另一部分是一些文化课基础差、底子薄，高考中文化课考试容易落榜的学生。

对于参加高考的舞蹈高考生的选拔，笔者提出以下五点建议：

第一，通过中考加试的方式，招收有舞蹈基础、舞蹈特长的学生。教师应当对报考舞蹈专业的学生从基本功、技术技巧等方面考查学生的舞蹈专业能力。

第二,学校可以通过组织一些活动来选拔有舞蹈特长的学生,例如组织一些校园艺术节、校园才艺大赛、迎元旦或迎国庆文艺演出等活动,从中发现具有舞蹈专业特长的学生。

第三,具备舞蹈考级证书的学生,可以报考舞蹈专业。

第四,舞蹈高考生应当选择性格外向、形象好、气质好的学生。因为舞蹈专业的老师在评价学生时,首先说的是这个学生的形象、气质不错。加之,在舞蹈专业高考中也有专门的形象分。所以说形象气质好的学生在舞蹈专业高考中占有优势,性格外向的学生表现能力更强。

第五,参加高考的舞蹈高考生的文化课成绩也不能太差,在舞蹈等艺术学科高考录取中文化课成绩的分数线逐年递增,专业课成绩再好,文化课成绩达不到录取线也是不能够被录取的。

2. 强化舞台实践,营造良好的教学环境与学习氛围

对于舞蹈高考生来说,学校应多开展舞蹈艺术活动,提高舞蹈高考生舞蹈技能,加强舞蹈基本功,增长舞蹈知识,全面提高综合素质,有着教学不可替代的作用。舞蹈专业知识与技巧技能的提高不能只靠教学与考核。学生应当通过艺术实践来发现自己在专业方面的缺陷与不足。有效地提高学生舞蹈艺术实践能力,让学生通过艺术实践真正地感受舞蹈、体验舞蹈。让学生把舞蹈情感、审美、表演创作更好地融为一体。

我们应当发挥学校在舞蹈高考生高考教育培养中的主阵地作用,为学生创造良好的教学环境与文化氛围。学校可以定期对舞蹈高考生及其他艺术生进行考核,或是举办小范围的"艺术节""才艺展示"等演出活动。对于学生来说,由于心理压力以及渴望演出成功的心理,他们在考核或者演出前会对舞蹈作品进行认真挑选、分析和领会;在考核或者演出过程中会认真排练与策划;把学到的知识与技能更好地结合运用起来。这些活动有助于强化舞蹈高考生的心理,提高

舞蹈高考生的综合素质。

在培养艺术人才的过程中要积极和外界联系，关注国际艺术发展新态势，积极地做到"请进来，引出去"，不断学习，面对舞蹈高考最新动态，有针对性地将高校老师请到课堂上，对学生做出有效的指导，接受新的思路和学习方法，打开学生的思维，开阔学生的视野。

3. 强化师资队伍建设，优化舞蹈教学方式

目前，各地高中学校教学条件与教学水平整体滞后。一些地区的基层高中学校，实施舞蹈教育的条件与设备非常有限，没有专门的教室，没有音响设备，与我国教学水平评估指标相比，存在不足。大多数学校没有专门的舞蹈教师，都是音乐教师代替舞蹈教师，这样，在培养舞蹈专业人才上是存在很大问题的，因为音乐教师没有接受过舞蹈专业的系统学习，所以在对于舞蹈高考生的专业教育上是不正确的。对这些情况学校应当重视，应当力争解决和改善。

学校应当重视舞蹈教师的培训，多给舞蹈教师培训的机会，让教师去高校或者是专门针对高考的舞蹈培训班交流学习，了解高考模式，考试内容，争取能够满足学生的学习需求。应当不定期地对舞蹈教师进行考核，这样会引起舞蹈教师对专业学习的重视。对舞蹈教师的要求包括师德、专业知识以及文化修养。在经济高速发展的情况下，有少数的舞蹈教师在师德修养方面存在问题，中学时代正是未成年学生学习的关键时期，这些老师会严重影响学生。合格的舞蹈老师必须做到敬业奉献、教书育人、为人师表。舞蹈教师的专业修养是指舞蹈教师在舞蹈技能与舞蹈理论方面的能力，包括舞蹈软开度、技术技巧、舞蹈小剧目以及舞蹈史知识。作为舞蹈高考培训老师，不能只注重软开度、技术技巧、小舞剧的教学，不能只停留在这些层面，应当提高自身的专业理论水平，以便更好地满足舞蹈高考生参加高考的需求。

文化修养是指舞蹈教师除了掌握本专业范围应该具备的知识以外，还应对其他艺术学科（如戏剧、音乐、绘画、建筑、雕塑等）知识和人文科学（政治、经济、历史、文学、法学、哲学等）知识有

所了解、积累。对于舞蹈教师的培养应当将舞蹈知识、舞蹈技能的培养与包括哲学在内的基础文化课的教育有机整合起来，加强舞蹈心理学、舞蹈教育学等方法论的培养与训练，从而使舞蹈教师不仅仅是舞蹈教育过程的组织者，也是舞蹈教育过程中富有创造力的研究者，为使其最终成为研究型的舞蹈教育工作者奠定坚实的基础。

舞蹈高考生的学习状态与其他普通学生不同，要想提高舞蹈高考生的教育水准，我们应当"因材施教""对症下药"，采用有效的教学模式与正确的教学方法。集体课是组织所有舞蹈高考生在一起进行专业课的学习，教学内容一般有舞蹈理论知识、舞蹈小作品以及欣赏舞蹈作品等。通过集体学习的方式观察每一位学生，发现每一位学生所存在的问题并在个别课上及时加以纠正。个别课是指"一对一"的教学方式，这种教学方式主要体现了"因材施教"的特点，教师可以根据每一位学生的自身条件与学习程度，"对症下药"地进行指导与训练。这种教学方式可以激发学生的潜力，使其在专业技能方面迅速提高。对于舞蹈功底较差的学生，可以指出他们的不足，让他们及时纠正，给他们制定有效的学习计划，使他们的专业水平得到提升。可以采取课后交流及自学模式，由于舞蹈高考生有着过度自信的心理，同学之间不交流，不相互学习，认为自己专业上的作业就应该由老师检查，没有必要与同学交流。老师应当及时疏导学生的这种想法，要让学生意识到，相互沟通、相互交流也是一种学习。老师可以每周组织一次考查，要求每个学生进行本周学习的汇报，并让学生相互进行评价。从别人身上发现自己的不足之处，以提高自己的技能。

运用现代化多媒体进行教学。随着我国电化教育资源的丰富，网络多媒体为学生提供了更好的学习平台。一些教学师资、教学条件不完善的学校，可以通过多媒体教学来弥补教学与师资的不完善。舞蹈高考生可以通过网络视频学习舞蹈技能、舞蹈小作品。也可以通过网络视频选取自己喜欢的舞蹈剧目进行学习。教师应当多给学生推荐好的舞蹈作品、经典舞剧。虽然说多媒体技术在舞蹈的教学上起到了很大的作用，但是，它并不能代替教师对学生"言传身教"的作用。

（四）明晰高考政策，推进"阳光通道"

1. 正确分析形势，积极应对政策变化

甘肃省在舞蹈专业招考中，对于考试中测试内容、测试范围、测试方法、分值信息都会予以详细公布，考试时间、地点可以合理安排。但是，在考试进程与考试制度上还比较模糊。因此，应当进一步明晰舞蹈高考政策，考试的进程与考试制度应该公开化，应当做到考试招生的阳光化。针对舞蹈类专业招考制度，学校、教师应当研究出考试中应注意的问题与解决对策。通过中国高等教育学生信息网发布的《阳光高考·考生与家长电子读本》，认真对家长、考生进行解读、指导，学校也可通过网络、电话咨询、学校专题报道等形式让考生与家长进一步了解高考政策。

2. 增设考场，分流考生

目前，甘肃省舞蹈统考设有两个考场。为了节省整体考试时间，每天安排的考生较多，考官超负荷的工作会影响评分的客观性。因此，随着舞蹈专业考生数量的不断增加，为了确保考生考试成绩的公平，应当增设考场，分流考生，管理考试时间，减轻考官的工作量，按照舞蹈考试大纲内容，测试分值，严格把关评分标准，统一评分，确保考生考试成绩的公平。

3. 对舞蹈类统考的建议或统筹

舞蹈类统考，是为舞蹈类专业招生院校选拔人才提供分数。不同的舞蹈专业对于考生基本素质的要求各不相同。以前，舞蹈专业的报考人数少，高校对于舞蹈专业的划分也只有舞蹈学这一个专业，但是随着考生的数量不断增加，高校对舞蹈专业进行了细分，开设了舞蹈教育学、舞蹈表演、舞蹈编导等专业。因此，在原有的舞蹈统考基础上，应加入与各专业相匹配的能力测试，增强舞蹈考生的专业性。

4. 加强考点建设，使考场的设置满足考试需求

随着考生的逐年递增，选择更大、高标准的考点成为提高考试规格的关键。对于考点的选择，既要适合大流量考生的出入，又要保证

试场的安静和严肃，以确保考生水平最大限度的发挥和工作人员顺利工作的良好环境。

5. 明晰省外院校舞蹈类专业招生信息

我国共有专业艺术类院校39所，师范类院校102所、综合类大学143所。在师范类与综合类院校中大部分都设有艺术专业。相比十几年前艺术类院校不足百所，到现在各大学扩大招生规模，丰富学科设置，增设艺术类院系成为趋势。笔者对外省在甘肃省招生的院校进行了统计分析。

由表10可见，省外高校2012—2017年在甘肃省招生的院校有60所，其中大部分为综合类院校与师范类院校，其次是艺术类院校与民族类院校，还有一部分是理工类院校与农业类院校。其中，招收舞蹈学专业方向的院校有39所，招收舞蹈表演专业方向的学校有21所，招收舞蹈编导专业方向的有14所。考生可以在考试前根据省外院校舞蹈类招生表，对这些学校的专业特色以及学校所在地、学校所属类型进行了解。但是，在省外院校的招生简章中，对于学校的办学条件、师资、招考内容、培养目标的介绍都比较模糊。因此，学校以及专业教师应当了解省外院校的情况，在学生选择院校时进行指导并给予意见，以让考生合理地有针对性地选择所要报考的院校。

表10　　2012—2017年省外院校舞蹈类专业甘肃省招生情况

序号	学校名称	专业	学校类型	时间
1	海南师范大学	舞蹈学、舞蹈表演	师范类	2013—2017
2	新疆师范大学	舞蹈学	师范类	2014—2017
3	宝鸡文理学院	舞蹈学	综合类	2013—2016
4	广西艺术学校	舞蹈学、舞蹈编导、舞蹈表演	艺术类	2013—2017
5	湖南理工学院	舞蹈学、舞蹈表演	工科类	2013—2017
6	四川音乐学院	舞蹈学、舞蹈表演	艺术类	2013—2017
7	湖南女子学院	舞蹈编导	综合类	2013—2017

续表

序号	学校名称	专业	学校类型	时间
8	新疆艺术学院	舞蹈学、舞蹈编导、舞蹈表演	艺术类	2013—2017
9	湖南工业大学	舞蹈表演	工科类	2016—2017
10	湖南文理学院	舞蹈编导	综合类	2013—2017
11	长治学院	舞蹈学	综合类	2015—2017
12	长沙师范学院	舞蹈学	师范类	2015—2016
13	玉林师范学院	舞蹈学	师范类	2013—2017
14	山东大学威海分校	舞蹈编导（舞蹈编导和表演方向）	综合类	2015—2016
15	衡水学院	舞蹈学、舞蹈表演	师范类	2015—2017
16	宁夏大学	舞蹈学	综合类	2013—2016
17	吉首大学	舞蹈学、舞蹈表演	综合类	2016—2017
18	渭南师范学院	舞蹈学	师范类	2013—2017
19	湘南学院	舞蹈学、舞蹈表演	工科类	2016
20	广州体育学院	舞蹈表演（现代与爵士舞）、舞蹈教育（模特）	艺术类	2015—2017
21	广西民族师范学院	舞蹈表演	师范类	2015—2017
22	华南师范大学	舞蹈学	师范类	2015—2017
23	湖南第一师范学院	舞蹈学	师范类	2016—2017
24	邵阳学院	舞蹈学、舞蹈表演	工科类	2013—2017
25	广西师范学院	舞蹈学	师范类	2015—2017
26	上饶师范学院	舞蹈学	师范类	2015—2017
27	井冈山大学	舞蹈学、舞蹈表演	综合类	2013—2016
28	海南大学	舞蹈编导	综合类	2013—2017
29	怀化学院	舞蹈学	综合类	2013—2017
30	长江师范大学	舞蹈学	师范类	2013—2017
31	广东海洋大学	舞蹈编导（民族民间舞）、舞蹈教育	农业类	2013—2017
32	华南理工大学	舞蹈学	工科类	2013—2017
33	成都理工大学广播影视学院	舞蹈编导	艺术类	2013—2016
34	西华大学	舞蹈学、舞蹈表演	综合类	2013—2016
35	四川音乐学院绵阳艺术学院	舞蹈学、舞蹈表演	艺术类	2013—2016
36	咸阳师范	舞蹈学、舞蹈表演	师范类	2013—2016

续表

序号	学校名称	专业	学校类型	时间
37	四川大学	舞蹈学、舞蹈表演	综合类	2013—2016
38	内江师范学院	音乐表演（音乐舞蹈）	师范类	2013—2016
39	天津音乐学院	舞蹈编导	艺术类	2013—2016
40	广西大学	舞蹈学	综合类	2013—2016
41	西安音乐学院	舞蹈编导	艺术类	2013—2016
42	烟台大学	舞蹈编导	综合类	2013—2016
43	湖南师范大学	舞蹈学	师范类	2013—2017
44	长江大学	舞蹈学	综合类	2013—2016
45	南京航天航空大学	音乐表演（声乐方向、舞蹈方向）	工科类	2013—2016
46	齐齐哈尔大学	舞蹈编导	综合类	2013—2016、
47	肇庆学院	舞蹈学	综合类	2013—2016
48	四川理工学院	舞蹈表演	工科类	2013—2016
49	宜春学院	舞蹈学	综合类	2013—2016
50	湖南科技学院	舞蹈学	综合类	2013—2016
51	太原师范学院	舞蹈编导、舞蹈教育、舞蹈表演	师范类	2013—2016
52	宁夏师范学院	舞蹈学	师范类	2013—2017
53	大连艺术学校	舞蹈表演、舞蹈编导	艺术类	2013—2016
54	北方民族大学	舞蹈学	民族类	2012—2017
55	中央民族大学	舞蹈表演（民族英才班）	民族类	2017
56	百色学院	舞蹈学	综合类	2017
57	武汉体育学院	舞蹈表演、舞蹈表演（健美操、体育舞蹈、大众艺术体操）	艺术类	2017
58	伊犁师范学院	音乐表演（舞蹈）	师范类	2017
59	贺州学院	舞蹈学	综合类	2017
60	喀什大学	舞蹈表演	综合类	2017

六 结语

普通高中艺术类教育已经开展很多年了，随着国家素质教育的深化发展，各高校扩招，专业中专艺术学校以及高中舞蹈专业学生的群体越来越大，因此未来我们应当更加重视舞蹈高考教育，形成从小学到高中一体化的舞蹈教育。如何对舞蹈高考生进行科学合理的教育是普通高中学校面临的重要问题，也是现阶段艺术教育领域十分缺乏的一部分。本文研究主要以甘肃省兰州市、白银市、陇南市、天水市、定西市五个地区接受十二年一贯制教育，并以舞蹈特长参加高考的学生及学校教师与校领导为主要研究对象，通过文献法、问卷调查法和访谈法对各个学校的舞蹈高考生高考教育现状进行研究，根据存在的问题及问题的成因，从舞蹈高考生自身、家庭、学校、社会四个方面提出了改进的策略。由于笔者研究水平有限，对舞蹈高考生高考教育现状与研究的资料掌握得不充分，因此提出的对策与建议和问题的分析难免有疏漏与不足之处，笔者将继续学习，不断努力，今后会对甘肃省舞蹈高考生高考教育的现状进行更深层次的研究。

甘肃省中等职业类艺术院校舞蹈专业人才培养模式研究

一 绪论

（一）研究背景

进入新世纪，知识经济和科学技术的井喷式发展，对人才的需求量成几何倍数增长，在重视专业人才的同时，又对他们提出了更高的要求。职业教育作为我国教育体系中的重要组成部分，为社会培养行业技术人才，在实施科教兴国和人才强国战略中具有重要的地位，在国民经济、教育、文化事业的发展中起着决定性的作用。专业艺术人才对于文化发展具有重要的推动与引领作用，与此同时，对舞蹈专业人才教育程度的要求也越加严苛，加强舞蹈教育，既是全面实施素质教育的需要，也是社会发展的需要。因此探讨职业类艺术院校舞蹈专业人才的培养模式，为社会发展提供更多的专业化、综合性的舞蹈人才奠定厚实的基础。然而，由于东、中、西部社会经济和文化发展的不均衡，职业类艺术院校舞蹈专业人才培养模式的发展同样不均衡，在经济较发达地区有着相对固定的人才培养模式，但对于甘肃省这个经济较落后的地区而言，职业类艺术院校舞蹈专业人才培养模式依然存在着诸多问题。在这种情况下，培养优秀学生的任务更为艰巨。为了更好地培养出优秀的舞蹈专业人才，我们应该对现状进行调查、反思，从而寻找解决之道。

(二) 研究目的与意义

1. 研究目的

（1）首先梳理甘肃省职业类艺术院校舞蹈教育发展的历程；其次，在梳理过程中，对甘肃省的几所职业艺术院校舞蹈专业人才培养模式进行横向比较，从而寻求异同。

（2）通过对甘肃省中等职业类艺术院校舞蹈专业教育的综合考量，对人才培养的目标、课程设置、师资结构、教学模式以及学生素质进行调查分析，试图对甘肃省职业类艺术院校培养创新型舞蹈人才模式提出思考。

2. 研究意义

（1）通过文献梳理，对本文研究的发展趋势进行了解，为笔者接下来的研究奠定基础。

（2）通过对甘肃省几所职业艺术院校舞蹈专业人才培养的方向、培养体系的横向比较，分析其共性与差异性，为培养出适合甘肃省发展需要的优秀舞蹈人才提出合理的策略。

(三) 研究范围的界定

本文主要探讨舞蹈专业的人才培养模式，大致涵盖以下几个层面：第一，研究对象以甘肃省为主；第二，以中等职业类院校的舞蹈教育为主体进行探讨；第三，调查问卷的对象为职业类艺术院校的舞蹈专业学生及其家长，访谈对象为舞蹈教师、学校主要负责人。

(四) 研究的核心概念

1. 中等职业教育

中等职业教育是职业技术教育的一部分，包括中等专业学校、技校、职工中等专业学校、职业技术学校、高等职业技术学校的中专、高等职业学校的中专。它为社会培养有技术技能的人才，在整个教育体系中占有重要的地位。职业教育是以需求为导向，将产和学进行有

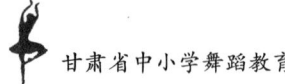

效结合，通过学校和企业之间的相互合作从而制定具有针对性的培养方案，最终确定教学的主要内容和形式。

2. 舞蹈专业人才

舞蹈是指用人的身体语言来传达情感与生命意念的表演艺术，它塑造人的优美体格，丰富人类的情感世界，促进社会的精神进步。人才是指具有一定专业知识或专门技能，进行创造性劳动并对社会做出贡献的人，是人力资源中能力和素质较高的劳动者。[1] 本文所指的舞蹈专业人才属于中等职业教育阶段培养的舞蹈类专门人才，是指将舞蹈的专业能力、技术和基础的学科知识进行综合化，从而拥有德、智、体、劳全面发展及具有创新意识的舞蹈应用型人才。

3. 人才培养模式

模式就是解决某一类问题的方法论，是人类认识能动性的表现，是在对事物发展客观规律及形态结构尊重和把握的基础上，对未来新发展提出的解决方案。每个模式都描述了一个在我们的环境中不断出现的问题，然后找出该问题解决方案的核心。通过这种方式，可以无数次地使用那些已有的解决方案，无须再重复相同的工作。模式有不同的领域，当一个领域逐渐成熟的时候，自然就会出现很多模式。所以人们把模式理解为样式或范式。因此，所谓模式是指运作主体基于一定的预期目标需要，对事物发展过程中的要素进行排列组合，并在动态中予以监控和调整的相对稳定的体系。[2]

人才培养模式是指在一定的教学理念指导下，学校为实现人才培养目标而采取的方式，主要包括专业设置、培养目标、教学模式、课程体系、师资队伍和教学运行机制等要素的定型化范式。[3]

---

[1] 摘自中共中央、国务院 2010 年 6 月 6 日印发的《国家中长期人才发展规划纲要（2010—2020 年）》。

[2] 中国大百科全书出版社编辑部：《中国大百科全书》（教育卷），中国大百科全书出版社 1985 年版。

[3] 中国大百科全书出版社编辑部：《中国大百科全书》（教育卷），中国大百科全书出版社 1985 年版。

(五) 研究方法

1. 文献法

本文围绕甘肃省中等职业类艺术院校舞蹈专业人才培养模式，广泛查询、搜集与本文相关的文献资料，从中选取与本文相关的信息，为本文研究提供参考。

2. 问卷调查法

为全面了解职业类艺术院校舞蹈专业人才培养模式的现状，笔者设计问卷，选择甘肃省五所学校为调查对象，并发放"甘肃省中等职业类艺术院校舞蹈专业人才培养模式调查问卷"，为本文研究提供更丰富的客观材料。通过数据的统计，分析总结出现阶段中等职业类艺术院校舞蹈专业人才培养模式的问题。调查问卷以结构型问卷为主，加入非结构型问卷。问卷由三部分构成：

第一部分是针对办学单位的问卷。对办学单位的课程设置、师资队伍结构、招生情况等问题展开调查。

第二部分是针对学生的问卷。对学生的基本信息、学习效果、评价标准等问题展开调查。

第三部分是针对在校学生家长的问卷。对教师素养、管理机制等问题展开调查。

3. 访谈法

访谈就是研究者"寻访""访问"被研究者并且与其进行"交谈"和"访问"的一种活动，访谈也是一种研究性的交谈，指研究者采用口头谈话的方式，通过与被研究者进行交谈来收集（或者说建构）第一手资料的一种研究方法。[①] 运用访谈法，对甘肃省中职学校相关舞蹈专业负责领导、舞蹈教师进行有计划的访谈，目的是通过对访谈结果进行汇总、分析，从中发现问题和吸纳一些具有价值的建议。

---

① 陈向明：《质的研究方法与社会科学研究》，科学教育出版社2000年版，第165页。

二 文献综述

(一) 有关职业教育的研究

1. 关于职业教育概念的研究

联合国教科文组织在 2001 年修订的《关于技术与职业教育的建议》中明确指出:"我们可以将职业教育解释为以下几种:其一,职业教育是普通教育的一个组成部分;其二,职业教育是促进消除贫困的一种方法;其三,职业教育是一种有利于环境可持续发展的一种手段;其四,职业教育是准备进入某一就业领域及作为负责任的公民的一种准备。"① 这些是对职业教育的广义解释。狭义的职业教育是指在各类职业学校中按照正规教育体制进行的职业教育。我国著名的教育家黄炎培认为:"职业教育,以教育为方法而以职业为目的者也。"② 顾明远、梁忠义认为,职业教育作为社会所特有的活动,起源于人类社会谋求物质生活资料的需要和人类自身生产的需要;职业教育是和社会生活紧密联系在一起的,是以传授生产、劳动经验和技术为主要内容的教育,也是一种使人由自然人转变为社会人的教育。张雅文在《中高职教育贯通人才培养模式研究》中提到,职业教育是让受教育者获得某种职业或在生产过程中所需要的职业知识、技能和职业道德的一种教育。职业教育的目的是培养技术技能型人才,是具有一定文化水平和专业知识技能的劳动者,与普通教育和成人教育相比较,职业教育更侧重于实践技能和实际工作能力的培养。③

综上所述,职业教育是指对受教育者进行能从事某种职业或生产劳动所接受的职业知识、技能和职业道德的教育。

---

① 转引自于光照《中等职业教育培养目标定位及教学实施的研究》,学位论文,河北师范大学,2005 年。
② 转引自李菊影《中等职业教育相关问题的研究与思考》,《学理论》2011 年第 12 期。
③ 张雅文:《中高职教育贯通人才培养模式研究》,学位论文,上海师范大学,2017 年。

2. 关于中职教育概念的研究

中职教育，即中等职业教育，是目前我国职业教育的主体。主要由中等职业学校实施，招生对象主要是初中毕业生和具有初中同等学力的人员，基本学制以三年制为主。中等职业教育是在高中教育阶段进行的职业教育，也包含接受完高中教育以后进行的职业培训，目标是在接受了九年义务教育的基础上培养大量的技能型人才和高素质劳动者。这类学校在对学生进行高中文化知识教育的同时，根据职业岗位的要求有针对性地实施职业知识教育和职业技能训练。2000年3月，教育部制定的《关于全面推进素质教育，深化中等职业教育教学改革的意见》要求中等职业教育"全面贯彻党的教育方针，转变教育思想，树立以全面素质为基础、以能力为本位的观念，培养与社会主义现代化建设要求相适应、德智体美等全面发展，具有综合职业能力，在生产、服务、技术和管理第一线工作的高素质劳动者和中、初级专门人才"[①]。张雅文在《中高职教育贯通人才培养模式研究》中认为，接受中等职业教育的人才，文化程度相当于普通高中，但比普通高中更具有就业优势，他们还接受了职业课程的教育及相关培训，毕业后可直接走上工作岗位，也可以接受继续教育。中等职业教育作为我国高中阶段教育的重要组成部分，不仅能缓解严峻的就业压力，还可以为社会培养大量的中级技能型专业人才。[②]

由此看来，在我国整个职业教育体系中，中等职业教育处于重要的地位，担负着培养数以亿计的高素质劳动者的任务。

3. 关于高职教育概念的研究

高职教育，即高等职业教育，是职业教育体系的重要组成部分。我国从事高等职业教育的学校包括职业技术学院、高等专业学校、短期职业大学和普通本科院校开办的高职学院。高等职业教育是在具有

---

① 转引自孙子秀《中等和高等职业教育协调发展中的专业衔接研究》，学位论文，上海师范大学，2012年。

② 张雅文：《中高职教育贯通人才培养模式研究》，学位论文，上海师范大学，2017年。

高中或相当于高中文化的基础上，为生产、建设、管理、服务第一线培养高层次技能型人才的专门教育。2006年《教育部关于全面提高高等职业教育教学质量的若干意见》明确指出："高等职业教育作为高等教育发展的一个类型，肩负着培养面向生产、建设、服务和管理第一线需要的高技能人才的使命，在我国加快推进社会主义现代化建设进程中具有不可替代的作用。"[1]高等职业教育可以用三句话来概括：它是高等教育；它是职业教育；它是职业教育的高等阶段教育。高等职业教育是高等教育发展中的一个类型，肩负着培养面向生产、建设、服务和管理第一线需要的高技能人才的使命。这种教育坚持"以服务为宗旨，以就业为导向，走产学结合发展道路"，强调职业的针对性和职业技能培养。高等职业教育有以下几个特点：一是职业针对性，这是其本质属性；二是大众性；三是产业性；四是社会性。高等职业教育以服务社会主义现代化建设为宗旨。[2]

总而言之，中职和高职的区别为，中职教育是在对学生进行高中程度文化知识教育的同时，根据职业岗位的要求有针对性地实施职业专业知识技术技能教育。其定位是在义务教育的基础上培养大量技能型人才与高素质劳动者。而高等职业教育是在完全中等教育的基础上培养出一批既具有高等教育知识，又有一定专业技术技能的人才。它以培养技术型人才为主要目标。

（二）有关人才培养模式的研究

1. 关于人才培养模式概念的研究

张雅文在《中高职教育贯通人才培养模式研究》中阐述说，关于人才培养模式含义界定的表述有很多：

第一种是"人才培养规范"说，认为人才培养模式是整个培养活

---

[1] 中华人民共和国教育部网站，http://www.moe.gov.cn/s78/A08/。
[2] 田娟：《卫生学校护理专业"3+2"人才培养模式研究——以河北省两所学校为例》，学位论文，河北科技师范学院，2014年。

动全要素的总和。即某一或某些教育机构及教育者，按照普遍认可的人才培养活动的实践规范和操作体系，对受教育者身心进行的规范性培养。

第二种是"人才培养系统"说，认为人才培养模式涵盖创新型人才的培养和人才成长的环境两部分，是一个系统。创新人才培养模式是创新人才培养的手段，是创新型人才培养得以实现的重要途径，是在一定的教学组织管理下实施的，包括人才培养目标、专业设置、课程安排、教学模式、评价与管理体系等内容；创新型人才成长的环境是创新型人才培养的重要条件，包括师资水平、校园文化氛围、教学资源等内容。高素质的创新型人才培养是多角度全方位的综合建设，是从学生到教师、从办学理念到校规校纪、从软件环境到硬件环境的全面建设。

第三种是"教育过程总和"说，认为人才培养模式包括培养目标、培养过程、培养制度和培养评价四环节，是教育者依据一定的教育理念、教育思想按照特定的人才培养目标和人才培养规格，以较为稳定的课程体系、教学内容、管理制度、评价体系实施的人才培养过程的总和。

第四种是"整体教学方式"说，认为人才培养模式是一种整体教学方式，包括教育环境、教育理念、课程设置、教学资源、教学方法和手段、教学管理体制等内容。

第五种是"人才培养方案"说，认为人才培养模式是在学校办学理念和学校规章制度有效结合的前提下，依据一定的教育价值观和人才观所形成的人才培养方案。它是结合外部的社会需求和内部的教育资源形成的教育过程，它充分体现了办学理念，是人才成长和培养的一个过程。

对于"人才培养模式"的概念，我国很多学者对其下过定义。1998年在教育部召开的第一次全国普通高校教学工作会议上，时任教育部副部长的周远清曾对这一概念做出阐述，他认为，所谓的人才培养模式，实际上就是人才的培养目标和培养规格以及实现这些培养目标的方法或手段。①

由此看来，人才培养模式是指在一定的现代教育理论、教育思想指导下，按照特定的培养目标和人才培养规格，以相对稳定的课程体系、教学内容、教学资源和师资队伍、管理制度和评估方式等，实施人才教育全过程的总和。②

2. 关于舞蹈人才培养模式内涵的研究

（1）关于人才培养目标的研究

赵铁春在《"专、纯、绝"与"博、纯、活"——论中国民族民间舞职业化教育人才培养目标模式及其课程建设》③中提出，"专、纯、绝"与"博、纯、活"是对不同专业人才培养目标模式的设想，是以人才类型为核心，分析表演和表演教学这两个专业的培养模式及课程设置。李蕾、万道明在《关于综合性大学舞蹈专业人才培养的目标与定位》④中阐述了培养目标的分类、培养方案的制定及实施，为明确综合性大学舞蹈专业人才培养目标的定位阐明了理论观点。蔡艳在《职业带理论对高职舞蹈表演专业建设的启示》⑤中提出，高职舞蹈表演专业的人才培养目标为"舞蹈高级技术员"，是培养具有引领、服务于大众艺术市场，用舞蹈艺术引领和服务大众的高素质技能型专门人才。董询在《中、高职业院校舞蹈专业的困境与发展探析》⑥中提到，中职院校舞蹈教育是培养具有一定表演能力及舞蹈知识，同时又具有基础教学能力的应用型人才，而高职艺术类人才则为

---

① 转引自张雅文《中高职教育贯通人才培养模式研究》，学位论文，上海师范大学，2017年。
② 张雅文：《中高职教育贯通人才培养模式研究》，学位论文，上海师范大学，2017年。
③ 赵铁春：《"专、纯、绝"与"博、纯、活"——论中国民族民间舞职业化教育人才培养目标模式及其课程建设》，《民族艺术研究》2007年第5期。
④ 李蕾、万道明：《关于综合性大学舞蹈专业人才培养的目标与定位》，《北京舞蹈学院学报》2007年第3期。
⑤ 蔡艳：《职业带理论对高职舞蹈表演专业建设的启示》，《北京舞蹈学院学报》2011年第3期。
⑥ 董询：《中、高职业院校舞蹈专业的困境与发展探析》，《北京舞蹈学院学报》2016年第1期。

"专业技术型、经营管理型、职教师资型、智能操作型"①。该文分析了中、高职院校舞蹈专业所面临的困境,对人才培养定位、教学质量、就业情况做了阐述。

(2)关于课程设置的研究

中央民族大学李廷海在《高等教育阶段舞蹈专业教育的若干思考——关于课程设置与课程结构改革的思考》②中提出以教学改革与创新为核心的课程体系。目前,舞蹈专业技术课的比重大,课程结构上存在着偏差。这是因为长期的实践性教学而形成的思维惯性,认为舞蹈教育的课程结构主要是突出"高、精、尖"的技能特征,所以缺乏通晓舞蹈理论与舞蹈文化的舞蹈人。学校为了更好地适应社会发展的需要,寻找如何进行课程结构调整,增加本学科基础理论课程以及相关学科理论知识和研究方法的进步阶梯。卿泽在《对高师舞蹈教育专业课程设置的探索》③中提出高师舞蹈教育专业的课程设置问题,打破以往高师舞蹈教育单一化的格局,开阔视野,结合社会经济文化市场的发展,将单一师资培养的目标拓展为舞蹈教学、舞蹈表演、舞蹈编导、舞蹈研究等社会所需要的舞蹈应用型人才。蔡艳在《高等职业教育舞蹈表演专业课程设置问题研究》中提到现行的高等职业教育舞蹈表演专业的课程结构、学时分配、课程安排以及课程评价办法均与普通本科类院校相同,或是简单压缩,从而导致出现教育目标与课程设置不一致的现象。从课程理论与实践状况来看,只有更新观念,学习借鉴高职教育其他专业已有的课程开发经验,从课程结构的设计开始,整合课堂学习内容,完善和优化实践教学的管理方法,建构具有高职特色的课程评价方式,才能解决高职课程设置的问题。④从教育改革全面推进和素质教育不断深入的角度,分析全国各

---

① 卢矜:《高等艺术职业教育人才培养目标的科学定位》,《艺术教育》2005年第1期。
② 李廷海:《高等教育阶段舞蹈专业教育的若干思考——关于课程设置与课程结构改革的思考》,《民族教育研究》2007年第3期。
③ 卿泽:《对高师舞蹈教育专业课程设置的探索》,《消费导刊》2009年第7期。
④ 蔡艳:《高等职业教育舞蹈表演专业课程设置问题研究》,《北京舞蹈学院学报》2009年第3期。

类师范院校、高职院校及综合性院校艺术教育发展的形势,明确培养舞蹈人才的方向和层次,认为其中起关键作用的因素是课程设置。

(3) 关于教学模式的研究

教学模式是学校人才培养的微观范畴,是人才培养模式的具体实施。赵铁春在《对专业舞蹈教育的三点思考》中对舞蹈教学模式进行了反思。传统的舞蹈教学过分强调教师的主导地位及教师的权威性,忽视了学生的主体地位以及学生的思辨能力和创新意识。尤其是对于教学方法的"克隆",教学过程中的知识灌输和纠正错误的方式、方法,持否定的态度。学生长期的被动模仿和被动接受,会使其成为不动脑、不发问、接受他人思想的舞蹈机器。作者认为,必须转变教学观念,改革教学方法,提倡充分尊重学生的个性和人格。[①] 韦淑萍在《高职院校舞蹈互动式教学模式初探》[②] 中提出"以人为本"的指导思想,结合高职舞蹈教学中的实际情况,认为要提高课堂教学效果,应采用互动式教学模式,而不是一直沿袭的"口传身教"的基本教学模式。促进高职院校舞蹈教育的发展,为社会培养更多的舞蹈人才,改革创新舞蹈教学模式,已成为我国舞蹈教育工作者共同追求的目标。

(三) 甘肃省职业类艺术院校舞蹈专业教育发展历程

我国中等艺术学校基本上都是在新中国成立初期创办的。改革开放初期,艺术教育事业极度萎缩,大多数学校千疮百孔,校舍陈旧、简陋,在校学生不足百人,校园冷清,门可罗雀。正是在这种情况下,改革的春风吹向了中等艺术职业教育领域,在解放思想、实事求是的思想路线指引下,舞蹈教育得到了发展。本文对甘肃省职业艺术学校舞蹈专业教育发展历程的回顾与梳理,不仅有助于认识和分析舞

---

① 赵铁春:《对专业舞蹈教育的三点思考》,《北京舞蹈学院学报》1999年第4期。
② 韦淑萍:《高职院校舞蹈互动式教学模式初探》,《南宁职业技术学院学报》2009年第2期。

蹈专业的现状,而且为未来的进一步发展提供了参考依据。

1. 舞蹈专业教育的初期阶段(1951—1978 年)

在 1951 年 3 月召开的第一次全国中等教育会议上,教育部明确美育是学校教育中一个有机组成部分,并正式提出了学生全面发展的问题。在这种背景下,E 校在甘肃省最早开设了舞蹈专业。E 校成立于 1950 年 8 月,地处西北重镇甘肃兰州。这里历来是农耕文明与游牧文明交汇之地。在历史的长河中,民族文化各领风骚,浸润融合。这里也是丝绸之路的必经之地,秦陇文化在这里开始与西域文化、中亚文化发生碰撞,演绎出了纷繁壮阔的民族风貌。正是在这样的文化土壤和地缘条件下,E 校具备了得天独厚的舞蹈专业办学条件,因此,1951 年开设了舞蹈专业。1974 年 A 校成立,成为甘肃省唯一的一所综合性中等艺术专业学校,也是最早培养专门舞蹈人才的学校。A 校起初隶属于省文化厅,是在原兰州艺术学院、甘肃省戏曲学校的基础上建成的。这两所学校初期的共同特点是:办学规模小,办学条件差,专业设置单一,创办以来历经很多困难。

2. 舞蹈专业教育的发展阶段(1978—1998 年)

1978 年十一届三中全会以后,我国进入了一个全新的发展时期,党和国家把工作中心转移到经济建设的轨道上。此时,文化艺术战线百废待兴。文艺事业经过了"文化大革命"时期的百花凋零,当时,大多数艺术学校已经停办多年,少数学校坚持招生,但也元气大伤,办学能力十分有限。因此,为解决当时文艺团体人才短缺的燃眉之急,文艺战线共同呼吁尽快恢复艺术学校,从 1978 年开始,我国的中等艺术职业教育在各级政府的关心和支持,与艺术教育职业战线广大教职工的共同努力下逐渐复苏。

1978—1992 年,为适应社会及人才培养的需求,A 校受甘肃省歌舞团委托实施定向招生,为其歌舞团培养舞蹈演员。因此,A 校于 1980 年建立了第一个敦煌舞六班,学制六年,每六年招收一届舞蹈专业学生。这所学校是以敦煌文化为渊源,以丝绸之路为题材,以多民族为特色,发挥地域优势,突出民族特色,重点打造以敦煌舞为主的特色教学体系。同时，在原校长高金荣女士倾力打造下创编出"敦煌舞基本训练"教材，独辟舞坛新径。

1987年，C校为适应社会日益发展的需要和人才战略的需求，先与兰州市电视职业高中联合办学，到1998年与甘肃省艺术学校联合办学。执行国家教育部制定的中等专业学校教学标准，学制四年。自办校以来，C校借鉴联合办学单位传统的办学经验及办学优势，结合歌舞剧院丰富的舞台实践经验和优秀的教学实力，培养了许多优秀的舞蹈演员。

1995年，B校与原兰州市轻音乐团和兰州市音协联合办学，创建了舞蹈表演专业，学制四年。1996年正式招收舞蹈专业学生，当时学校只有一名舞蹈教师，一间200平方米的舞蹈练功厅，男生女生只能在一起上专业课。学校为了舞蹈专业能有序发展，聘请了甘肃省很多知名教师为学生授课。1998年为适应专业的发展和规模的扩大，上级部门给予大力支持，投入了大量资金，逐步改善了教学设施，扩大了舞蹈教师队伍。

1988—1998年，甘肃省这几所中等艺术学校为适应专业门类的增多和学生规模的扩大，因地制宜，采取各种措施艰苦创业，让学校的校舍、教学设备、师资队伍建设和学校管理等取得了较快的发展，使中等艺术学校成为甘肃省培养艺术人才的生力军。同时，从舞蹈艺术发展的历程中可以看出，甘肃省舞蹈艺术人才的培养，一开始是建立在艺术院团与中专学校平衡发展基础上的，两者相互学习和相互借鉴，共同努力，为甘肃省职业艺术学校舞蹈教育的进一步发展奠定了坚实的基础。

3. 舞蹈专业教育的提升阶段（1998—2016年）

我国的中等艺术职业教育随着改革开放的不断深入，逐步由快速发展阶段进入稳步提高阶段。1998年以来，甘肃省中等艺术学校在文化和教育主管部门的领导下，把工作重心转移到内涵发展的轨道上来，各个艺术学校在发展外延的同时狠抓内涵建设，采取更多措施，努力提高办学水平。只有这样，才能使甘肃省中等艺术学校的发展成果得以巩固，才能走上可持续发展的道路。

21世纪初，甘肃省相继出现了院团与大学联合办学的情形，D校于2002年2月、C校于2003年5月，经甘肃省教委批准先后与西北师范大学联合开办了一所全日制舞蹈中等专业学校，学制四年。这两所学校的共同特点就是为院团增添新的血液，培养更多的优秀舞蹈演员，为甘肃省《丝路花雨》《大梦敦煌》等艺术精品走向辉煌打下了坚实的人才基础。

2011年，甘肃省提出"文化强省"战略，文化艺术人才在未来数年内，将成为"文化强省"的主力军。同年8月，甘肃省政府决定将A校并入兰州文理学院，使学校的办学条件、办学实力得到很大提升。

2013年8月，甘肃省兰州新区获国务院批复，成为第五个国家级新区。随着新区开发和建设的推进以及兰州市对技能型人才的需求，2016年，甘肃省人民政府将兰州市市属10所中职学校整合为兰州现代职业学院。这为B校的艺术职业教育提供了发展机遇，也对B校的舞蹈教育提出了新的更高的要求，同时为构建中等艺术职业教育与高等艺术职业教育相贯通的职业教育体系做好了充分的准备，开创了甘肃省艺术职业教育的新局面。

与此同时，E校从1951年开办舞蹈专业起，历经艺术科、艺术系、音舞系、音舞学院的渐次发展过程，2008年7月建立了舞蹈学院。舞蹈学院舞蹈中专自开办以来已有半个多世纪的办学经验，学生完成了本专业的教学科目，经考核合格，颁发国家承认的正式中专学历，学制五年。舞蹈学院为各类高等院校舞蹈专业和国家、地方文艺表演团体输送了一大批优秀的舞蹈专业人才。随着国家九年义务教育政策的实施，舞蹈学院的领导从各个方面加以综合考虑，把舞蹈教育工作的重点放到本科教育和硕士研究生教育上。因此，2016年E学校停止了舞蹈中专的招生，现在校的只有2014级和2015级两届舞蹈中专学生，共70多人。

三 甘肃省中等职业类艺术院校舞蹈专业人才培养模式的现状调查

(一) 数据来源

1. 资料收集

本文通过文献法、问卷法和访谈法等方式进行资料的收集,其中通过对CNKI研究成果及相关的官方网站检索进行文献资料的搜集。本文通过预调查阶段、正式调查阶段来进行一手资料的收集和整理。问卷预调查的时间为2018年7月15日至9月5日。正式问卷调查的时间为2018年10月23日至12月10日。访谈时间为2018年10月23日至2018年11月23日。

2. 样本概括

在本文调查的五所职业艺术学校中,A校为省级中等艺术专业学校;B校为市属中等艺术专业学校;C校为市属院团中专艺术分校;D校为省级院团中专艺术分校;E校为高等院校附属中等艺术学校。

(1) 问卷的录入与资料整理

本文的研究样本是通过随机抽样和目的性整群抽样确定的。在问卷的发放、问卷回收的过程中,均进行了较为严格的管理。首先,针对甘肃省五所职业艺术院校舞蹈专业的学生发放问卷280份,收回问卷269份,选取有效问卷265份,有效率为95%(见表1)。

表1　　　　　　　　学生问卷发放与回收统计

发放问卷(份)	收回问卷(份)	收回率(%)	有效问卷(份)	有效率(%)
280	269	96	265	95

其次,针对甘肃省中等职业类艺术院校在校舞蹈专业学生的家长发放问卷140份,收回问卷130份,选取有效问卷130份,有效率为93%(见表2)。

表2　　　　　　　　　家长问卷发放与回收统计

发放问卷（份）	收回问卷（份）	收回率（%）	有效问卷（份）	有效率（%）
140	130	93	130	93

调查问卷通过核检之后，采用专业型软件 Epiddate 3.1 进行录入，并对录入数据进行逐一核对，将核对的数据导入 Spss 19.0 进行统计分析。共有 265 名学生和 130 名家长的调查数据进入统计程序，对于个别缺失值，则以平均值代替。

（2）访谈资料的数据整理

本文将对中职艺术院校领导、舞蹈教师这两类访谈对象进行随文编号，分别用英文字母表示。第一类，中职艺术院校主要领导（曾担任教学、创作、研究等方面的工作），共有3名，分别用XA，XB，XC表示（见表3）。

表3　　　　　　　中职艺术院校领导访谈数据整理

受访者（职称与职务）	访谈日期	访谈时间	访谈地点、访谈方式
XA 副校长	2018/10/25	13：00—14：00	办公室、录音笔
XB 副教授、副院长	2018/10/23	10：30—11：20	办公室、录音笔
XC 二级演员、校长	2018/10/26	10：30—12：00	办公室、录音笔

第二类，舞蹈教师（任教10年以上），共有5名，分别用WA，WB，WC，WD，WE表示（见表4）。

表4　　　　　　　中职舞蹈教师访谈数据整理

受访者（职称与职务）	访谈日期	访谈时间	访谈地点、访谈方式
WA 舞蹈教师（副教授）	2018/11/5	16：30—18：00	教室录、音笔
WB 舞蹈教师（讲师）	2018/10/29	13：00—14：20	教室、录音笔
WC 舞蹈教师（讲师）	2018/10/23	9：00—9：40	教室、录音笔
WD 舞蹈教师（副教授）	2018/10/24	14：00—14：30	教室、录音笔
WE 舞蹈教师（副教授）	2018/10/23	16：30—18：00	教室、录音笔

本文的设计主要针对甘肃省中等职业类艺术院校舞蹈专业人才培养模式的现状,办学单位基本情况从课程设置、师资结构两个方面进行调查和研究。学生问卷从学生基本信息、对舞蹈专业了解程度、学习效果、学生成长、考核标准、校园硬件设施六个方面进行调查和研究。家长问卷从家长基本信息、家长对教师评价、学校管理机制三个方面进行调查和研究。

(二) 办学单位基本情况调查结果与分析

1. 课程设置

(1) 培养目标与核心课程

从表5可以看出,五所学校的舞蹈专业教育方向都是舞蹈表演。A校、B校、C校、D校、E校五所学校培养目标的定位除了为艺术团体培养高素质、高水平的表演型人才之外,A校、E校两所学校还为高等艺术院校培养合格的舞蹈人才。五所学校程均开设了基训课、素质课、身韵课、中国民族民间舞课、舞蹈剧目课。A校、B校、D校三所学校增设了特色课程——敦煌舞。C校、E校两所学校开设了现代舞课。B校、D校、E校三所学校增设了乐理课。B校、E校两所学校分别开设了艺术概论、艺术赏析舞蹈理论课。

表5　　　　　培养目标与舞蹈专业核心课程统计

	培养目标	核心课程
A校	培养具有社会责任感、事业开拓心和文化创造力的复合型、个性化、多层次中等艺术人才,为艺术团体及高等艺术院校输送合格的舞蹈后备力量	舞蹈基础训练(芭蕾、古典舞)、中国古典舞身韵、毯技训练、敦煌舞基础训练、中国民族民间舞、敦煌舞剧目等
B校	培养具有良好的专业素养与行为规范,需要掌握职业岗位的文化课知识、舞蹈基础理论知识和专业技能,传承甘肃省甘南藏族、肃南裕固族、汉族地区等民族文化,具有较强的实践能力,能在专业艺术团体从事舞蹈表演工作的高技能人才	基训课(芭蕾、古典舞)、素质课、敦煌舞课、身韵、民族民间舞、舞蹈剧目、艺术概论、乐理等

续表

	培养目标	核心课程
C校	为院团培养德、智、体、美全面发展的表演型人才，掌握舞蹈理论知识与专业技能，富有创新精神、意志坚定，能适应国内、国际文化交流的高水平舞蹈表演人才	芭蕾基础课、素质技巧课、翻腾技巧课、民族民间舞、中国古典舞身韵、舞蹈剧目、现代舞等
D校	培养具有社会责任感，良好的艺术职业道德和敬业精神，掌握舞蹈表演专业所具备的基本知识和基本能力，为院团培养出德艺双馨，全面发展的舞蹈表演人才	基训课、素质课、身韵课、民族民间舞课、敦煌舞课、技术技巧训练、剧目课、乐理等
E校	培养具备扎实的舞蹈专业基本技能、舞蹈基础理论，以及具有良好的舞台表演、艺术创新能力的表演型人才，为高等艺术院校和艺术团体输送合格的舞蹈人才	舞蹈基础训练（芭蕾、古典舞）、素质技巧课、翻腾技巧训练、中国古典舞身韵课、民族民间舞训练、现代舞、舞蹈排练、艺术赏析、乐理等

（2）课程学时比例

从表6可以看出，除了E校是五年学制以外，其余四所学校都是四年学制。同时，五所学校的课程学时有所不同。A校、C校、D校三所学校是按两节小课为一节课时计算的，时间是1小时30分钟，

表6   五所学校专业课与文化课程学时比例统计

	A校		B校		C校		D校		E校	
学制	4		4		4		4		5	
课时/周	22		20		28		24		27	
总课时	3012		2760		3792		3264		4638	
	学时	百分比（%）	学时	百分比（%）	学时	百分比（%）	学时	百分比（%）	学时	百分比（%）
专业课	1764	59	1512	55	2520	66	2268	69	3402	73
文化课	1248	41	1248	45	1272	34	996	31	1236	27
文化课与专业课学时比例	1∶1.41		1∶1.21		1∶1.98		1∶2.27		1∶2.75	

而C校、E校两所学校一节大课的时间较长,为1小时50分钟。A校、B校两学校的文化课与专业课比例比较接近,分别为1∶1.41和1∶1.21;C学校的文化课和专业课的比例为1∶1.98;D校、E校两学校的文化课与专业课比例也比较接近,分别为1∶2.27和1∶2.75,高于A校、B校、C校三所学校。

2. 专业师资结构

(1) 教师年龄结构

表7显示,五所学校的舞蹈师资结构完全不同。教师的年龄集中在38岁以下。A校38岁以下教师的比例是64.28%,39—44岁和45—54岁的比例分别为21.43%和14.29%,平均年龄34岁;B校29岁以下教师的比例为13.33%,30—38岁教师比例为53.33%,39—44岁教师的比例为26.67%,45—54岁教师比例为6.67%,平均年龄33岁;C校的教师年龄段主要集中在30—38岁和39—44岁,比例分别为66.67%和33.33%,没有45—54岁及29岁以下的,平均年龄33岁;D校29岁以下的教师和30—38岁的教师比例分别为40.00%和53.33%,39—44岁的教师比例为6.67%,而45—54岁的教师比例为0,平均年龄30岁;E校29岁以下教师的比例为15.79%,30—38岁的教师比例是57.89%,39—44岁教师的比例为21.05%,45—54岁教师的比例为5.27%,平均年龄33岁。

表7 五所学校舞蹈教师年龄结构统计

	A校		B校		C校		D校		E校	
	人数(个)	百分比(%)	人数(个)	百分比(%)	人数(个)	百分比(%)	人数(个)	百分比(%)	人数(个)	百分比(%)
45—54岁	2	14.29	1	6.67	0	0	0	0	2	5.27
39—44岁	3	21.43	4	26.67	3	33.33	1	6.67	8	21.05
30—38岁	9	64.28	8	53.33	6	66.67	8	53.33	22	57.89
29岁以下	0	0	2	13.33	0	0	6	40.00	6	15.79
平均年龄(岁)	34		33		33		30		33	
合计人数(个)	14		15		9		15		38	

（2）教师学历结构

表8显示出，A校、B校两所学校的舞蹈教师大多为本科以上学历，C校、D校、E校三所学校的教师除了本科以上学历，还有大专学历，D校还有中专学历。其中E校硕士学历教师的比例高于其他四所学校，比例为47.37%，B校的教师本科学历较多，比例为86.67%，高于其他学校，C校教师大专学历的比例高达77.78%，D校教师中专学历的比例为6.67%。

表8　　　　　　　五所学校舞蹈教师学历结构统计

学历	A校		B校		C校		D校		E校	
	人数（个）	百分比（%）	人数（个）	百分比（%）	人数（个）	百分比（%）	人数（个）	百分比（%）	人数（个）	百分比（%）
硕士	2	14.29	2	13.33	0	0	1	6.67	18	47.37
本科	12	85.71	13	86.67	2	22.22	11	73.33	18	47.37
大专	0	0	0	0	7	77.78	2	13.33	2	5.26
中专	0	0	0	0	0	0	1	6.67	0	0
合计	14		15		9		15		38	

（3）教师职称结构

表9显示，A校、B校、C校三所学校没有高级职称教师，而C校教师副高级职称的比例高达100%。在A校教师职称结构中，副高级职称的比例为14.29%，中级职称的比例为71.42%，初级职称的比例为14.29%；在B校教师职称结构中，副高级职称比例为6.67%，中级职称比例为73.33%，初级职称比例为20.00%；在D校教师职称结构中，高级职称比例是6.67%，副高级职称比例是26.67%，中级职称比例为66.66%，初级职称比例为0；在E校教师职称结构中，高级职称比例为7.90%，副高级职称比例为39.47%，中级职称比例为47.37%，初级职称比例为5.26%。

表9　　　　　　　　　五所学校舞蹈教师职称结构统计

	A校		B校		C校		D校		E校	
	人数（个）	百分比（%）	人数（个）	百分比（%）	人数（个）	百分比（%）	人数（个）	百分比（%）	人数（个）	百分比（%）
高级职称	0	0	0	0	0	0	1	6.67	3	7.90
副高级职称	2	14.29	1	6.67	9	100	4	26.67	15	39.47
中级职称	10	71.42	11	73.33	0	0	10	66.66	18	47.37
初级职称	2	14.29	3	20.00	0	0	0	0	2	5.26
合计	14		15		9		15		38	

由此可以看出，A校、B校两所学校舞蹈教师的职称结构以中级、初级为主；C校、D校、E校三所学校教师的职称结构以副高级和中级为主。

（4）教师学缘结构

表10显示，五所学校的教师大部分来自艺术院校、高等师范大学、综合类大学以及文艺团体。其中B校的教师没有专业艺术院校的来源，C校的教师同样没有专业艺术院校的来源以及高等师范大学的

表10　　　　　　　　五所学校舞蹈教师学缘结构统计

	A校		B校		C校		D校		E校	
	人数（个）	百分比（%）	人数（个）	百分比（%）	人数（个）	百分比（%）	人数（个）	百分比（%）	人数（个）	百分比（%）
专业艺术院校	2	14.29	0	0	0	0	1	6.67	2	5.26
高等师范大学	1	7.14	3	20.00	0	0	5	33.33	1	2.63
综合大学	10	71.43	10	66.67	2	22.22	4	26.67	32	84.21
高职院校	0	0	0	0	0	0	0	0	0	0
文艺团体	1	7.14	2	13.33	7	77.78	5	33.33	3	7.90
其他	0	0	0	0	0	0	0	0	0	0
合计	14		15		9		15		38	

来源。A校、B校、E校三所学校的教师主要来自综合大学,比例分别为71.43%、66.67%及84.21%;C校的教师主要来源于文艺团体,比例高达77.78%;D校的教师主要来源于高等师范大学和文艺团体,比例各为33.33%,其中6.67%的教师来自专业艺术院校,还有26.67%的教师来源于综合大学。

(三) 学生问卷调查结果与分析

1. 学生的基本信息

本文为详细了解舞蹈专业学生人口分布的规律及特点,因此针对五所学校舞蹈学生的性别、民族、居住地等因素进行了调查研究,目的是为舞蹈专业学生的发展与教育提供参考依据。

(1) 学生性别

从表11可以看出,A校、B校、E校三所中职院校舞蹈专业的学生性别构成比较相同,女生人数远远高于男生人数,女生占总人数的89.29%以上,男生占比在10.71%以下;C校男女生的比例相近,女生比例只比男生高出10%多一点,D校女生人数比男生多出一倍,女生比例为66.67%,男生比例为33.33%。

表11　　　　　　　　五所学校舞蹈专业学生性别统计

性别	A校		B校		C校		D校		E校	
	人数(个)	百分比(%)	人数(个)	百分比(%)	人数(个)	百分比(%)	人数(个)	百分比(%)	人数(个)	百分比(%)
男	0	0	2	2.94	31	43.06	10	33.33	6	10.71
女	39	100	66	97.06	41	56.94	20	66.67	50	89.29
合计	39		68		72		30		56	

(2) 学生民族

从表12可以看出,五所学校主要由汉族学生构成,比例在84.72%以上。A校汉族学生比例为97.44%,回族学生比例为

2.56%，藏族、蒙古族和其他民族学生比例为0；B校汉族学生比例为89.71%，回族学生比例为4.41%，藏族学生比例为5.88%，蒙古族和其他民族学生比例为0；C校汉族学生比例为84.72%，回族学生比例为8.33%，藏族学生比例为0，蒙古族学生的比例为2.78%，其他民族学生比例为4.17%；D校汉族学生比例高达96.67%，回族、藏族、蒙古族学生比例都为0，其他民族学生比例为3.33%；E校汉族学生比例为85.71%，回族学生比例为10.71%，藏族学生比例为0，蒙古族和其他民族学生比例各为1.79%。

表12　　　　　　　五所学校舞蹈专业学生民族统计

民族	A校 人数（个）	A校 百分比（%）	B校 人数（个）	B校 百分比（%）	C校 人数（个）	C校 百分比（%）	D校 人数（个）	D校 百分比（%）	E校 人数（个）	E校 百分比（%）
汉族	38	97.44	61	89.71	61	84.72	29	96.67	48	85.71
回族	1	2.56	3	4.41	6	8.33	0	0	6	10.71
藏族	0	0	4	5.88	0	0	0	0	0	0
蒙古族	0	0	0	0	2	2.78	0	0	1	1.79
其他	0	0	0	0	3	4.17	1	3.33	1	1.79
合计	39		68		72		30		56	

（3）学生居住地

从表13可以看出，五所中职院校学生的居住地情况基本相同，来自城镇的舞蹈学生比例高达76.47%以上，而来自农村学生的比例相对比较低。A校城镇学生比例为84.62%，乡村学生比例为15.38%；B校城镇学生比例为76.47%，乡村学生比例为23.53%；C校城镇学生比例为84.72%，乡村学生比例为15.28%；D校城镇学生比例为80.00%，乡村学生比例为20.00%；E校城镇学生比例为85.71%，乡村学生比例为14.29%。

表13　　　　　　五所学校舞蹈专业学生居住地统计

居住地	A校		B校		C校		D校		E校	
	人数（个）	百分比（%）	人数（个）	百分比（%）	人数（个）	百分比（%）	人数（个）	百分比（%）	人数（个）	百分比（%）
城镇	33	84.62	52	76.47	61	84.72	24	80	48	85.71
乡村	6	15.38	16	23.53	11	15.28	6	20	8	14.29
合计	39		68		72		30		56	

（4）学生年级分布

从表14可以看出，本次调查的学生主要分布在二、三、四年级，A校、B校、C校三所学校没有一年级学生。A校二年级学生比例为61.54%，三年级学生比例为17.95%，四年级学生比例为20.51%，五年级学生比例为0；B校二年级学生比例为44.12%，三年级学生比例为13.24%，四年级学生比例为20.59%，五年级学生比例为22.05%；C校二年级学生比例为52.78%，三年级学生比例为47.22%，四年级和五年级学生比例为0；D校一年级、二年级和三年级学生比例各占3.33%，四年级学生比例为90.01%，五年级学生比例为0；E校一年级和二年级学生比例为0，三年级学生比例为1.79%，四年级学生比例为41.07%，五年级学生比例为57.14%。

表14　　　　　　五所学校舞蹈专业学生年级分布统计

年级	A校		B校		C校		D校		E校	
	人数（个）	百分比（%）	人数（个）	百分比（%）	人数（个）	百分比（%）	人数（个）	百分比（%）	人数（个）	百分比（%）
一年级	0	0	0	0	0	0	1	3.33	0	0
二年级	24	61.54	30	44.12	38	52.78	1	3.33	0	0
三年级	7	17.95	9	13.24	34	47.22	1	3.33	1	1.79
四年级	8	20.51	14	20.59	0	0	27	90.01	23	41.07
五年级	0	0	15	22.05	0	0	0	0	32	57.14
合计	39		68		72		30		56	

2. 对舞蹈专业的了解程度

（1）选择舞蹈专业的原因

从表15可以看出，五所学校舞蹈专业学生选择舞蹈的主要原因是：自己喜好、父母建议、文化课成绩不佳。A学校因为"自己喜好"而选择舞蹈的学生占33.33%，因"父母建议"的占28.21%，因"老师引导"的占7.7%，因"亲朋好友建议"的只占2.56%，因"文化课成绩不佳"的占17.95%，出于"其他"原因的占10.25%；B学校的学生因为"自己喜好"而选择舞蹈的占42.65%，因"父母建议"的占20.59%，因"老师引导"的占17.65%，因"亲朋好友建议"的只占5.88%，因"文化课成绩不佳"的占11.76%，出于"其他"原因的占1.47%；C学校的学生因为"自己喜好"而选择舞蹈的占23.61%，因"父母建议"的占36.11%，因"老师引导"占19.44%，因"亲朋好友建议"的占9.72%，因"文化课成绩不佳"的占8.33%，出于"其他"原因的占2.79%；D学校的学生因为"自己喜好"而选择舞蹈的占36.67%，因"父母建

表15　　　　　　　　**学生选择学习舞蹈专业的原因统计**

选择学习舞蹈的原因	A校 人数（个）	A校 百分比（%）	B校 人数（个）	B校 百分比（%）	C校 人数（个）	C校 百分比（%）	D校 人数（个）	D校 百分比（%）	E校 人数（个）	E校 百分比（%）
自己喜好	13	33.33	29	42.65	17	23.61	11	36.67	26	46.43
父母建议	11	28.21	14	20.59	26	36.11	7	23.34	12	21.43
老师引导	3	7.70	12	17.65	14	19.44	1	3.33	7	12.50
亲朋好友建议	1	2.56	4	5.88	7	9.72	1	3.33	2	3.57
文化课成绩不佳	7	17.95	8	11.76	6	8.33	7	23.33	3	5.36
其他	4	10.25	1	1.47	2	2.79	3	10.00	6	10.71
合计	39		68		72		30		56	

议"的占 23.34%，因"老师引导"和"亲朋好友建议"的各占 3.33%，因"文化课成绩不佳"的占 23.33%，出于"其他"原因的占 10.00%；E 学校的学生因为"自己喜好"而选择舞蹈的占 46.43%，因"父母建议"的占 21.43%，因"老师引导"的占 12.50%，因"亲朋好友建议"的只占 3.57%，因"文化课成绩不佳"的占 5.36%，出于"其他"原因的占 10.71%。

（2）对培养计划与课程设置的了解程度

从表 16 可以看出，学生在是否了解专业的培养计划与课程设置这个选项上，A 校学生表示"完全了解"的占 43.59%，表示"不完全了解"的占 51.28%，表示"不了解"的占 5.13%；B 校学生表示"完全了解"的占 73.53%，表示"不完全了解"的占 26.47%，表示"不了解"的比例为 0；C 校学生表示"完全了解"的占 41.67%，表示"不完全了解"的占 56.94%，表示"不了解"的比例为 1.39%；D 校学生表示"完全了解"的占 50.00%，表示"不完全了解"的占 46.67%，表示"不了解"的比例为 3.33%；E 校学生表示"完全了解"的占 37.50%，表示"不完全了解"的占 60.71%，表示"不了解"的比例为 1.79%。综上所述可以看出，大部分学生表示"不完全了解"自己所学的舞蹈专业，并且学生的学习都比较被动。

表 16　　学生对所学专业培养计划与课程设置了解程度的统计

	A 校		B 校		C 校		D 校		E 校	
	人数（个）	百分比（%）	人数（个）	百分比（%）	人数（个）	百分比（%）	人数（个）	百分比（%）	人数（个）	百分比（%）
完全了解	17	43.59	50	73.53	30	41.67	15	50.00	21	37.50
不完全了解	20	51.28	18	26.47	41	56.94	14	46.67	34	60.71
不了解	2	5.13	0	0	1	1.39	1	3.33	1	1.79
合计	39		68		72		30		56	

（3）对课程安排的满意程度

从表17可以看出，只有B校和D校两所学校的学生对课程的安排表示"很满意"，其他三所学校的学生表示"一般"。A校的学生对课程安排表示"很满意"的比例为41.03%，表示"一般"的比例为58.97%，表示"不满意"的比例为0；B校的学生表示"很满意"课程安排的比例为54.41%，表示"一般"的比例为44.12%，表示"不满意"的比例为1.47%；C校的学生对课程安排表示"很满意"的比例为34.72%，表示"一般"的比例为63.89%，表示"不满意"的比例为1.39%；D校的学生表示"很满意"课程安排的比例为60.00%，高于其他四所学校，表示"一般"的比例为33.33%，表示"不满意"的比例为6.67%；E校的学生对课程安排表示"很满意"的比例为35.71%，表示"一般"的比例为58.93%，表示"不满意"的比例为5.36%。

表17　　　　　　　　学生对课程安排满意程度的统计

	A校		B校		C校		D校		E校	
	人数（个）	百分比（%）	人数（个）	百分比（%）	人数（个）	百分比（%）	人数（个）	百分比（%）	人数（个）	百分比（%）
很满意	16	41.03	37	54.41	25	34.72	18	60.00	20	35.71
一般	23	58.97	30	44.12	46	63.89	10	33.33	33	58.93
不满意	0	0	1	1.47	1	1.39	2	6.67	3	5.36
合计	39		68		72		30		56	

（4）教学方法的运用

"口传身授"是舞蹈教师经常用到的一种教学方法，是传统的舞蹈教学方法之一。"口传身授"是指舞蹈教师通过口头讲解动作要领和身体示范来传授舞蹈知识和技能，学生则通过模仿来完成舞蹈课堂知识学习。在舞蹈实践课上通常更加注重教师身体的示范能力。

表18显示，五所中职院校的学生普遍认为，教师在教学过程中能够完全做到口传身授的比例达到55.36%以上，学生认为教师做得

"一般"的比例为23.08%—44.64%,而在教学过程中不能够做到口传身授的教师只占3.33%。

表18　　　　舞蹈教师的教学方法"口传身授"运用统计

	A校		B校		C校		D校		E校	
	人数（个）	百分比（%）	人数（个）	百分比（%）	人数（个）	百分比（%）	人数（个）	百分比（%）	人数（个）	百分比（%）
完全能够	30	76.92	50	73.53	49	68.06	21	70.00	31	55.36
一般	9	23.08	18	26.47	23	31.94	8	26.67	25	44.64
不能够	0	0	0	0	0	0	1	3.33	0	0
合计	39		68		72		30		56	

3. 舞蹈专业的学习效果

（1）教师对学生能力的培养

从表19可以看出，A校、B校、C校三所学校的学生认为，教师在教学过程中更注重指导学习方法及培养综合素养。D校、E校两所学校的教师在教学过程中更注重专业技能和综合素养的指导。A校的教师在教学过程中更注重创新思维的培养，占比为12.82%，注重指导学习方法的占比为33.33%，注重专业技能的占比为7.70%，注重综合素养的占比为46.15%；B校的教师在教学过程中更注重创新思维培养的占比为5.88%，注重指导学习方法的占比为27.94%，注重专业技能的占比为13.24%，注重综合素养的占比为52.94%；C校的教师在教学过程中更注重创新思维培养的占比为6.94%，注重指导学习方法的占比为45.83%，注重专业技能的占比为16.67%，注重综合素养的占比为30.56%；D校的教师在教学过程中更注重创新思维培养的占比为10.00%，注重指导学习方法的占比为3.33%，注重专业技能的占比为33.33%，注重综合素养的占比为53.34%；E校的教师在教学过程中更注重创新思维培养的占比为10.71%，注重指导学习方法的占比为25.00%，注重专业技能和综合素养的占比各为32.14%。

表19　　　　　教师授课中注重学生能力方面培养的统计

	A校		B校		C校		D校		E校	
	人数（个）	百分比（%）	人数（个）	百分比（%）	人数（个）	百分比（%）	人数（个）	百分比（%）	人数（个）	百分比（%）
创新思维	5	12.82	4	5.88	5	6.94	3	10.00	6	10.71
指导学习方法	13	33.33	19	27.94	33	45.83	1	3.33	14	25.00
专业技能	3	7.70	9	13.24	12	16.67	10	33.33	18	32.14
综合素养	18	46.15	36	52.94	22	30.56	16	53.34	18	32.14
合计	39		68		72		30		56	

（2）学生专业能力的提升

从表20可以看出，五所学校的学生认为，在校期间舞蹈专业能力是有一定提升的。A校学生表示在舞蹈专业能力上"进步很大"的比例为25.64%，表示"有一定进步"的比例为74.36%，表示没有进步的比例为0；B校学生表示在舞蹈专业能力上"进步很大"的比例为39.71%，表示"有一定进步"的比例为58.82%，表示"没有进步"的比例为1.47%；C校学生表示在舞蹈专业能力上"进步很大"的比例为30.56%，表示"有一定进步"的比例为68.06%，表示"没有进步"的比例为1.38%；D校学生表示在舞蹈专业能力上

表20　　　　　学生在校期间舞蹈专业能力提升情况的统计

舞蹈专业能力	A校		B校		C校		D校		E校	
	人数（个）	百分比（%）	人数（个）	百分比（%）	人数（个）	百分比（%）	人数（个）	百分比（%）	人数（个）	百分比（%）
进步很大	10	25.64	27	39.71	22	30.56	5	16.67	15	26.79
有一定进步	29	74.36	40	58.82	49	68.06	24	80.00	40	71.43
没有进步	0	0	1	1.47	1	1.38	1	3.33	1	1.78
合计	39		68		72		30		56	

"进步很大"的比例为 16.67%，表示"有一定进步"的比例为80.00%，表示"没有进步"的比例为 3.33%；E 校学生表示在舞蹈专业能力上"进步很大"的比例为 26.79%，表示"有一定进步"的比例为 71.43%，表示"没有进步"的比例为 1.78%。

（3）学生各项能力的提升

从表 21 可以看出，五所中职院校的学生普遍认为他们的专业能力和文化素养均得到很大提升的比例在 55.35%—76.39%，认为专业能力得到很大提升的比例在 23.61%—39.29%，认为文化素养得到提升的比例在 1.47%—5.36%。

表 21　　　　　　学生在校期间各项能力提升情况的统计

各项能力的提升	A 校		B 校		C 校		D 校		E 校	
	人数（个）	百分比（%）	人数（个）	百分比（%）	人数（个）	百分比（%）	人数（个）	百分比（%）	人数（个）	百分比（%）
专业能力得到很大提升	11	28.21	19	27.94	17	23.61	10	33.33	22	39.29
文化素养得到提升	1	2.56	1	1.47	0	0	0	0	3	5.36
专业能力与文化素养均得到很大提升	27	69.23	48	70.59	55	76.39	20	66.67	31	55.35
合计	39		68		72		30		56	

4. 学生专业学习与成长

（1）课堂学习与实践演出的关系

从表 22 可以看出，A 校的学生认为实践演出有助于提高专业学习和实践能力的比例为 92.31%，认为会耽误课堂学习的比例为 7.69%；B 校的学生认为实践演出有助于提高专业学习和实践能力的比例为 100%；C 校的学生认为实践演出有助于提高专业学习和实践能力的比例为 97.22%，认为会耽误课堂学习的比例为 2.78%；D 校的学生认为实践演出有助于提高专业学习和实践能力的比例为96.67%，认为会耽误课堂学习的比例为3.33%；E校的学生认为实践演出有助于提高专业学习和实践能力的比例为98.21%，认为会耽误课堂学习的比例为1.79%。综上所述可以看出，实践演出与课堂专业的学习两者相结合，是有助于提高学生舞蹈专业能力的。同时，舞台实践演出也是检验课堂教学水平的有效方式。

表22　　　　　　　　　课堂学习与实践演出关系的统计

学习与演出的关系	A校		B校		C校		D校		E校	
	人数（个）	百分比（%）	人数（个）	百分比（%）	人数（个）	百分比（%）	人数（个）	百分比（%）	人数（个）	百分比（%）
有助于提高专业学习和实践能力	36	92.31	68	100	70	97.22	29	96.67	55	98.21
耽误课堂学习	3	7.69	0	0	2	2.78	1	3.33	1	1.79
合计	39		68		72		30		56	

（2）学生参与实践演出的机会

从表23可以看出，A校的学生希望参与实践演出机会多的比例为30.77%，希望参与实践演出机会适度的比例为69.23%，希望参与实践演出机会少的比例为0；B校的学生希望参与实践演出机会多的比例为54.41%，希望参与实践演出机会适度的比例为44.12%，希望参与演出实践机会少的比例为1.47%；C校的学生希望参与实践演出机会多的比例为37.50%，希望参与实践演出机会适度的比例为62.50%，希望参与实践演出机会少的比例为0；D校的学生希望参与实践演出机会多的比例为23.33%，希望参与实践演出机会适度的比例为73.34%，希望参与实践演出机会少的比例为3.33%；E校的学生希望参与实践演出机会多的比例为32.14%，希望参与实践演出机会适度的比例为58.93%，希望参与实践演出机会少的比例为8.93%。

表23　　　　　　　学生希望参与各种实践演出的统计

希望参与实践演出的机会	A校		B校		C校		D校		E校	
	人数（个）	百分比（%）	人数（个）	百分比（%）	人数（个）	百分比（%）	人数（个）	百分比（%）	人数（个）	百分比（%）
多	12	30.77	37	54.41	27	37.50	7	23.33	18	32.14
适度	27	69.23	30	44.12	45	62.50	22	73.34	33	58.93
少	0	0	1	1.47	0	0	1	3.33	5	8.93
合计	39		68		72		30		56	

（3）学生毕业去向的设想

从表24可以看出，五所学校的大部分学生希望毕业之后继续深造，而极少部分的学生处于不知道的状态。A校的学生希望毕业后就业的比例为7.69%，希望继续深造的比例为89.74%，表示不知道的比例为2.57%；B校的学生希望毕业后就业的比例为16.18%，希望继续深造的比例为80.88%，表示不知道的比例为2.94%；C校的学生希望毕业后就业的比例为25.00%，希望继续深造的比例为66.67%，表示不知道的比例为8.33%；D校的学生希望毕业后就业的比例为16.67%，希望继续深造的比例为76.66%，表示不知道的比例为6.67%；E校的学生希望毕业后就业的比例为10.71%，希望继续深造的比例为85.71%，表示不知道的比例为3.58%。

表24　　　　　　　学生毕业去向设想的统计

学生毕业去向	A校		B校		C校		D校		E校	
	人数（个）	百分比（%）	人数（个）	百分比（%）	人数（个）	百分比（%）	人数（个）	百分比（%）	人数（个）	百分比（%）
就业	3	7.69	11	16.18	18	25.00	5	16.67	6	10.71
继续深造	35	89.74	55	80.88	48	66.67	23	76.66	48	85.71
不知道	1	2.57	2	2.94	6	8.33	2	6.67	2	3.58
合计	39		68		72		30		56	

（4）学生实际毕业去向

表25显示，五所学校2018年毕业生实际去向大多是上大学深造，就业的人数很少。五所学校的毕业学考取大学本科的比例在83.33%以上；考取大专的比例为0；就业的比例在4.55%—13.33%。

表25　　　　　　　2018年学生实际毕业去向的统计

毕业生实际去向	A校		B校		C校		D校		E校	
	人数（个）	百分比（%）	人数（个）	百分比（%）	人数（个）	百分比（%）	人数（个）	百分比（%）	人数（个）	百分比（%）
本科	100	90.90	30	93.75	25	83.33	22	91.67	21	95.45
大专	0	0	0	0	0	0	0	0	0	0
就业	10	9.10	2	6.25	4	13.33	2	8.33	1	4.55
其他	0	0	0	0	1	3.34	0	0	0	0
合计	110		32		30		24		22	

舞蹈专业毕业生上大学的实际比例明显高于学生设想的比例。学生毕业选择继续深造的实际比例在83.33%—95.45%；学生毕业选择上学的设想比例在66.67%—89.74%；学生就业的设想比例在7.69%—25%，但是学生就业的实际比例在4.55%—13.33%。

5. 舞蹈专业的考评标准

（1）学生对考评标准的看法

表26显示，五所学校的大部分学生认为，考评标准是合理的，其中，A校学生认为考评标准合理的比例为94.87%，认为考评标准一般的比例为5.13%，认为不合理的比例为0；B校学生认为考核评准合理的比例为85.29%，认为考评标准一般的比例为14.71%，认为不合理的比例为0；C校学生认为考评标准合理的比例为90.28%，认为考评标准一般的比例为9.72%，认为不合理的比例为0；D校学生认为考评标准合理的比例为80.00%，认为考评标准一般的比例为20.00%，没有认为不合理的；E校学生认为考评标准合理的比例为

73.21%,认为考评标准一般的比例为 26.79%,也没有认为不合理的。

表 26　　　　　　　学生对考评标准看法的统计

学生的考评标准	A 校		B 校		C 校		D 校		E 校	
	人数(个)	百分比(%)	人数(个)	百分比(%)	人数(个)	百分比(%)	人数(个)	百分比(%)	人数(个)	百分比(%)
合理	37	94.87	58	85.29	65	90.28	24	80.00	41	73.21
一般	2	5.13	10	14.71	7	9.72	6	20.00	15	26.79
不合理	0	0	0	0	0	0	0	0	0	0
合计	39		68		72		30		56	

(2) 对学生专业技能的帮助

从表 27 可以看出,大部分学生认为考评标准对提升专业技能的有帮助,A 校的学生认为考评标准对提升专业技能"有帮助"的比例为 97.44%,认为"一般"的比例为 2.56%,认为"没有帮助"的比例为 0;B 校的学生认为考评标准对提升专业技能"有帮助"的比例为 83.82%,认为"一般"的比例为 14.71%,认为"没有帮助"的比例为 1.47%;C 校的学生认为考评标准对提升专业技能"有帮助"的比例为 86.11%,认为"一般"的比例为 13.89%,认为"没

表 27　　　　考评标准对学生专业技能帮助的统计

考评标准对专业技能提升的帮助	A 校		B 校		C 校		D 校		E 校	
	人数(个)	百分比(%)	人数(个)	百分比(%)	人数(个)	百分比(%)	人数(个)	百分比(%)	人数(个)	百分比(%)
有帮助	38	97.44	57	83.82	62	86.11	24	80.00	44	78.57
一般	1	2.56	10	14.71	10	13.89	6	20.00	10	17.86
没有帮助	0	0	1	1.47	0	0	0	0	2	3.57
合计	39		68		72		30		56	

有帮助"的比例为 0；D 校的学生认为考评标准对提升专业技能"有帮助的"比例为 80.00%，认为"一般"的比例为 20.00%，认为"没有帮助"的比例为 0；E 校的学生认为考评标准对提升专业技能"有帮助"的比例为 78.57%，认为"一般"的比例为 17.86%，认为"没有帮助"的比例为 3.57%。

6. 校园硬件设施

（1）对教学设施的满意度

表 28 显示，A 校、C 校、D 校三所学校的学生对校园教学设施的满意程度为"一般"，而 B、E 两所学校的学生对校园教学设施的满意程度为"很好"。A 校学生认为教学设施"很好"的比例为 48.72%，认为"一般"的比例为 51.28%，认为"不好"的比例为 0；B 校学生认为，认为教学设施"很好"的比例为 52.94%，认为"一般"的比例为 45.59%，认为"不好"的比例为 1.47%；C 校学生认为教学设施"很好"的比例为 40.28%，认为"一般"的比例为 56.94%，认为"不好"的比例为 2.78%；D 校学生认为教学设施"很好"的比例为 46.67%，认为"一般"的比例为 50.00%，认为"不好"的比例为 3.33%；E 校学生认为教学设施"很好"的比例为 83.93%，认为"一般"的比例为 16.07%，认为"不好"的比例为 0。

表 28　　　　学生对校园教学设施满意程度的统计

教学设施	A 校		B 校		C 校		D 校		E 校	
	人数（个）	百分比（%）	人数（个）	百分比（%）	人数（个）	百分比（%）	人数（个）	百分比（%）	人数（个）	百分比（%）
很好	19	48.72	36	52.94	29	40.28	14	46.67	47	83.93
一般	20	51.28	31	45.59	41	56.94	15	50.00	9	16.07
不好	0	0	1	1.47	2	2.78	1	3.33	0	0
合计	39		68		72		30		56	

(2) 对校园文化建设的满意度

表29显示，A校学生对校园文化建设表示"很满意"的比例为41.03%，认为"一般"的比例为58.97%，表示"不满意"的比例为0；B校学生对校园文化建设表示"很满意"和"一般"的比例各为48.53%，表示"不满意"的比例为2.94%；C校学生对校园文化建设表示"很满意"的比例为38.89%，"一般"的比例为43.06%，表示"不满意"的比例为18.05%；D校学生对校园文化建设表示"很满意"的比例为36.67%，表示"一般"的比例为56.67%，表示"不满意"的比例为6.67%；E校学生对校园文化建设表示"很满意"的比例为46.43%，表示"一般"的比例为53.57%，表示"不满意"的比例为0。

表29　　　　　学生对校园文化建设满意程度的统计

校园文化建设	A校		B校		C校		D校		E校	
	人数（个）	百分比（%）	人数（个）	百分比（%）	人数（个）	百分比（%）	人数（个）	百分比（%）	人数（个）	百分比（%）
很满意	16	41.03	33	48.53	28	38.89	11	36.67	26	46.43
一般	23	58.97	33	48.53	31	43.06	17	56.67	30	53.57
不满意	0	0	2	2.94	13	18.05	2	6.67	0	0
合计	39		68		72		30		56	

(四) 家长问卷调查结果与分析

1. 家长的基本信息

(1) 家长的学历

从图1可以看出，参与调查的在校学生家长高中以下学历居多，其中家长为博士和硕士学历的比例各为0.77%，大学（本科、专科）学历的比例为36.15%，高中以下学历的比例为62.31%。

(2) 家长工作单位的性质

从图2可以看出，大部分家长的工作单位是小企业或自营个体。其中，家长在机关、事业单位工作的比例为10.00%，在大中型企业工作的比例为13.85%，在小型企业工作或者是自营个体工作的比例为33.85%，从事其他工作的比例为42.30%。

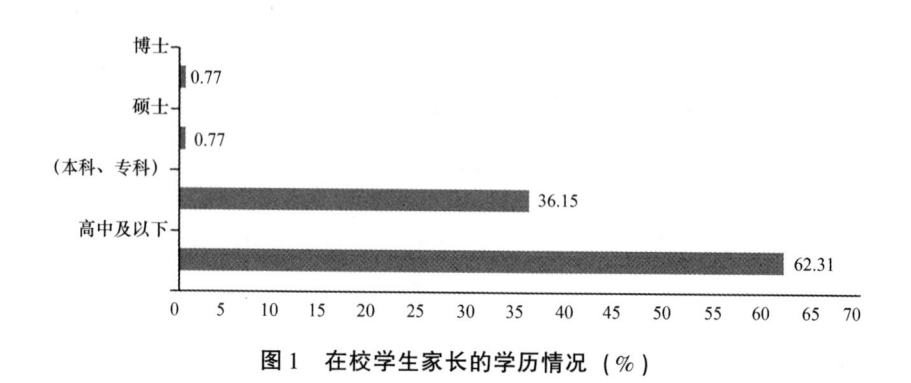

图1 在校学生家长的学历情况（%）

- 博士：0.77
- 硕士：0.77
- （本科、专科）：36.15
- 高中及以下：62.31

图2 在校学生家长工作单位的性质（%）

- 机关、事业单位：10.00
- 大中型企业：13.85
- 小企业或自营个体：33.85
- 其他：42.30

2. 家长对专业课教师的满意度

（1）专业课教师的责任心

图3显示，家长认为专业课教师"责任心很强"的比例为84.61%，认为"一般"的比例为13.85%，认为"不负责任"的比例为1.54%。由此可以看出，家长对专业课教师责任心的认可程度比较高。同样，专业课教师对待工作也是比较认真的。

（2）专业课教师的教学水平

图4显示，家长认为教师的教学水平"很好"的比例为79.23%，认为教学水平"一般"的比例为19.23%，认为教师水平"较差"的比例为1.54%。由此可以看出，家长对专业课教师的教学水平认可程

度较高。

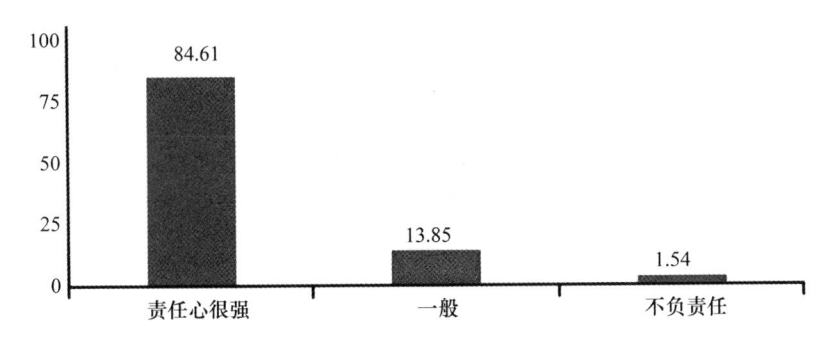

图3 家长对专业课教师责任心的评价情况（％）

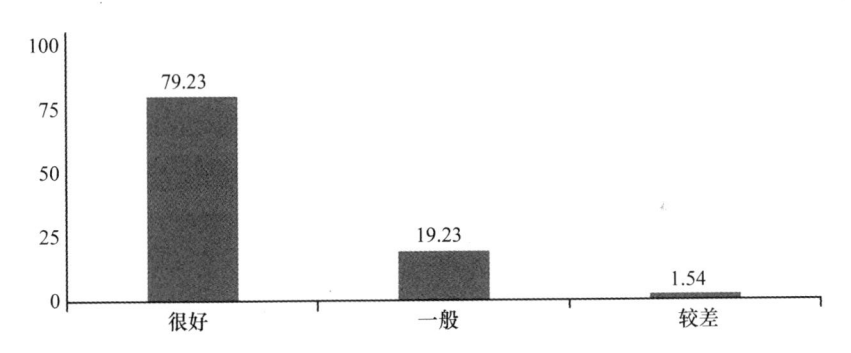

图4 家长对专业课教师教学水平的评价情况（％）

3. 家长对学校管理机制的满意度

（1）对学校环境满意程度

图5显示，在校学生家长对学校整体环境还是比较满意的，其中，家长认为学校整体环境"很好"的比例为70.77％，认为学校整体环境"一般"的比例为29.23％，认为整体环境"很差"的比例为0。

（2）学校的日常管理

图6表示，家长认为学校的日常管理还是比较严格的。其中，家长认为学校日常管理"严格"的比例为71.54％，认为学校日常管理

"一般"的比例为 26.15%，认为管理"松散"的比例为 2.31%。

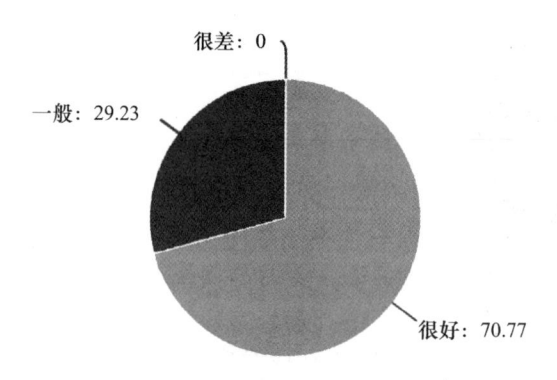

图 5　家长对学校整体环境的满意程度（%）

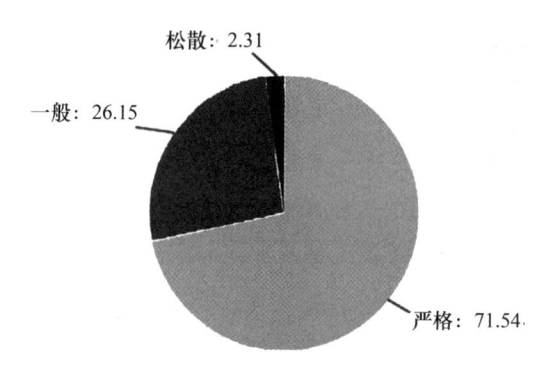

很差：0
一般：29.23
很好：70.77

图 6　家长对学校日常管理的评价情况（%）

松散：2.31
一般：26.15
严格：71.54

（五）访谈结果的归整

针对甘肃省中等职业类艺术院校舞蹈专业人才培养模式中的相关问题，本文在学生和家长问卷调查的基础上，对五所职业艺术学校的八名领导和舞蹈教师进行了访谈，并对所存在的问题进行归整与分析。

1. 学校领导访谈内容的归整

表30　　　　　　职业艺术学校相关领导的访谈统计

重点问题	回答问题的核心内容	回答问题的人数（n=3）	百分比（%）
是否了解舞蹈专业的人才培养目标及课程设置	培养目标	3	100
	课程设置	2	67
对舞蹈专业师资队伍建设有何看法和建议	师资结构	3	100
	师资的综合能力		
是否了解学校的招生情况	生源不容乐观	3	100
是否了解舞蹈专业学生的就业情况	毕业去向	3	100%

表30显示，对于目前舞蹈专业培养目标三位校领导均有所介绍，具体谈到：

> 建校刚开始舞蹈专业是为院团培养实用型舞蹈人才，2001年以后是为高等艺术院校培养合格的艺术后备人才。（XA）

> 我们学校的舞蹈专业是五年制，中专主要是为各个艺术团体培养舞蹈表演型人才，同时也为高校输送合格的舞蹈专业人才（XB）

> 从1987年起，我们的舞蹈人才培养目标没有发生太大的变化，都是以院团为基础，为院团不断输送新鲜的血液、培养更多的舞蹈表演人才。但是，从2013年我们成立了芭蕾舞团以后，培养目标是为芭蕾舞团培养会跳芭蕾舞的表演型人才。（XC）

从中职院校领导的访谈中可以看到，舞蹈专业人才培养目标的定位基本相同，并且从建校到现在都没有发生太大的变化。

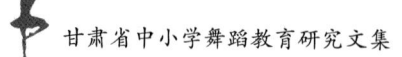

有两位校领导谈到舞蹈专业的课程设置：

我校专业课的比例还是比较大的。以前参考过北京舞蹈学院附中和中央民族大学附中的专业课程设置，像基训课的话，每天一节是必须保证的。然后，技巧课在低年级也是每天一节，基本上每天上午都要练基本功，然后就是技巧课。第一年，我们没有开设民族民间舞和剧目课，主修的是基础部分训练。从第二年开始，学生才进入民族民间舞课和身韵课的学习，我们会加大民族民间舞课和身韵课的比重，然后逐渐递减技巧课的时间。（XB）

我们学校是40%的文化课，60%的专业课，一年级的课程设置是50%的文化课，50%的专业课。到了二年级就变成40%的文化课，60%的专业课。三年级文化课就会更少一点。以前我们基训课以中国古典舞为主，现在全部改成以芭蕾舞的基础训练为主，一周的课时是六节课，就是要上六天的基训课，每节课两个小时。一年级开设民间舞课，到一年级的下半学期就开始有身韵课了。但是，第一年是将课时放在素质课和基础训练课上。第二年，随着学生程度的提高，课量也慢慢上去了，增加了民间舞、身韵课、排练课的课时。第三年，高年级班增设了现代舞课。（XC）

从学校领导的访谈中可以看出，中等职业艺术院校舞蹈专业的技术课程比例还是比较大的，核心课程基本相同。

对于学校舞蹈教师队伍的建设情况，三位领导具体谈到：

我们学校舞蹈专业教师队伍趋于年轻化，在校舞蹈教师只有11名，只能外聘舞蹈教师，外聘教师流动性较大，不能保证课时，也影响了教学质量。（XA）

我校师资队伍有一个特别好的地方，就是我校中专、本科和研究生学习可以共享。我们现在一共有专任教师36人，在读博士一名，有高级职称教师17人。据我们了解，全省在舞蹈专业方面一共有四名教授，我们这儿就有三名。具有博士、硕士学位的21人。(XB)

我对我们学校的师资队伍不满意，首先是基训课的老师是外聘的，没有本校的老师，本校的老师带的是民间舞课、素质课和身韵课。想培养一些老师，但是大多数老师接近中年，都是上有老下有小。这个专业就是这样，你要不钻研它，不用它，肯定是不行的。老师没有养分，没有营养，你让学生咋摄取营养。就是新来的老师，他有更多的学习时间，但是，你让他直接上课，他经验还是不足。老教师有经验，但是养分不足，这就是矛盾。(XC)

从学校领导的访谈中可以看出，中等职业艺术院校的舞蹈教师队伍趋于年轻化，在校舞蹈教师人数较少，外聘教师多且流动性较大。

对于各个学校的舞蹈专业招生情况，三位领导谈到：

我们学校每年都会提前到地县各个小学去招生，但是招生的情况并不乐观，每年女生只能招到30名左右，男生只有几个人。(XA)

我们每年舞蹈学生招不够，以前曾经计划，每一年的招生人数是50个，但最后也就是20个，十几个。到2014年、2015年，因为我们在社会上逐渐得到认可，2014级学生是四十几个，2015级学生是三十多个，但是招生的学生条件很一般。(XB)

我们学校的招生情况非常好，每年我们都分东向和西向，一部分老师去东向，一部分老师去西向，我们的招生地点就是在学

校。从学校里挑看孩子的整个形体,五官,包括眼睛都有灵气的孩子。(XC)

由上述访谈内容可以看出,大部分艺术学校的舞蹈招生情况并不乐观,招生人数不够,招生的条件也很一般。

对于舞蹈专业学生的就业情况,三位领导具体谈到:

我们学校的学生毕业之后全部都参加舞蹈专业的高考,即便没有考上,也会复读参加来年的高考。(XA)

舞蹈专业学生毕业都会参加高考,只有极个别的学生应聘找工作。(XB)

有一半留团里工作,还有就是考大学,我们学校培养的学生,都是很有出息的。现在的学生遍布全世界了。(XC)

由此可以看出,中等职业艺术院校的舞蹈专业学生在毕业之后都会选择直接上大学。

2. 舞蹈教师访谈内容的归整

表31　　　　　职业艺术学校舞蹈教师的访谈统计

重点问题	回答问题的核心内容	回答问题的人数（n=5）	百分比（%）
在授课时会运用哪些教学方法	主要是以示范为主	4	80
舞蹈教材的使用情况	会采用其他院校的教材	5	100
舞蹈教师应具备哪些能力和素质	专业素养、文化底蕴、师德	3	60
在校期间舞蹈学生应有哪些能力	具有自主学习的能力	2	40

表31显示，对于舞蹈教师在授课时所采用的教学方法，有四位教师详细谈到：

> 我觉得作为中专的教师，示范绝对是第一位的，以身施教是最主要的教学方式。还有一个就是语言的不断重复和教学方式要细，老师一定要细心，老师给中专学生连一根眼睫毛说不到，他可能就不知道这根眼睫毛搁哪儿。就是要不断示范，不断重复教学，一个动作要重复地说，再一个好办法就是用手机录下来，让他们发现自己的问题。（WA）

> 舞蹈教师最平常的就是示范法、练习法，但是，在练习的过程中，我发现，有时候你光给孩子讲，他可能感受不到，尤其是在错误动作纠正这一块儿，他做错了，你给他指出的时候，他只能明白60%左右。那么这剩下的40%，你怎么能让学生更好地知道他的动作，到底哪个地方出问题了。我现在经常用的就是，通过电子设备，比如说手机，我把他的动作录下来，然后通过慢动作回放，让学生自己去看，我觉得挺好。（WB）

> 我觉得舞蹈教学方式还是有点太枯燥了，一直是在教室里练这些动作。像我们之前，可以到操场上做一些游戏，比如我们小时候踢毽子、跳皮筋这种，其实，都是在训练我们各个关节的功能。但是，如果把学生带出去，在管理方面可能有点不好弄，所以就有点矛盾了。（WC）

> 以示范为主，低年级学生你就得手把手地教，因为现在的孩子进来时都有一定的基础，没有基础的孩子少，都是上过辅导班的，起码他知道怎么踢腿，但不是很正规。所以一般第一年我们都是手把手地教，能做的示范全都得做。（WD）

从舞蹈教师的访谈中可以看出，舞蹈教师课堂组织形式主要是以示范和学生反复练习为主。

有五位舞蹈教师详细描述了对教材的使用情况：

> 根据老师的特长来推进教材教学内容的实施。我们的教学大纲明确指出，今年要推进到一个什么样的程度，怎么样推进，至于你是用古典舞推课，还是用芭蕾舞推课，都是可以的。上芭蕾舞课，是用俄罗斯教材，还是用中芭教材，或用北舞的教材，你随便。就得因材施教，不断地调整这个教材。（WA）

> 主要用的是北京舞蹈学院的教材，但是我没有完全运用，因为这本教材编得较早，离现在已经有一段时间了，所以在一些方式方法上，我觉得还是要结合现在的内容，更新一下教学手段和教学方法。但是，在大的内容上，还是跟着北舞教材走的，再加上一些艺术体操方面的内容，将它和舞蹈技巧结合在一起。在训练的过程中，可能有一部分内容会跟体操有一些挂钩。（WB）

> 关于教材，现在就是凭经验了，已经带了十几年的课了，凭着经验看学生能做什么动作。有些教材上的内容他们也完不成，我觉得，学生们懂原理以后，就可以按着他们的身体条件去编组合，练能力，不用完全成为动作的搬运工，比如将北京舞蹈学院的教材拿来用。其实这本教材的内容并不适合他们，这样很麻烦。（WC）

> 身韵课主要还是以北京舞蹈学院的教材为主，我们学校有教学大纲，它也是借鉴了舞院和军艺的。每一个科目，都有我们自己的教学大纲。然后我们按照教学大纲规定的这个学期的内容，自己制订计划。（WD）

我们上课采用的教材基本上都是北京舞蹈学院附中、中央民族大学附中、解放军艺术学校编撰的，根据自己学生的情况，做到因材施教。（WE）

从舞蹈教师的访谈中可以看出，大部分舞蹈教师会选用北京舞蹈学院附中、中央民族大学附中、解放军艺术学校的教材，并结合学生自身的情况进行教学。

对舞蹈教师应具备的能力和素质有三位老师谈到：

作为舞蹈教师，第一点，必须是一个合格优秀的舞蹈演员。能够有独立的表演能力，这是第一点要求。第二点，作为舞蹈教师，必须有很高的文化素质。你没有文化素质，就没有远见，没有对文化的非常深的理解，你想说的东西就表述不出来。第三点，课堂的组织能力特别重要，你的课堂如果非常散乱，那你这堂课根本达不到你想要目的。第四点，老师要具备创新能力，一定要与时俱进，跟上时代。这一点也特别重要，尽管很多东西，该保留的要保留，该传承的要传承，但是你一定要思维开阔，一定要跟上时代。（WA）

首先，舞蹈教师必须具备师德。让学生有一个正确的认知观，这点非常重要。其次，在学生的艺术素养方面，我觉得一定要做到言传身教，对于舞蹈教师来讲，一定要让学生在你的身上，感受到艺术的熏陶和氛围。让他有一个正确的审美观、价值观。还要具备一定的专业素养，不能你自己不懂，就去猜，猜完了给学生讲，这是不行的。就是说，你自身的专业素养必须要高。最后，我觉得就是一定要有非常强的教学能力，要能对课堂有一定的控制和驾驭能力。（WB）

教师得先吃透教材，根据你所带的这个班级的情况，或者是不同的科目要求，自己的目标要非常清晰。然后就是不管对高年级还是低年级一定要亲自做示范，根据临时出现的情况加以调整。只有自己掌握了知识，你在讲解的过程中，才可能说得很清楚。所以老师要不断学习，不断研究。（WD）

从舞蹈教师的访谈中可以看出，作为舞蹈专业的教师不仅要会跳舞，而且要会教学，同时更要具备师德。

对于在校期间舞蹈专业学生应该具备的能力，有两位教师具体谈到：

首先，我觉得学生一定要自律，因为舞蹈教学，你不练，老师教得再多，也永远到不了你身上，你永远不会感受到，也表达不出来。其次，就是一定要有一个正确的审美观，一定要知道美的东西是什么，什么样的东西才能达到美的要求。最后，学生要具备一定的能力，这个能力不光是我们说的技术能力，而是指他的各方面，就是对于艺术生来说，这个能力要体现在你的表演、你的技能以及你的舞感、学习方面。我们还要具备会学的能力，多观察，多思考，多练习，我觉得学生一定要具备会学的这种能力，不能死学，而是要活学活用。（WB）

首先，一定要有好的软开度，这跟普通的孩子是不一样的。你对这个作品的理解，经过四年的学习后，个人的体现能力是一定要有的。其次，对一些常规技巧，是必须学会的，而且要达到80%的质量保证。这样才能跟普高生有一定的区别。最后，在艺术修养上，应该要高一点。因为潜移默化地他就会知道这个动作或者这个组合应该以什么样的状态完整地表现出来。（WD）

由此可以看出，培养舞蹈专业学生在校期间具备自律、自主的学习能力是非常重要的。

四 分析与讨论

本文从两个层面调查和分析了甘肃省中等职业类艺术院校舞蹈人才培养模式中所存在的主要问题。一个是学校层面,从人才培养目标、课程设置、教学模式、师资结构、学生素质五个方面进行调查;另一个是社会层面,从家长对教师的评价以及对学校管理机制的看法等方面进行调查。针对调查的结果及其发现进行了分析和讨论。

(一) 人才培养目标的定位

受历史条件的局限,五所学校在20世纪舞蹈专业开设初期,基本上照搬北京舞蹈学院中专舞蹈专业人才培养模式,这就造成了各所学校舞蹈人才培养模式问题的出现,即精英型教育与大众化教育的矛盾。随着新世纪的到来,艺术职业教育改革的核心是应当培养什么样的人才及人才如何培养人才。前者是对艺术职业教育培养目标的重新定位,后者是对培养目标与培养模式的重构。本文调查结果显示,五所中等职业类艺术院校舞蹈专业人才培养的目标基本相同,个别中职院校甚至从建校开设舞蹈专业到现在,舞蹈专业人才培养目标没有发生任何的变化。目前中职院校主要是为各个艺术院团培养、提供优秀舞蹈演员,同时还为舞蹈专业的高等教育提供生源对接。此外,通过调查分析可以看出,学生的毕业意向和学生实际毕业去向与个别学校人才培养的目标定位存在较大的差距。五所中职院校平均有79%的学生毕业意向是继续深造,但实际上学生毕业后继续深造的竟然达到了90%,更多的学生走自我发展的路线,愿意继续深造学习。究其原因主要是家长和学生们意识到中专舞蹈人才已经无法满足当今社会对艺术发展的需要了,在市场经济条件下,社会需要的舞蹈艺术专业人才不仅要具有优秀的舞蹈专业知识,而且要有丰富的社会人文素养、高尚的道德情操以及正确的审美观。因此,大量的舞蹈专业学生在毕业之后没有选择直接就业,而是选择继续上学。

(二) 课程设置

课程是指学生在校学习期间所学内容的总和及进度安排。课程设置为人才培养目标的实现提供了重要保障，同时，它也会影响人才培养的质量。

调查结果显示，五所职业艺术院校几乎都贯穿着以技能训练为主的基训课、素质课、中国古典舞身韵课、中国民族民间舞和剧目课等，这些专业技能课都属于舞蹈表演专业方向，其核心课程设置的雷同必将产生人才培养的"趋同化"。同时，调查结果还显示，许多学生对学校课程的安排不是很满意，其原因是，虽然这样的课程设置可以满足学生舞蹈专业方向的专业基础技能需求，但对于中等职业艺术教育与高等艺术教育的衔接是不利的。每年，很多毕业生在参加高考的时候，在选择高校舞蹈专业方向上都会遇到很多棘手的问题。例如，有一部分学生的身体条件达不到报考舞蹈表演专业的要求，就会选择其他感兴趣的舞蹈编导专业或舞蹈学专业，但是学校并没有开设这些课程，学生没有接触过，不懂得如何编舞，且舞蹈专业理论知识又很薄弱，从而使很多学生与自己理想的专业失之交臂。上述问题不仅反映出中等职业艺术院校的学生舞蹈专业知识结构薄弱的问题，也反映出中等职业艺术院校舞蹈教育的"失位"。中等教育是舞蹈教育中的基础教育，虽然基础教学的质量很重要，但是遵循学生自身发展的特点，鼓励与激发学生的兴趣点也非常重要。

课时安排在课程设置中是十分重要的一个环节，需要根据教学大纲和教学计划来实施，同时还要根据学生的生理变化和不同心理来设置专业课程。每个学期的课时安排都不是一成不变的，增加或减少专业课的课时都是要讲究科学性的。譬如，在这次调查中发现，某学校的基础训练课从以前的一周六节改为四节，特别是中等教育阶段的舞蹈教学，身体的基础训练是舞蹈学习的基础，是需要大块的时间保障的，作为一名舞蹈专业学生，每天肯定少不了基本功的训练。但目前却没有安排足够的课时，长期下去学生的身体素质就很难提高。

最后职业艺术院校迫切需要解决的问题是文化课与专业课的课程设置安排比例。调查结果显示，五所中职院校的专业课都占到课程总量的60%—70%。文化课与专业课的学时比例，分别为1∶1.41、1∶1.21、1∶1.98、1∶2.27和1∶2.75。按文化部的规定，舞蹈学校的文化教育比例不能低于30%—35%。这种比例是对中专六年制教育而言的。[①] 然而，甘肃省职业艺术学校舞蹈专业的学制仅仅是四年和五年。因此，重专业课、轻文化课的问题一方面会影响学生高考升学考试，另一方面很难培养出真正懂得舞蹈的科研人才。

（三）师资结构

1. 从年龄结构来看，五所学校的舞蹈教师平均年龄在30—34岁，趋于年轻化，青年舞蹈教师成为中职院校教学的主力军。从舞蹈教师的职称结构可以看出，基本上承担舞蹈教学的大多是中级、初级职称的教师，而高级以上职称的教师甚少。

2. 从舞蹈教师的学历结构来看，五所学校教师的学历多数是本科和大专，除了高等院校附属中等艺术学校以外，具有硕士以上学历的教师特别少。

3. 对舞蹈教师学缘结构的调查显示，中职院校的学缘结构十分相近，大多来自艺术院校、师范大学、综合类大学、文艺院团。

综合以上三点可以看出，甘肃省中等职业艺术院校的老、中、青舞蹈专业教师的比例失调现象较为严重，大部分学校青年教师居多，虽然青年教师可以为舞蹈教育注入新鲜血液，但是教学经验却不如中年教师和老教师丰富，可老教师虽教育经验丰富，但也存在着知识结构和教育观念陈旧的问题。调查结果显示，中职舞蹈专业教师的学历、职称普遍偏低。同时，中职舞蹈专业教师的学缘结构相近，大部分教师都是由甘肃省高校培养出来的舞蹈专业毕业生。另外，舞蹈教师大多数是从小在舞蹈学校学习，知识面偏窄，又缺乏文化理论的支

---

① 吕艺生：《舞蹈教育学》，上海音乐出版社2004年版，第83页。

撑，毕业之后就直接走上工作岗位，教育教学和研究概括能力显然十分薄弱，因此难以成为研究型学科带头人，这些都会影响学校向高水平发展。

（四）教学模式

据问卷调查和访谈了解到，中等职业艺术院校的舞蹈教学模式过于单一，舞蹈教师都会采取示范的形式，强调口传身授和模仿。在教学过程中，教师认为，舞蹈的教学内容是让学生熟练地掌握动作与技巧，教师的示范、学生机械的模仿、动作反复练习，使舞蹈实践课成为单项信息的灌输课。教师一开始在训练中就没有以学生为主体，而是以自己的理解代替学生的思考，导致学生的理论素质成为空白。同时，教师在教学中一味地、单纯地强调舞蹈动作的熟练性，导致学生不能深刻地体会舞蹈动作本身的属性和特点，使其对动作的认识停留在表现的感性阶段，对舞蹈的意境和内涵更是一无所知。这种教学模式不仅会影响学生在校学习的独立性和自主性，还会扼杀学生拓展思维的能力和创造力。

（五）学生素质

1. 生源结构

通过调查了解到，学校每年都会面向应届小学毕业生进行招生。从五所职业艺术院校人才培养对象的统计来看，在校学习舞蹈的女生所占比例明显高于男生，而且76%以上学生的居住地是在城镇。从民族成分来看，以汉族学生为主。调查结果还显示，中职舞蹈专业学生的家长文化程度多为高中及以下学历，大部分家长的工作单位是小企业、自营个体及其他方面。因此，在这种家庭背景下，孩子成长阶段，其家庭的引导作用较低，大部分家长无暇过问孩子的生活和学习，从而导致很多学生不爱学习，文化课成绩不理想。

在调查过程中还了解到，甘肃省中等职业艺术院校舞蹈专业的生源较少，甚至个别学校受地域环境的影响，大量生源流失，招生非常困难。学校为了求生存，只能在舞蹈专业人才的录取中，放宽招生标准。学生只要符合国家规定的报名要求，就能被学校录取，而对舞蹈自身所要求的身体条件、舞蹈演员的标准基本上不做要求，这在一定程度上加大了学生日常教育管理工作的难度。由于生源质量的下降，课堂教学也得不到学生的积极响应与配合，很难进行。因此，教师课堂教学改革的积极性同样受到了极大的挫伤。

2. 专业认知

因为舞蹈职业的特性要求，中专舞蹈专业学生普遍入学年龄较小，基本上是小学毕业后就考入职业艺术学校的。本文调查结果显示，有一部分学生是因为自己喜欢舞蹈，所以才报考职业艺术学校的，还有一部分学生是因为父母的建议和文化课成绩不佳而选择学习舞蹈的。有55%以上的学生对所学舞蹈专业的培养计划和课程设置情况不了解。大部分学生完全处于被动的状态，只是按照学校既定的计划尽力完成学业。从此次调查中还了解到，虽然中专毕业生考取大学本科的比例占到83%以上，但是进入培养"高、精、尖"舞蹈人才的大学的人数却很少，大部分学生会进入综合类大学及省内大学，由此可以看出甘肃省中职艺术院校舞蹈人才的培养质量仅处于中等水平。

导致这些结果的原因，首先是家长的观念。大部分家长认为，孩子的学习不好，没有更好的出路，因此才选择学习舞蹈。其次是中专学生的年龄小，智力受局限，导致舞蹈专业学生在知识与文化、智商与情商、信念与欲望之间出现偏差。所以，学生在校期间学习的积极性不足、缺乏兴趣，对舞蹈专业的课程不够重视。同时，学生心中也没有明确的学习目标，难以接受艰苦的训练，更不愿意付出努力。对于这些身心都具有特殊性的舞蹈专业学生而言，他们的成长应当引起学校的关注与思考。

五 甘肃省中等职业类艺术院校舞蹈专业人才培养模式的思考

甘肃省兰州市已越来越显示出其作为"一带一路"支点城市的风采，在日益注重交流与合作的今天，只有多样性、互补性的对外交流与合作才能满足促进文化艺术发展的需要。回顾甘肃省舞蹈专业教育走过的历程，有为之自豪的成果，也有遗憾与困惑。本文通过微观调查，中观分析与讨论，试图从宏观层面勾勒出职业类艺术院校舞蹈专业人才培养模式的逻辑框架，为舞蹈教育的可持续发展及人才培养提供可以参考的依据。

（一）"德艺双馨、厚实基础"——确立中职舞蹈专业人才培养目标

一所学校应该采取何种人才培养模式，才能够使人才培养更有成效，学校更有发展前景，更具有可持续的发展力？首先面对学生应该考虑的是培养什么样人的问题。中职学校大部分学生是小学毕业生，为了他们更好地适应新世纪的生活方式和未来职业的需要，学校要为学生未来的职业发展打下坚实的基础，既要促进学生专业知识技能、职业素养的增长，还要唤起学生对社会整体变革的认知，让学生认识到学校教育是依赖于社会需求而存在的。美国著名教育家约翰·杜威曾对"什么是学校"下了这样的定义："我认为学校主要是一种社会组织。教育既然是一种社会过程，学校便是社会生活的一种形式。在这种社会生活的形式里，凡是最有效地培养儿童分享人类所继承下来的财富以及为了社会的目的而运用自己能力的一切手段，都被集中起来。因此，我认为教育是生活的过程，而不是将来生活的预备。"[①]

因此，在社会大变革的背景下，学校教育应该针对未来职业发展的要

---

① [美]约翰·杜威:《学校与社会:明日之学校》，赵祥麟、任钟印、吴志宏译，人民教育出版社2004年版，第5—6页。

求组织实施教学，确保学生接受的教育能够满足新时代职业发展的要求，使其更好地适应变革的需要。其次应将中职学校的人才培养模式融入核心价值管理中，促使中职学校学生在学习舞蹈专业知识的同时，对学习的目的、动机具有客观清晰的认识，从而端正学习态度，成为一个"知行合一"的应用型人才。

坚持以"德艺双馨、厚实基础"为出发点的人才培养目标。通过以专业技能课和文化课为主修重点，专业选修课为辅助提升，将美育教育贯穿始终的课程设置，培养出具有"优良的思想品质，坚定的政治追求，严谨的治学理念，较强的就业能力，扎实的专业基础，德、智、体、美、劳综合素质全面发展"的舞蹈专业人才，以适应当今社会的需求和为高校输送更多的优秀生源。

(二)"突出主线、兼容并蓄"——优化中职舞蹈专业课程设置

中等职业艺术教育阶段的舞蹈课程要以专业人才培养为目标进行设置，以提升专业知识为主线，以强化主干课程为核心，重视培养学生对舞蹈专业的兴趣，侧重学生扎实的舞蹈基本功，使其逐步感悟舞蹈艺术的魅力，了解其他艺术门类的相关知识。设定学生必需的知识点，对课程进行科学的撤、并、改，组织开发适应社会发展需求的新课程。

1. 突出舞蹈专业主线，调整课程结构

学校在课程设置上还不够合理，存在缺乏条理性等诸多问题。课程安排从表面上看虽已"大而全"，但在实际操作中，复杂的课程安排使得舞蹈专业的课程设置呈现出"大而不专，全而不精"的问题。因此我们应该对课程设置结构进行改革，在横向和纵向两个维度进行课程结构调整。在横向结构上（即各种课程在空间维度上表现出的相互关联性，表现为各种课程要素的整合性），舞蹈专业课程不是独立存在的，要针对受教育者，利用相关联的学科来丰富舞蹈教育本身，课程之间应相互融通，使舞蹈专业教育达到预期目的。在纵向结构上（即各种课程在时间维度上表现出的相互关联性，表现为各种课程要

素的连续性和顺序性），部分非主干课程量不大，课程设置可缩短时长，可根据教学实际在短期内加以集中完成。应以"知识、能力、素质和谐发展作为课程设置的横向结构主线"，保证学生具有扎实的舞蹈基础、突出的专业能力、全面的综合素质。要围绕舞蹈专业的性质特点，针对舞蹈专业的人才类型和专业性质进行课程设置。应将遵循专业能力与素质教育相结合的原则作为课程设置的纵向结构主线，构建具有多层次、多视角，丰富多样、不断创新的舞蹈专业特色课程体系。

为了使职业艺术学校舞蹈专业的人才培养具有升学保障、就业实力、文化素养、理论储备，舞蹈专业需要不断调整课程设置和教学计划，使之更符合"应用型"人才标准的要求。学校应该针对舞蹈专业的特点合理安排科目，进一步调整文化课与专业课的配比，在保证学生掌握舞蹈专业知识的前提下，尽可能地增加文化课的课时，用课时来保障文化课学习，这样，舞蹈专业学生就不会陷入"头脑简单，四肢发达"的尴尬局面。在课程安排上一定要劳逸结合，不能把舞蹈课安排得太密集，这样会使学生的身体过度疲劳，从而影响教学效果。最好的方法是将脑力课与体力课（相对而言）穿插开，形成起伏跳动，保持学生大脑皮层的兴奋，使脑力与体力交替使用，相互起到调节作用。体力劳动对疲劳的脑力劳动来说，是一种休息，而且是积极的休息；脑力劳动对疲劳的体力劳动来说，也是一种休息，而且是一种积极的休息。[①] 因此，舞蹈课程不主张安排连上四节同样性质的课。

2. 增加地域元素特点，开设特色课程

各所学校的课程设置大同小异，舞蹈课程没有突出专业特色，没有"特色"就没有"主线"。《辞海》对"专业"的解释为："我国中等专业学校和高等专业学校，根据国家建设需要和学校性质设置各种专业。各专业都有独立的培养方案和教学计划，以实现专业的培养

[①] 吕艺生：《舞蹈教育学》，上海音乐出版社2004年版，第83页。

目标和要求。"① 甘肃省作为一个多民族的文化大省，有着许多特有的民族文化，学校应该挖掘和整理能体现各学校专业特色的如裕固族民间舞、敦煌舞、甘南地区藏族舞蹈、徒手秧歌等。从而既拓宽学生们的舞蹈专业知识面，又传承了甘肃省特有的民族文化。

3. 增加国际文化元素，开设选修课

学校应当开展内容丰富、形式多样的课程，拓展舞蹈学习的外延。这就要求学校除了安排语、数、外课程之外，还应设置与舞蹈相关的艺术欣赏选修课程，让学生能更好地利用在校学习时间拓宽知识面。但是甘肃省专业舞蹈中职教育对专业选修课重视不够。中华人民共和国教育部编写的《中等职业学校专业教学标准——文化艺术类》，在对中等职业学校舞蹈表演专业教学标准的课程设置方面，明确提出了专业选修课的课程设置。学校可以在四年级的时候开设专业选修课。例如，现代舞、舞蹈创编、国标舞、外国代表性舞蹈等。让学生根据自身的特点及兴趣特长进行专业选修课的学习，不仅激发学生的学习兴趣，还为学生高考以及持续本科专业学习奠定了基础。

4. 加强舞蹈表现力培养，增强职业实践能力

在专业舞蹈教育中，每门课程的开设都是为了培养提高学生的表现力、技术的稳定性、把握作品的敏锐度，为学生积累舞台实践经验，达到在舞台展示中拥有高超的艺术表演水平的目的。在教学过程中除正常的教学汇报、公开汇报演出活动外，应形成固定的展演交流机制，如定期为三年级以上学生组织艺术展演竞赛及院校的专业联谊活动等，为学生提供更多的艺术实践机会，使之在实践中激发学习热情，自发培养舞台表现能力，积累宝贵的舞台表现经验，缩短学生从课堂走向社会的过渡期。

（三）"教研一体、双翼齐飞"——加强中职舞蹈专业教师队伍建设

《中华人民共和国教师法》规定："教师是履行教育教学职责的

---

① 钟秉林：《科学定位 深化改革 不断提高人才培养质量》，《国家教育行政学院学报》2007年第1期。

专业人员，承担教书育人、培养社会主义事业建设者和接班人、提高民族素质的使命。"因此，舞蹈专业教师队伍的建设程度对专业舞蹈教育质量的提高起着至关重要的作用。

1. 强化教师队伍质量建设，重点抓好青年教师培养工作

职业艺术学校必须根据学校的办学规模配备一支结构合理的专职舞蹈教师队伍。师生比不能低于1：8，教师学历层次应为本科及以上，学缘结构多样，年龄结构均衡。应该按照文化部、教育部印发的《中等艺术学校设置标准》执行。由于舞蹈教育中专阶段的教师趋于年轻化，从学科长期发展的角度考虑，对青年师资队伍的建设还应该加大力度。首先，学校应安排老教师一对一地帮扶青年教师。青年教师进到老教师的课堂上，使其参与老教师的课堂教学，多听多问多思考，积累教学经验。其次，要鼓励青年教师进行科研创造、课程研发。课余时间让老、中、青教师搭配组合成一个团队进行课题的探讨和研发，使青年教师快速地成长起来。

2. 建立专业化的评价机制，提升教师专业素养

专业性决定了舞蹈专业教师需要具备扎实的专业学术能力和举重若轻的课堂教学水平，从事中等职业教育的舞蹈专业教师，除了要具备坚实的专业知识结构外，还要具备舞蹈解剖学等相关知识，从而科学地进行专业教学。同时要尽可能地多了解学生，掌握学生的不同特质，及时有效地应对青春发育期的学生突发的问题。

首先，要定期进行在职培训与学习。今天世界正处于数据互联时代，生活形式以秒为单位进行着更新，教师的知识结构也必须适应时代变革的需要，不断地提高和完善。要建立教师学习终身制，提高教师的教学和科研水平。依据现实教学的需要，组织教师结合舞种特点实地考察学习，同时借助网络进行专业理论方面的学习进修，开阔教师的国际视野，鼓励教师进行学历的再深造，提高师资队伍整体水平。

其次，定期开展教学精品课的评比，展示课的交流。通过教学课程展示评比的方式促进教师间相互借鉴、相互学习，不断提高课堂教

学质量。同时中专舞蹈专业教师必须学习本科教育内容，只有使教师知识结构具备融合性，才能游刃有余地实施教学，完成中专阶段的教学任务和目标。

最后，定期开展教师采风及剧目创作活动。常言道："读万卷书，行万里路。"教师面向田野开展的学习采风，既能深入基层，向群众学习，又能从各地风土民情及历史文化中汲取养分。尤其是针对民族民间舞的教学，采风是强化基本功，提高特色教学能力，创作民间舞蹈教学作品的最有效方法。为中青年教师提供科研及剧目创作的机会，能够使教师的总结能力、思维能力及创作能力在理论与实践中得到提高。

3. 增强德育修养，提高教师人文素养

一名合格的舞蹈教师，必须具备丰富的理论知识及出色的专业技能，而且要具有高尚的道德情操以及蜡炬成灰的教育精神。目前师资队伍中出现了教师急功近利，关注教学质量而忽视对学生三观的正确引导等问题，这要求教师不但要具有优秀的专业素养，还要具备优良的人文素养。对教师要加强人文关怀，使之自觉提升德性修养，爱护学生，以德育人。加强教师职业道德与修养，使其时刻保持甘于奉献、淡泊名利的职业态度，以教学业绩和职业的神圣感修正功利化的教学心态。

4. 建立良性考评制度，确立保障机制

教师能够在教学中拥有充足的时间和充沛的落实精力，是职业艺术学校师资队伍建设的重要工作。最有效的方式就是提高教师的薪资待遇。首先，优化调整教学质量评价机制，以教学质量评定决定收入分配，激励教师自我提升教学能力。其次，为舞蹈艺术教师自我能力的提升创造有利条件。对交流考察、学习进修等方面的经费予以倾斜。要重视舞蹈艺术教育工作，尊重舞蹈艺术教师的劳动，在评优、职称评聘等方面给予适度倾斜，培养教师对舞蹈艺术教育事业的热情和奉献精神，做到情感留人与政策留人相结合。最后，制定严格的奖励制度。学校应分等级设立教学奖励制度，鼓励教职人员在教学创作方面多出成果。

（四）"多元教学、引导创新"——改进中职舞蹈专业教学模式

新世纪，中等职业艺术教育阶段的舞蹈教学活动，承担着对学生传授动作技巧及自主学习与创新能力的培养任务。因此，必须改善传统的舞蹈教学方式，应用多元化的形式创新课堂教学。

1. 因材施教，灵活编排课程

首先，要求教师对大纲设定的教材进行深度的掌握，对教学大纲具有忠实的执行能力；根据学科发展的现状及学生的专业程度作出理性的判断，勇于对不符合时代发展要求的教材提出意见和改进方案。其次，对于教学内容的组织形式、排列顺序、难易程度、教材间的逻辑关系等能够熟练掌握与实施，在教学活动中注重因材施教。最后，根据教学内容适当改变教学组织形式和授课形式，提高学生的学习兴趣。

2. 运用现代教学技术，引导学生提高创新学习能力

（1）具备良好的语言表达能力

对于中专教师，除了应具备良好的示范能力外，语言的表达也十分重要。舞蹈教师的语言要求流畅清晰、表达准确、逻辑严密，能够将复杂的专业知识和技术方法进行形象、清晰的表述，使学生能够快速掌握和吸收。

（2）善于运用启发式的教学手段来引导学生

教师在传授学生知识和教授技能的同时，要加强引导其掌握学习的方法，养成自主学习的能力。在教学过程中，教师应具备"同理心意识"，不以小众标准作为评判个体标准的依据，而要通过批判性思维方式，去观察、了解学生个体的实际，以理解和平等的方式回应学生。中职教学要培养学生勤于思考、乐于创造的学习热情，为本科教育培养具有创新精神和实践能力的人才打好基础。

（3）创新舞蹈课程教学及教学氛围

在教学媒体上，教师要学会运用现代教育技术，积极主动地将多

媒体教学引入舞蹈课堂，充分利用多媒体的声音、影视等功能。在舞蹈实践课堂上，教师可以利用电子设备，比如手机，学生在做的过程当中，教师可把学生的动作录下来，然后通过慢动作回放，让学生清楚地看到自己的动作存在的问题。在舞蹈理论课堂上，可以利用电子白板设计有趣的教学环节，使枯燥平淡的课堂变得生动精彩，使复杂抽象的课堂理论变得更加生动形象，使学生在轻松愉快的环境下掌握扎实的技能和专业理论知识。

（4）注重培养学生的创新意识

学生创新意识的培养是教学最重要的目的，创新意识就是要打破每个人所习惯的定式思维，是一切创新的根源所在，拥有了创新意识，才能通过现有知识及实践经验，对舞蹈的关联内容进行创新。在大变革的时代，只有创新方能传承，只有具有创新意识、创新能力的专业人才，才能保证民族舞蹈文化薪火相传，不被时代所淘汰。培养学生的创新意识，就要不断丰富学生的知识面和经验值，拥有历史沉淀的创新基础才能做到真正的创新，反之，则是无源之水。还要激活学生的主体意识，使学生享受到创新的激情和快乐，把创新作为实现自己价值的需要。

（五）"科学选拔、综合提升"——优化中职舞蹈专业育人环境

1. 加大力度吸引优秀生源

生源质量决定教学质量，教学质量的高低决定专业发展前景，确保优质的生源是发展的核心问题之一。

（1）加大宣传力度，让政策深入人心

当今社会之所以对职业艺术学校存在偏见，究其深层原因，是我们的政策宣传不到位。甘肃省大部分地区（多属不发达地区）的普通民众对国家政策了解不透，从根子上就没有职业艺术教育常识的普及。因此就需要我们结合国家政策方针，对中等艺术职业教育进行多途径的深入宣传，让办学政策、办学导向、受众利益进入老百姓的日常话题里，让艺术教育平民化、生活化。我们相信，只要从根本上解决认识问题，老百姓的教育观就会发生转变，招生难的现状也会随之得到改观。

（2）家长应树立正确的人才观，发掘并保护孩子的天赋

人才观念应该符合当今时代发展的需要，人才观念应该与时俱进，孩子的天赋应得到认可、开发和保护，而不是学习差则舞。作为家长，应关注自己孩子成长过程中所表现出的亮点，让孩子的天赋不致被埋没，而是使其得到开发，让真正喜欢舞蹈的孩子按照内心的召唤选择自己的道路，这样，孩子才能够在自己的专业上发挥创造性，从而体验到舞蹈所带来的快乐！

（3）因地制宜，调整办学思路

学校应根据所处地域、文化的现实情况，因地制宜地调整办学的思路。面对生源大量流失，除了提升教学质量外，还应扩大招生范围。舞蹈专业的生源以前只面向小学毕业生，但就招生困难而言，学校的招生对象可以面向初中毕业生。同时推广校企合作办学模式，通过优秀企业的吸引力平台，运行中高职一体化人才培养方式，使对舞蹈抱有兴趣的初中生，经过中职、高职阶段的学习，毕业之后直接被企业录用而步入社会工作。

2. 激发学生的学习兴趣

舞蹈专业教师培养的学生应该全面发展，使其具有观察力、记忆力、模仿力、思维力、想象力、创造力，使学生在舞蹈学习中不断完善智能结构，提升情商。教师应根据自己的教学经验，结合学生的心理状况，大胆创新，积极为他们创设良好的学习情境，让学生在欢快的学习氛围中体验学习舞蹈的乐趣，进而有效调动学生舞蹈学习的积极性和主动性，使其成为德、智、体、美、劳全面发展的舞蹈人才。

3. 优化校园环境

（1）强化硬件水平，营造良好的学习氛围

学校要不断增进校园文化建设，改善教学环境，同时，舞蹈实训教室要宽敞方正，配备专业的地板、把杆及多媒体设施等，这样才能增强舞蹈学习的艺术氛围；在专业的环境中舞蹈，直观地感受舞蹈艺

术美，保持愉悦的心情，这样才能激发对舞蹈艺术美的追求。

（2）加强软件建设，创建和谐人际环境

舞蹈是一门情感释放的艺术，和谐关爱的师生情感在舞蹈教学中具有特殊的意义。中职学校学生的年龄还较小，很多时候感性占支配地位，理性处于服从地位，情绪波动较大。应为他们创建一个充满爱、充满阳光、平等融洽、携手共进的人际交往环境，并且运用好这一隐性资源。只有使学生在关爱的情感状态中学习舞蹈，才能使其充分地体会舞蹈美并表现出来。

六　结语

人才培养模式涵盖多方面的内容，它不但要具有客观性，而且要具有建设性；不但要符合国情、省情和各自学校的校情，还应该坚持与时俱进的科学发展观。甘肃省中等职业类艺术院校舞蹈专业人才培养模式的改革与创新是一个艰苦而漫长的求索和逐渐完善的过程，笔者在本文中提出的设想和建议，可能会因为各种原因而在短时期内无法实现。笔者也因能力有限，对甘肃省中等职业艺术院校舞蹈专业人才培养模式的研究、分析不够全面、具体，仅进行了事实的调查、描述，还缺乏理论的探索、分析。但本文为甘肃省中等职业舞蹈专业的人才培养模式提出了一个发展思路。创新永无止境，舞蹈教育的发展是不会停止的，现阶段我国舞蹈艺术正在蓬勃发展，可以看出，舞蹈教育的前途是光明的，但道路是曲折的！只有经过舞蹈专业各位学者、教师的共同努力、发展和创新，才能为舞蹈教育夯实发展之路。

甘肃省高职院校学前教育专业舞蹈教学研究

一 绪论

(一) 研究背景

近年来,随着国家对职业教育的重视,各高职院校先后开设了学前教育专业,该专业在职教领域中的地位也愈发重要。2010年《国家中长期教育改革和发展规划纲要(2010—2020)》第三章第五条明确规定:"学前教育对幼儿身心健康、习惯养成、智力开发具有重要意义。"同时国家要求各地方政府采取多种渠道加大学前教育投入,依法落实幼师工作者的地位和待遇。2017年,党的十九大再次提出要办好学前教育和加强师资队伍建设,由此可看出国家对学前教育的期望值和教师队伍建设的高度重视。在这样的大好形势下,学前教育专业呈现出全新的发展态势,近几年来,学前教育专业的报考人数日益增加,各类公立、私立幼儿园对幼师工作者的用工需求逐年递增,较好地带动并促进了学前教育专业的发展,为学前教育专业的毕业生提供了丰富的就业机会。2015年,国家又出台放开二胎政策,这无疑给学前教育专业的发展带来了更大的机遇和美好的前景。

当下,学前教育教师的专业能力、综合素养是全社会十分关注的方面,只有培养出合格的学前教育工作者,建设高素质的教师队伍,学前教育工作才能得到良性发展。众所周知,学前期是儿童身心发展的重要阶段,作为一名高职院校的教师,我们有责任将培养合格的学前教育专业学生作为工作重点，不断思考教学手段的运用与教学内容的革新。

学前教育专业要求学生必须具备一定的艺术修养，不仅要能弹会唱，还要能跳会编。舞蹈课程是学前教育专业五项技能中的一门必修课程，不仅是塑造学生形体、锻炼气质的最佳途径，同时也是培养学生舞蹈表演、鉴赏能力、教育教学能力和自主创新能力的高效手段，通过对舞蹈课程的学习更能使学生在将来的学前教育工作中具备过硬的专业技能与职业素养。

（二）研究目的与意义

1. 研究目的

（1）本文通过对甘肃省高职院校学前教育专业舞蹈课程设置的调研，采取直观有效的数据分析方式对调研内容进行梳理。

（2）通过对调研数据的分析，对甘肃省高职院校学前教育专业舞蹈课程教学中所存在的问题进行分析和讨论。

（3）探索甘肃省高职院校学前教育专业舞蹈教学发展的策略。

2. 研究意义

（1）通过对甘肃省高职院校舞蹈教育专业教学现状的宏观了解和分析，寻求提升教师教学水平、增强学生综合能力的途径。

（2）查找并理清甘肃省高职院校学前教育专业舞蹈课程教学中所存在的问题及原因，对提高教学质量有着指导意义。

（3）提出关于高职院校学前教育专业舞蹈教学的发展思路。

（三）研究重点与难点

1. 研究重点

针对研究范围展开调研，通过问卷调查和访谈等形式，收集数据与资料，进行统计和分析研究，得出结论。

（1）全面梳理相关高职院校学前教育专业舞蹈教学的研究成果。

（2）对调查问卷与访谈结果进行统计与分析。

（3）提出关于学前教育专业舞蹈教学的相应建议。

2. 研究难点

通过对访谈内容和问卷数据进行分析，对当下高职院校学前教育专业舞蹈课程教与学的现状展开思考与研究，在发现问题的同时提出切实可行的解决方案和理论依据。

（四）研究综述

笔者在写作过程中，对文献资料进行了收集和阅读，发现当前的文献多是高职院校教师对自己多年从事教学的经验总结与归纳。其中有些文献通过专业课程设置、教学方法等诸多方面对学前教育专业教学中所出现的问题进行了细致的分析与研究。通过对这些文献的学习与理解，在已有的研究基础上，笔者对学前教育专业教学中所存在的问题进行了深入剖析，找到问题出现的根源"对症下药"，提出合理的解决措施。而且在教学上继续研究、创新甚至进行大胆改革，尝试提出符合当下教育发展需要的新手段，采用新办法取得更好的教学效果。

1. 有关学前教育专业舞蹈课程设置的研究

（1）关于培养目标的研究

张晓明在《高职学前教育舞蹈课程改革初探》，付强在《高职学前教育专业舞蹈课程教学改革的探索》中认为，学前教育专业舞蹈课程不是培养舞蹈演员，而是应结合市场需求在舞蹈课教学中以民族民间舞蹈和幼儿舞蹈为主要内容，不能虚高定位学生的职业方向。

大多数舞蹈教师出身自正规的高校舞蹈专业，他们往往延续着高校舞蹈专业的教学理念，而忽略了他们从事的职业是学前幼儿舞蹈教育这一现实。[①] 在教学中，教师应当充分认清这门课程的教学任务，明确舞蹈是学前教育专业学生必须掌握的技能，把舞蹈课上出效果。

---

① 付强：《高职学前教育专业舞蹈课程教学改革的探索》，《戏剧之家》2014年第17期。

(2) 关于课程内容的研究

笔者通过查阅文献资料发现，除了一些教师论述的关于舞蹈技能课程的教学心得外，周炳元在《高等学前教育专业舞蹈教学研究》中提到应增加舞蹈艺术史等舞蹈理论课内容，认为在上舞蹈欣赏课时，教师不能一味地只让学生看，而应对作品的时代背景、社会价值和艺术价值进行简单介绍，因为学生的欣赏水平和理解能力是有限的。通过舞蹈欣赏课上教师的讲解，学生能掌握更多的舞蹈理论与鉴赏知识。

进入大学阶段，学生的心智逐渐成熟，自我见解和学习理解能力显著提高，所以高职阶段的学习模式应有别于中专学习阶段。在高职学习阶段，如果能适当增加理论课和教学法的课程比例，对于学生毕业后从事教师职业将有极大的帮助。通过调查了解到，有部分由中专考入高职院校的学生甚至疑惑高职院校的舞蹈课是在重复学习他们在中专已学过的内容，虽然舞蹈课的教学特性是重复、反复训练，学生也是通过这个过程实现从量变到质变的，但他们的疑问也是现实问题。在高职阶段学习结束后，他们就要就业，从事教学工作，而其舞蹈基础理论知识却依然是空白，所以高职阶段增加理论课，会使学生对基础理论知识的认知比中专阶段更加深入，同时也让学生感受到在高职阶段所学到的知识和技能更为丰富，无论是理论学习和技能学习都高于中专阶段，走上教师岗位的高职学生将受益匪浅。

(3) 关于学时安排的研究

王龚雪在《刍论职业院校学前教育专业舞蹈课程现状及改革策略》，王芳在《高职学前教育专业学生舞蹈学习困难的原因及对策研究》中都提出了学前教育专业舞蹈课程课时少的问题。王龚雪认为，在有限的课时里，将没有舞蹈基础的学生培养成能教、会编、善舞的幼儿教师，显然是一项非常严峻的任务。

课时安排少的问题在学前教育舞蹈教学中普遍存在。舞蹈是门技能课，讲究慢工出细活，在专业艺术院校中，芭蕾舞、古典舞、现代舞、民族民间舞等课程，都是独立设置的，但学前教育专业的舞蹈教学却需要在有限的课时里，教授艺术院校所有的独立课程。高职院校学前教育专业的舞蹈课时大大减少，每周2—4节，对于舞蹈这门技能性较强的课程，课时少必然会带来训练时间的不足和对必学内容的压缩。如何在有限的教学时间内完成教学计划，提高教学质量，使学生的舞蹈教学能力得到全面提高，给教师的教学带来了一定的压力和困难，同时也提出了一个亟待解决的新课题。[①]

（4）关于教材的研究

王龚雪在《刍论职业院校学前教育专业舞蹈课程现状及改革策略》中提出许多院校学前教育专业没有统一的舞蹈课程教材，可供选择的教材数量多、质量参差不齐。教材重点不突出，缺乏针对性，导致学前教育专业的教材与专业舞蹈院校的教材雷同。

目前，有些院校依然没有规定舞蹈课教材，即使有部分院校指定了教材，也是上文所提到的质量参差不齐、非固定的教材，从而导致教师没有使用和参考教材的良好习惯，随意制订课程计划和内容，随心所欲地备课，甚至不备课，因此无法保证舞蹈课的教学质量。即使固定了教材课本的院校，也因为一些主客观原因而导致学生不能学习教材的内容，从而使教材成为摆设，无法保证规定的教材内容和实际教学内容的一致性。要解决实际教学中存在的这些突出问题，最直接有效的方法便是各院校根据本身所制定的培养目标和生源质量指定或设置校本教材，使舞蹈教学的软件基础逐渐夯实，有效提高教学水平。

2. 有关学前教育专业舞蹈生源结构的研究

龚治豪在《高职学前教育舞蹈教学方法与学生职业技能的提高刍议》，张骥在《高职学前教育舞蹈课程改革探析》中指出学生基础良莠不齐，一些学生从未受过舞蹈方面的训练，学生群体差异性较大，这些都为教师的教学带来很大的困扰。

---

① 王芳：《高职学前教育专业学生舞蹈学习困难的原因及对策研究》，《襄樊职业技术学院学报》2009年第5期。

20世纪90年代初期，学前教育专业在招生过程中，报考学生除需要通过文化课考试外，还必须通过舞蹈、钢琴、声乐等艺术考试，有一定的门槛性，要求学生具备一定程度的艺术素养。在实施教育改革后，学前教育专业取消了这个"艺术门槛"，普通应届学生都有机会报考学前教育专业，虽然生源数量有所增加，但对学生进校后的艺术课学习带来了一定程度的困难和阻碍。相当数量的学生来自边远贫困农村，音乐、美术等艺术课虽然在城市学校已经得到了较好的普及，但在许多贫困地区，因为师资力量等各种困难，导致部分学生从小学到高中都没有接触过艺术课程，舞蹈在他们的人生成长轨迹中根本就是空白，对这个学生群体来讲，进入高职阶段学习美术、音乐、舞蹈等必修课，压力和困难是非常巨大的。

3. 有关学前教育专业舞蹈课程教学的研究

(1) 关于舞蹈兴趣的研究

朱金芳在《高职学前教育舞蹈课兴趣教学初探》，赵一瑾在《高职学前教育专业舞蹈课兴趣教学分析》中主要从加强师生情感互动、师生间情感培养、构建轻松氛围、激发学生兴趣出发，认为教师应从自身反思做起，不能用粗暴的话语批评学生，应重视激发学生的学习兴趣，提高学生的学习自觉性。教师要用积极情感感染学生的心灵，善于正确的引导。如果在课堂上教师常以冷漠、发火的样子面对学生，那么学生就会处于紧张害怕的状态，精神紧张、肌肉僵硬、反应迟钝，无法感受和表现舞蹈艺术所带来的美感，这种紧张的课堂气氛必然会影响教学效果。因此，应构建轻松愉快的教学氛围，以保证舞蹈课堂教学顺利开展，提高教学效率。

(2) 关于分层教学的研究

黄露斯在《分层教学法在高职学前教育专业舞蹈教学中的运用研究》中对"分层教学"做了细致的探讨，认为分层教学可以满足不同程度学生的学习需求，降低学生的学习压力，激发学生的学习兴趣，也有助于教师成为研究者。同时提到分层教学对程度较低的学生或多或少会造成自尊心的伤害，对教师而言，也加大了教学工作量。在实行分层教学后,每个学生都能根据自己的基础和实际需要制定教学目标,选择教学内容和学习方法,因而学生的学习压力大大降低,也激发了他们学习舞蹈的兴趣。①

(3) 关于互动教学的研究

吴明静在《互动教学在学前教育专业舞蹈教学中的运用》中指出"互动教学"在舞蹈教学中所起到的积极作用。通过师生互动引导阶段、生生互动交流阶段和人—境互动应用阶段提高认识,既有利于教师与学生沟通信息,了解学生存在的问题,对症下药,提高教学效果,改进方法,又有利于保证教学计划的贯彻执行,提高教学质量,在互动中取人之长、补己之短。

从古至今,教学方法一直受到教育者的重视与研究,是教师的教授方法和学生的学习方法两个层面的统一。在教学过程中,教师是主导,学生是主体,主导作用发挥得好,主体才能有所提高,两者相互影响,相互促进。教师对教学方法的利用,是教学过程的一个重要环节,教学方法的好与坏最终体现在学生的学习态度、学习兴趣、学习领悟等方面。教师只有认真揣摩教学方法,才能更加有效地实现预期的教学目标。孔子提出"因材施教",至今,该教学理论一直是从事教育事业的"金科玉律"。对于学前教育专业生源良莠不齐的现状,因材施教尤为重要。例如根据学生的舞蹈基础备课,教授时要求动作不能有较高的难度,不能过于烦琐,应尽量简单且能达到训练目的,尽量不使用太专业的术语进行讲解,多用通俗易懂的语言,这样才能让学生更快地接受和领悟动作方法和要领。

(4) 关于注重学生语言表达、培养教育工作者的研究

张骥在《高职学前教育舞蹈课程改革探析》,付强在《高职学前教育专业舞蹈课程教学改革的探索》中提到应重视老师"教"的能力,突破"满堂灌"这一教学方式,培养学生语言组织能力、口头

---

① 黄露斯:《分层教学法在高职学前教育专业舞蹈教学中的运用研究》,《大众科技》2013年第11期。

表达能力，以利于舞蹈教学能力的培养。通过教案编写、教学设计，强化其教学基本功，提高教师的综合教学能力，同时也能了解学生对舞蹈知识的掌握情况。

根据对部分幼儿园的调查了解，有相当一部分已毕业的高职院校学前教育专业的学生舞蹈教学能力较弱，具体体现在不敢做示范动作、不会组织语言讲解动作和编排舞蹈吃力等方面，此类现象应该引起高职院校舞蹈教育者的重视与反思，也充分体现了前文所提到的理论知识和教学法的重要性。在校期间，舞蹈课堂上教师应多给学生提供自主思索的空间，多给学生模拟教学、讲解动作的机会，同时也要重视培养其编写教案的能力，提高学生作为教师的站位点意识和教学意识，学习实用高效的教学知识，真正做到学有所用，从容自信地面对未来即将从事的教学工作。

（五）与舞蹈课程教学相关的教育理论研究

1. 关于"多元智能"理论方法对学前教育舞蹈创编作用的研究

孟凡翠在《基于多元智能理论的学前舞蹈创编教学研究》中，梳理了关于"多元智能"理论的相关研究，通过加德纳提出的七种多元智能理论——语言智能、数理逻辑智能、身体运动智能、空间智能、音乐智能、人际智能、自我认识智能，发现与舞蹈的关联性，将多元智能理论运用于舞蹈创编的实践教学中，并归纳和总结了相应的教学成果。

2. 关于拉班"教育舞蹈"思想对学前舞蹈教育意义的研究

邓茜在《拉班"教育舞蹈"思想对学前舞蹈教育的意义》中，通过探讨学前儿童心理、生理的发展，认为当前存在着教育目标偏差、教育方法错位的问题，提出教育工作者需要引进成熟的舞蹈教育理论、方法及手段，并对拉班以创造性学习为中心、以培养儿童综合素质的"教育舞蹈"思想及教学方法做出了分析。

3. "奥尔夫音乐教学法"对学前舞蹈教育意义的研究

于争艳在《奥尔夫音乐在学前专业舞蹈教学中的理论与实践》

中，通过对奥尔夫音乐在国内的传播，总结出对学前教育专业学生有益的学习方法与心得，提出学生全面综合学习要与将来的学前儿童教学相一致，并认为就高职院校学前教育专业学生自身的入学条件而言，奥尔夫音乐教学法更显出因材施教的特色;① 奥尔夫音乐教学法系注重即兴性，要求学生亲自参与，老师只要提供一些基本的动作示范，引导学生的兴趣，使其自觉探究、创新，一步一步地合作将单一的动作创编成完整的舞步，把教学的主动权和创作权交给了学生。

创新是全人类的共同追求，只有通过不断的学习才能增加创新的可能性，学前教育专业舞蹈课堂目前已处于瓶颈期，亟待创新。上述三位作者通过对"多元智能"理论方法、拉班"教育舞蹈"思想和"奥尔夫音乐教学法"的梳理提出了对学前教育专业舞蹈教学的方法创新，这种创新是从科学理论发展到人文环境改变等的社会进步共同促进的，居于教学主导地位的教师应当充分认识到学习和了解前沿舞蹈信息的重要性，这样才能更好地将创新理论和创造性思维运用于教学，努力提升自我学习意识，创新舞蹈课堂的教学理念和教学模式，使高职院校学前教育专业的舞蹈教学尽快脱离瓶颈期。

二　研究方法与数据来源

（一）研究方法

1. 文献法

查阅并分析与高职教育、学前教育专业方面舞蹈教学研究有关的文献资料，查阅并分析与专业舞蹈教学相关的文献资料以做对比参考。

2. 问卷调查法

为了全面了解学前教育专业舞蹈课程的教育现状，笔者设计问卷，选择甘肃省五所受调查高职院校并发放"关于甘肃省高职院校学

---

① 于争艳:《奥尔夫音乐在学前专业舞蹈教学中的理论与实践》，学位论文，辽宁师范大学，2012年。

前教育专业舞蹈教学现状及存在问题调查问卷",为本文研究提供丰富的客观材料。通过数据统计,分析总结出现阶段学前教育专业舞蹈课程的教学问题。

3. 访谈法

为了更好地了解高职院校学前教育专业舞蹈课程的教学现状,笔者对甘肃省高职院校领导、任课教师以访谈的形式进行面对面的交流。

(1) 根据高职院校领导对舞蹈教育的认知和重视程度,获得关于学前教育专业舞蹈课程的一些建议与期望。

(2) 根据教师认为的学前教育专业舞蹈课程现存的问题与教学中对教学内容和教学方法的认识,从整体上进行归纳、总结,组织任课教师对舞蹈课程教学问题进行分析、研讨,并制订改进计划。

(二) 数据来源

1. 资料收集

本文收集资料的方法主要包括文献法、问卷法与访谈法。其中文献的搜集,主要通过对 CNKI 研究成果和相关的官方网站进行检索。本文资料收集过程分为预调查与正式调查两个阶段。预调查时间为 2017 年 6 月 15 日至 7 月 5 日。正式调查时间为 2017 年 9 月 15 日至 11 月 3 日。访谈时间为 2017 年 9 月 23 日至 2017 年 11 月 20 日。

2. 样本概括

本文研究样本的确定分为随机抽样和目的性整群抽样。对问卷的发放与回收均进行了较为严格的管理。本文针对甘肃省五所高职院校的学前教育专业学生发放问卷 430 份,收回问卷 418 份,选取有效问卷 418 份,有效率为 97%。

问卷通过核对之后,采用专业软件 Epiddate 3.1 进行录入,并对录入数据进行逐一核对,将数据导入 Spss 19.0 中进行统计分析。共有 418 名学生的调查数据进入统计程序,对于个别缺失值,则以平均值代替。此外，针对调查问卷中部分开放型题目的笔答资料进行收集，加以归类整理。

表 1　　　　　　　　　问卷发放与回收统计

发放问卷（份）	收回问卷（份）	收回率（%）	有效问卷（份）	有效率（%）
430	418	97	418	97

3. 访谈资料的数据整理

本文将对院领导、教师这两类访谈对象进行随机编号，分别用英文字母表示。

第一类，院领导，共有 2 名，分别用 XA，XB 表示（见表2）。

表 2　　　　　　　　　院领导访谈数据整理

受访者（职称与职务）	访谈日期	访谈时间	访谈地点、访谈方式
XA 院长	2017/09/28	15：00—16：00	办公室、录音笔
XB 院长	2017/10/09	17：00—17：27	办公室、录音笔

第二类，教师，共有 5 名，分别以 WA，WB，WC，WD，WE 表示（见表3）。

表 3　　　　　　　　　教师访谈数据整理

受访者（职称与职务）	访谈日期	访谈时间	访谈地点、访谈方式
WA 舞蹈教师（讲师）	2017/05/23	13：30—14：10	教室、录音笔
WB 舞蹈教师（讲师）	2017/06/07	16：35—17：20	教室、录音笔
WC 舞蹈教师（讲师）	2017/06/16	15：10—15：40	教室、录音笔
WD 舞蹈教师（讲师）	2017/06/29	20：10—20：40	教室、录音笔
WE 舞蹈教师（助教）	2017/07/01	19：10—19：50	教室、录音笔

三 研究的核心概念

(一) 高职院校

高职院校是高等职业教育的简称,是和传统普通高等教育有着不同性质的另一种类型的教育,主要是以培养具有一定理论性和较强实践能力,面向企业、面向基层、面向生产、面向服务和管理一线职业岗位的实用型、技术型和技能型的专门人才为目的的高等教育。

高职为大专学历。大专是大学专科的简称。我国高等教育大学生教育分为两种形式:大学本科和大学专科,两者的区分在学制和学位两个方面,大学本科学制四年,可申请学士学位,大学专科学制2—3年,没有学位。其中大专学历还包括高等专科,简称"高专"。高职和高专的教育类型、培养目标有各自的侧重点,高职注重动手能力和专业技术技能;而高专更注重理论知识,高职和高专的毕业证书均属国家承认的专科毕业证书。

职业教育是以需求为导向,对接现代生产及生活方式,为社会培养有技术技能的人才。它区别于学术教育,具有近期的直接性,对人才培养的能力训练重于理论知识的获取。

教育部部长陈宝生在十二届全国人大五次会议记者会上这么谈到职业教育:"社会各界要对职业教育高看一眼,厚爱一分,把职业教育看成孩子人生发展的一个非常有前途的选择和途径。""就社会理念来说,大家希望上普通高校,不上职业院校,整个社会还是重普通教育,轻职业教育。此外,职业教育也存在一些教育教学方法的问题,就是重课堂教学,轻实践能力的培养;在内容建设方面,教学内容比较陈旧,讲的还是过去的技术,学生就业才发现没有用。"

所以,职业教育要同市场共同协作,互助互赢,共同进步,完成职业教育的人才培养工作。

(二) 学前教育专业

学前教育是教育活动的最初阶段，是指儿童步入小学前的入学教育，也是人生第一个教育阶段。对儿童的教育从出生开始，0—3 岁的教育称为"婴儿教育"，3—6 岁称为"幼儿教育"，也就是本文所指向的学前教育。学前教育是一门综合性极强的学科，是指对 3—6 周岁或 7 周岁的儿童实施的保育、教育和教学相结合的工作。

学前教育专业是研究教育规律的科学，是教育学科的一个分支，要求学生学习学前教育方面的基本理论和基本知识，掌握学前教师应具备的基本技能，培养在托幼机构从事保教和研究工作的教师，学前教育行政人员以及其他有关机构的教学、研究人员。

(三) 课程设置

课程设置是指学校对各类各科课程的设置和安排。把"课程设置"仅仅理解为学科课程的开设，是不够全面的。课程设置主要规定课程类型和课程门类的设立，及其在各年级的安排顺序和学时分配，并简要规定各类各科课程的学习目标、学习内容和学习要求。课程设置主要包括合理的课程结构和课程内容，合理的课程结构是指各门课程之间的结构合理，包括开设的课程合理，课程开设的先后顺序合理，各课程之间衔接有序，能使学生通过课程的学习与训练，获得某一专业的知识与能力。

(四) 舞蹈美育

舞蹈美育是指以舞蹈艺术为内容和实施手段对人们进行审美教育，以促进人的心灵净化和个性完美的社会实践活动。舞蹈是一种通过人体的姿态、动作来表现内心情感和社会生活感受的艺术，是以运动中的人体美为主要内容的一种形式美。此外，舞蹈美育还有对社会生活的认识功能和对舞蹈技艺的表现功能等。

四 甘肃省高职院校学前教育专业舞蹈课程与教学现状调查问卷及访谈结果

本次问卷的设计主要是针对甘肃省高职院校学前教育专业舞蹈课程与教学现状的,分别从课程标准(课程内容、课时计划)、师资结构(职称、学历、年龄、性别)、硬件条件、学生基本信息、学生学习(兴趣、态度、效果)和实践活动、教学效果、教学方法等多个方面着手进行。

据调查,甘肃省现有 26 所高职院校,其中有六所高职院校开设了学前教育专业,这六所高职院校均在原中职学校的基础上合并、升格而来,本文的调查范围为其中五所高职院校。A 校位于甘肃省陇东地区,2016 年由工业中专、师范学校、农业学校、体育学校四所中等职业学校组建而成,设有含学前教育专业的九系两部 42 个专业;B 校位于甘肃省中部,2011 年由原职业技术学院、教育学院、师范学校合并而来,设 11 个院系 57 个专业三个教学部一个中心;C 校位于甘肃省南部的少数民族自治州,2015 年由卫生学校和职业技术学校合并而来,设 10 个专业;D 校位于甘肃省河西地区,2001 年由职业中专、农林科技学校、财经学校组建而来,设八个教学部及两个应用型本科专业;E 校也位于甘肃省河西地区,2003 年在原教育学院的基础上升格而来,附设三校六系 28 个专业。

(一)问卷调查结果规整

1. 各院校舞蹈课程设置情况

(1)课程内容

由表 4 可知,五所学校的课程基本一致,均由芭蕾形体、古典舞、民族民间舞和幼儿舞蹈与创编五项内容构成,不同之处在于各校课程内容分配的差异。A 校第一学期课程内容为芭蕾形体,第二学期

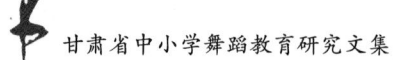

课程内容为古典舞身韵，第三学期课程内容为民族民间舞，第四学期课程内容为幼儿舞蹈与创编；B校第一学年课程内容为基本动作与技能训练（人体各部位运动，中国古典舞和芭蕾舞手位、脚位、基本姿态和动作），第二学年课程内容为幼儿舞蹈和民族民间舞（幼儿基本舞步、律动及集体舞、汉藏蒙维傣民间舞蹈）；C校课程内容由各教师自行安排，主要围绕芭蕾形体、古典舞、民族民间舞及幼儿舞蹈进行备课，"幼儿舞蹈创编"是学前教育专业的选修课，学生可自主选择；D校第一学期课程内容为古典芭蕾基本功训练、汉族舞蹈，第二学期课程内容为综合性训练、藏族舞蹈，第三学期课程内容为幼儿舞蹈创编、蒙古族舞蹈，第四学期课程内容为幼儿舞蹈创编、维吾尔族舞蹈；E校第一学期课程内容为基本功与形体训练，第二学期课程内容为藏族舞蹈、汉族舞蹈，第三学期课程内容为维吾尔族舞蹈和蒙古族舞蹈，第四学期课程内容为傣族舞蹈、鲜族舞蹈、汇报演出、幼儿舞蹈创编。

表4　　　　　　　　　舞蹈课程内容统计

		A校	B校	C校	D校	E校
第一学年	第一学期	芭蕾形体	基本动作与技能训练（人体各部位运动，中国古典舞和芭蕾舞手位、脚位、基本姿态和动作）	各教师自行安排课程内容，主要围绕芭蕾形体、古典舞、民族民间舞及幼儿舞蹈进行备课"幼儿舞蹈创编"作为学前教育专业的一门选修课呈现，由学生自主选择	古典芭蕾基本功训练、汉族舞蹈	基本功与形体训练
	第二学期	古典舞身韵			综合性训练、藏族舞蹈	藏族舞蹈、汉族舞蹈
第二学年	第三学期	民族民间舞	幼儿舞蹈和民族民间舞（幼儿基本舞步、律动及集体舞、汉藏蒙维傣民间舞蹈）		幼儿舞蹈创编、蒙古族舞蹈	维吾尔族舞蹈、蒙古族舞蹈
	第四学期	幼儿舞蹈与创编			幼儿舞蹈创编、维吾尔族舞蹈	傣族舞蹈、鲜族舞蹈、汇报演出、幼儿舞蹈创编

(2) 舞蹈课时分配

由表 5 可知，五院校的课时计划、学分、学制完全一致，均为每周两课时（一课时 45 分钟）、两学分、三年制，课程比例也基本一致，占总课时比例的 3% 或 4%。

表 5　　　　　　　　　舞蹈课程学时计划统计

	A 校	B 校	C 校	D 校	E 校
周课时（节）	2	2	2	2	2
占总课时的比例（%）	3	3	4	3	4
学分（分）	2	2	2	2	2
学制（年）	3	3	3	3	3

2. 各院校舞蹈师资结构

(1) 舞蹈教师人数

由表 6 可知，A 校和 B 校舞蹈教师人数均为 3 人，C 校、D 校和 E 校舞蹈教师人数均为 2 人。

表 6　　　　　　　　　舞蹈教师人数统计

	A 校	B 校	C 校	D 校	E 校
人数（人）	3	3	2	2	2

(2) 舞蹈教师年龄结构

由表 7 可知，五所院校的舞蹈教师年龄结构全部在 35 岁以下。A 校 29 岁以下的教师比例是 100%，30—35 岁和 36—45 岁教师的比例为 0，平均年龄 27 岁；B 校 29 岁以下的教师比例为 33.3%，30—35 岁的教师比例为 76.7%，36—45 岁的教师比例为 0，平均年龄 32 岁；C 校和 D 校相同，29 岁以下的教师和 30—35 岁的教师比例各为 50%，36—45 岁的教师比例为 0，平均年龄 29 岁；E 校 29 岁以下的教师比例为 0，30—35 岁的教师比例为 100%，36—45 岁的教师比例为0，平均年龄31岁。

表7　　　　　　　　　舞蹈教师年龄统计

	A校		B校		C校		D校		E校	
	人数（人）	百分比（%）	人数（人）	百分比（%）	人数（人）	百分比（%）	人数（人）	百分比（%）	人数（人）	百分比（%）
36—45岁	0	0	0	0	0	0	0	0	0	0
30—35岁	0	0	2	76.7	1	50	1	50	2	100
29岁以下	3	100	1	33.3	1	50	1	50	0	0
平均年龄（%）	27		32		29		29		31	

（3）舞蹈教师性别结构

由表8可知，A校、B校、D校三校舞蹈教师中男教师的比例为0，女教师的比例均为100%；C校、E校两校的男女教师比例各占50%。

表8　　　　　　　　　男女舞蹈教师比例统计

	A校		B校		C校		D校		E校	
	人数（人）	百分比（%）	人数（人）	百分比（%）	人数（人）	百分比（%）	人数（人）	百分比（%）	人数（人）	百分比（%）
男	0	0	0	0	1	50	0	0	1	50
女	4	100.0	3	100.0	1	50	2	100	1	100

（4）舞蹈教师学历结构

由表9可知，绝大多数舞蹈教师为本科学历，研究生学历的教师只有一名。A校、B校、D校、E校四校教师的本科学历均为100%，研究生学历为0；C校教师的本科学历和研究生学历各占50%。

表9　　　　　　　　　　教师学历统计

	A校		B校		C校		D校		E校	
	人数（人）	百分比（%）	人数（人）	百分比（%）	人数（人）	百分比（%）	人数（人）	百分比（%）	人数（人）	百分比（%）
本科生	3	100	3	100	1	50	2	100	2	100
研究生	0	0	0	0	1	50	0	0	0	0

（5）舞蹈教师职称结构

由表10可知，五所院校的舞蹈教师职称主要为中级职称和初级职称，目前没有副高级以上职称。A校舞蹈教师助教职称占100%，中级职称为0；B校舞蹈教师中级职称占76.7%，助教职称占33.3%；C校和D校的比例一致，中级职称和助教职称各占50%；E校中级职称占100%，没有其他职称。

表10　　　　　　　　　　教师职称统计

	A校		B校		C校		D校		E校	
	人数（人）	百分比（%）	人数（人）	百分比（%）	人数（人）	百分比（%）	人数（人）	百分比（%）	人数（人）	百分比（%）
高级职称	0	0	0	0	0	0	0	0	0	0
副高级职称	0	0	0	0	0	0	0	0	0	0
中级职称	0	0	2	76.7	1	50	1	50	2	100
助教职称	3	100	1	33.3	1	50	1	50	0	0
合计	3	100	3	100	2	100	2	100	2	100

（6）舞蹈教师学缘结构

由表11可知，五所院校的舞蹈教师基本上是本省综合大学和本省师范大学毕业，省外院校毕业的人数很少。A校本省综合大学、本省师范大学和省外大学毕业的舞蹈教师比例均占33.3%，艺术院校毕业的舞蹈教师比例为0；B校舞蹈教师本省综合大学毕业的比例为33.3%，本省师范大学毕业的比例为76.7%，省外大学和艺术院校毕业的比例为0；C、D两校的比例一致，本省综合大学和本省师范大学毕业的舞蹈教师比例各占50%，省外大学和艺术院校毕业的舞蹈教师比例为0；E校舞蹈教师本省综合大学毕业的比例为100%，本省师范大学、省外大学和艺术院校毕业的比例为0。

表11　　　　　　　　　　舞蹈教师学缘结构统计

	A校		B校		C校		D校		E校	
	人数（人）	百分比（%）	人数（人）	百分比（%）	人数（人）	百分比（%）	人数（人）	百分比（%）	人数（人）	百分比（%）
本省综合大学	1	33.3	1	33.3	1	50	1	50	2	100
本省师范大学	1	33.3	2	76.7	1	50	1	50	0	0
省外大学	1	33.3	0	0	0	0	0	0	0	0
艺术院校	0	0	0	0	0	0	0	0	0	0
其他	0	0	0	0	0	0	0	0	0	0

3. 各学校硬件设施

由表12可知，A校有六间舞蹈教室；B校有三间舞蹈教室；C校有四间舞蹈教室；D校有两间舞蹈教室；E校有三间舞蹈教室（其中一间为礼堂舞台）。教室面积均未达到专业标准。

表12　　　　　　　　　　舞蹈教室统计

	A校	B校	C校	D校	E校
舞蹈教室（间）	6	3	4	2	3
教师面积（m^2）	150	80	100	150	200

4. 各学校生源规模

由表13可知，五所学校的生源数量可观，A校学前教育专业总人数约900人，B校学前教育专业总人数约1600人，C校学前教育专业总人数约970人，D校学前教育专业总人数约850人，E校学前教育专业总人数约1500人。

表13　　　　　　　　　　学生人数统计　　　　　　　　　　（人）

	A校	B校	C校	D校	E校
总人数	约900	约1600	约970	约850	约1500

5. 学生的基本信息

（1）学生性别

由表14可知，学前教育专业的学生普遍为女生。A校男生比例为7.29%，女生比例为92.71%；B校男生比例为3.82%，女生比例为96.18%；C校男生比例为2.04%，女生比例为97.96%；D校男生比例为10.00%，女生比例为90.00%；E校男生比例为0，女生比例为100%。

表14　　　　　　　　　　学生性别统计

	A校		B校		C校		D校		E校	
	人数（人）	百分比（%）	人数（人）	百分比（%）	人数（人）	百分比（%）	人数（人）	百分比（%）	人数（人）	百分比（%）
男	7	7.29	5	3.82	2	2.04	6	10.00	0	0
女	89	92.71	126	96.18	96	97.96	54	90.00	33	100
合计	96	100	131	100	98	100	60	100	33	100

（2）学生的民族

由表15可知，A校汉族学生比例为83.33%，回族学生比例为5.21%，藏族学生比例为10.42%，其他民族学生比例为1.04%；B校汉族学生比例为69.47%，回族学生比例为6.11%，藏族学生比例为22.14%，其他民族学生比例为2.29%；C校汉族学生比例为57.14%，回族学生比例为27.55%，藏族学生比例为3.06%，其他民族学生比例为12.24%；D校汉族学生比例为86.67%，回族学生比例为3.33%，藏族学生比例为10.00%，其他民族学生比例为0；

E校汉族学生比例为90.91%,回族学生比例为3.03%,藏族学生比例为6.06%,其他民族学生比例为0。

表15　　　　　　　　　学生民族统计

	A校		B校		C校		D校		E校	
	人数(人)	百分比(%)	人数(人)	百分比(%)	人数(人)	百分比(%)	人数(人)	百分比(%)	人数(人)	百分比(%)
汉	80	83.33	91	69.47	56	57.14	52	86.67	30	90.91
回	5	5.21	8	6.11	27	27.55	2	3.33	1	3.03
藏	10	10.42	29	22.14	3	3.06	6	10.00	2	6.06
其他	1	1.04	3	2.29	12	12.24	0	0	0	0
合计	96		131		98		60		33	

(3) 学生的年级分布

由表16可知,A校学生所在年级大一的比例为67.71%,大二的比例为32.29%,大三的比例为0;B校学生所在年级大一的比例为54.96%,大二的比例为28.24%,大三的比例为16.79%;C校学生所在年级大一的比例为40.82%,大二的比例为53.06%,大三的比例为6.12%;D校学生所在年级大一的比例为1.67%,大二的比例为70.00%,大三的比例为28.33%;E校学生所在年级大一的比例为9.09%,大二的比例为84.85%,大三的比例为6.06%。

表16　　　　　　　　学生年级分布统计

	A校		B校		C校		D校		E校	
	人数(人)	百分比(%)	人数(人)	百分比(%)	人数(人)	百分比(%)	人数(人)	百分比(%)	人数(人)	百分比(%)
大一	65	67.71	72	54.96	40	40.82	1	1.67	3	9.09
大二	31	32.29	37	28.24	52	53.06	42	70.00	28	84.85
大三	0	0	22	16.79	6	6.12	17	28.33	2	6.06
合计	96		131		98		60		33	

（4）学生生源地

由表17可知，五所院校来自乡村的学生比例最高，占54.55%以上，城市和县镇的学生比例只占少数。A校城市学生比例为14.58%，县镇学生比例为18.75%，乡村学生比例为66.67%；B校城市学生比例为10.69%，县镇学生比例为12.98%，乡村学生比例为76.34%；C校城市学生比例为30.61%，县镇学生比例为13.27%，乡村学生比例为56.12%；D校城市学生比例和县镇学生比例相同，为13.33%，乡村学生比例为73.33%；E校城市学生比例为24.24%，县镇学生比例为21.21%，乡村学生比例为54.55%。

表17　　　　　　　　　　学生生源地统计

	A校		B校		C校		D校		E校	
	人数（人）	百分比（%）	人数（人）	百分比（%）	人数（人）	百分比（%）	人数（人）	百分比（%）	人数（人）	百分比（%）
城市	14	14.58	14	10.69	30	30.61	8	13.33	8	24.24
县镇	18	18.75	17	12.98	13	13.27	8	13.33	7	21.21
乡村	64	66.67	100	76.34	55	56.12	44	73.33	18	54.55
合计	96		131		98		60		33	

（5）学生的舞蹈基础

由表18可知，五所院校有舞蹈学习经历的学生比例较低，只有一所学校超过50%，情况不容乐观。A校有舞蹈基础的学生比例为28.13%，没有舞蹈基础的学生比例为71.88%；B校有舞蹈基础的学生比例为32.06%，没有舞蹈基础的学生比例为67.94%；C校有舞蹈基础的学生比例为17.35%，没有舞蹈基础的学生比例为82.65%；D校有舞蹈基础的学生比例为35.00%，没有舞蹈基础的学生比例为65.00%；E校有舞蹈基础的学生比例为57.58%，没有舞蹈基础的学生比例为42.42%。

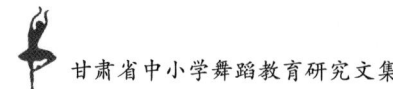

表18　　　　　　　学生是否有舞蹈学习基础的统计

	A校		B校		C校		D校		E校	
	人数（人）	百分比（%）	人数（人）	百分比（%）	人数（人）	百分比（%）	人数（人）	百分比（%）	人数（人）	百分比（%）
有	27	28.13	42	32.06	17	17.35	21	35.00	19	57.58
没有	69	71.88	89	67.94	81	82.65	39	65.00	14	42.42
合计	96		131		98		60		33	

（6）学生的学习背景

由表19可知，A、B两校来自高中的学生比例大约为45.00%，来自中职的比例大约为55.00%；C校来自高中的学生比例为65.31%，来自中职的学生比例为34.69%；D校来自高中和中职的学生比例均占50.00%；E校学生来自中职的学生比例最高，为75.76%，来自高中的学生比例为24.24%。

表19　　　　　　　学生学习背景统计表

	A校		B校		C校		D校		E校	
	人数（人）	百分比（%）	人数（人）	百分比（%）	人数（人）	百分比（%）	人数（人）	百分比（%）	人数（人）	百分比（%）
高中	43	44.79	61	46.56	64	65.31	30	50.00	8	24.24
中职	53	55.21	70	53.44	34	34.69	30	50.00	25	75.76
合计	96	100	131	100	98	100	60	100	33	100

6. 学生的学习兴趣

（1）对学习舞蹈的态度

由表20可知，五所院校学生喜欢舞蹈的程度较高，其中A、B两校的比例最为接近，喜欢舞蹈的比例约为37.00%，表示"一般"的比例约为57.00%，表示"不喜欢"的比例约为5.00%；B校学生喜欢舞蹈的比例为37.4%，表示"一般"的比例为57.25%，表示"不喜欢"舞蹈的比例为5.34%；C校学生喜欢舞蹈的比例为

41.84%，表示"一般"的比例为58.16%，表示"不喜欢"舞蹈的比例为0；D校学生喜欢舞蹈的比例为63.33%，表示"一般"的比例为35.00%，表示"不喜欢"舞蹈的比例为1.67%；E校学生喜欢舞蹈的比例为60.61%，表示"一般"的比例为36.36%，表示"不喜欢"舞蹈的比例为3.03%。

表20　　　　　　　　　学生对学习舞蹈态度的统计

	A校		B校		C校		D校		E校	
	人数（人）	百分比（%）	人数（人）	百分比（%）	人数（人）	百分比（%）	人数（人）	百分比（%）	人数（人）	百分比（%）
喜欢	36	37.50	49	37.40	41	41.84	38	63.33	20	60.61
一般	55	57.29	75	57.25	57	58.16	21	35.00	12	36.36
不喜欢	5	5.21	7	5.34	0	0	1	1.67	1	3.03
合计	96		131		98		60		33	

（2）喜欢舞蹈的原因

由表21可知，绝大多数学生对舞蹈产生了兴趣。A校学生对喜欢舞蹈的原因，选择"喜欢老师"的比例为12.5%，选择"有舞蹈兴趣"的比例为46.88%，选择"课程内容有趣"的比例为10.42%，选择"其他"的比例为30.21%；B校学生对喜欢舞蹈的原因，选择"喜欢老师"的比例为9.16%，选择"有舞蹈兴趣"的比例为52.67%，选择"课程内容有趣"的比例为12.21%，选择"其他"的比例为25.95%；C校学生对喜欢舞蹈的原因，选择"喜欢老师"的比例为2.04%，选择"有舞蹈兴趣"的比例为57.14%，选择"课程内容有趣"的比例为16.33%，选择"其他"的比例为24.49%；D校学生对喜欢舞蹈的原因，选择"喜欢老师"的比例为10.00%，选择"有舞蹈兴趣"的比例为60.00%，选择"课程内容有趣"的比例为18.33%，选择"其他"的比例为11.67%；E校学生对喜欢舞蹈的原因，选择"喜欢老师"的比例为15.15%，选择

"有舞蹈兴趣"的比例为66.67%,选择"课程内容有趣"的比例为9.09%,选择"其他"的比例为9.09%。

表21　　　　　　　　　学生喜欢舞蹈的原因统计

	A校		B校		C校		D校		E校	
	人数（人）	百分比（%）	人数（人）	百分比（%）	人数（人）	百分比（%）	人数（人）	百分比（%）	人数（人）	百分比（%）
喜欢老师	12	12.50	12	9.16	2	2.04	6	10.00	5	15.15
有舞蹈兴趣	45	46.88	69	52.67	56	57.14	36	60.00	22	66.67
课程内容有趣	10	10.42	16	12.21	16	16.33	11	18.33	3	9.09
其他	29	30.21	34	25.95	24	24.49	7	11.67	3	9.09
合计	96		131		98		60		33	

（3）不喜欢舞蹈课的原因

由表22可知,A校有五名学生不喜欢舞蹈课,其产生原因有：基础差,占60.00%；不喜欢老师授课方式,占20.00%；不喜欢课程内容,占20.00%。B校有7名学生不喜欢舞蹈课,其产生原因有：基础差,占58.00%；不喜欢教师授课方式,占14.00%；不喜欢课程内容,占14.00%；其他,占14.00%；C校学生没有不喜欢舞蹈课的。D校和E校一样,只有1名学生不喜欢舞蹈课,其产生原因是基础差。

表22　　　　　　　　学生不喜欢舞蹈课的原因统计

	A校		B校		C校		D校		E校	
	人数（人）	百分比（%）	人数（人）	百分比（%）	人数（人）	百分比（%）	人数（人）	百分比（%）	人数（人）	百分比（%）
基础差	3	60.00	4	58.00	0	0	1	100	1	100
不喜欢老师授课方式	1	20.00	1	14.00	0	0	0	0	0	0
不喜欢课程内容	1	20.00	1	14.00	0	0	0	0	0	0
其他	0	0	1	14.00	0	0	0	0	0	0
合计	5		7		0		1		1	

7. 学生的学习态度

(1) 对舞蹈课的认识

由表23可知，学生对舞蹈课的认识态度端正，肯定了舞蹈课学习的重要性。五所学校的学生认为舞蹈课"重要"的比例在93.75%以上。A校学生认为舞蹈课"不重要"的比例为6.25%；B校学生认为舞蹈课"不重要"的比例为6.11%；C校学生认为舞蹈课"不重要"的比例为3.06%；D校学生认为舞蹈课"不重要"的比例为3.33%；E校学生认为舞蹈课"不重要"的比例为3.03%。

表23　　　　　　　　学生对舞蹈课认识的统计

	A校		B校		C校		D校		E校	
	人数（人）	百分比（%）	人数（人）	百分比（%）	人数（人）	百分比（%）	人数（人）	百分比（%）	人数（人）	百分比（%）
重要	90	93.75	123	93.89	95	96.94	58	96.67	32	96.97
不重要	6	6.25	8	6.11	3	3.06	2	3.33	1	3.03
合计	96		131		98		60		33	

(2) 对增加舞蹈课时的期望

由表24可知，学生希望增加舞蹈课时的期望值很高。A校、C校、D校、E校四校学生"希望"增加舞蹈课时的比例达到62.24%以上，只有B校学生"希望"增加舞蹈课时的比例为44.27%。A校学生"不希望"增加舞蹈课时的比例为29.17%；B校学生"不希望"增加舞蹈课时的比例为55.73%；C校学生"不希望"增加舞蹈课时的比例为37.76%；D校学生"不希望"增加舞蹈课时的比例为26.67%；E校学生"不希望"增加舞蹈课时的比例为21.21%。

表24　　　　　　　　学生期望增加舞蹈课时的态度统计

	A校		B校		C校		D校		E校	
	人数（人）	百分比（%）	人数（人）	百分比（%）	人数（人）	百分比（%）	人数（人）	百分比（%）	人数（人）	百分比（%）
希望	68	70.83	58	44.27	61	62.24	44	73.33	26	78.79
不希望	28	29.17	73	55.73	37	37.76	16	26.67	7	21.21
合计	96		131		98		60		33	

（3）关于舞蹈课的难易程度

由表25可知，A、C校两校的学生对学习舞蹈课感到"困难"的比例较高，在53.00%左右，其中A校学生对学习舞蹈课感到"不困难"的比例为8.33%，感到"一般"的比例为38.54%；C校学生对学习舞蹈课感到"不困难"的比例为6.12%，感到"一般"的比例为40.82%；B校学生对学习舞蹈课感到"困难"的比例为46.56%，感到"不困难"的比例为10.69%，感到"一般"的比例为42.75%；D校学生对学习舞蹈课感到"困难"的比例为31.67%，感到"不困难"的比例为23.33%，感到"一般"的比例为45.00%；E校学生对学习舞蹈课感到"困难"的比例为24.24%，感到"不困难"的比例为27.27%，感到"一般"的比例为48.48%。

表25　　　　　　　　学生学习舞蹈课难易程度的统计

	A校		B校		C校		D校		E校	
	人数（人）	百分比（%）	人数（人）	百分比（%）	人数（人）	百分比（%）	人数（人）	百分比（%）	人数（人）	百分比（%）
困难	51	53.13	61	46.56	52	53.06	19	31.67	8	24.24
不困难	8	8.33	14	10.69	6	6.12	14	23.33	9	27.27
一般	37	38.54	56	42.75	40	40.82	27	45.00	16	48.48
合计	96		131		98		60		33	

（4）学习舞蹈课困难的原因

由表26可知，A校、B校、D校三校学生认为"基本功练习"困难的比例在51.15%以上，"不会听音乐"的比例超过10.00%，其中A校和D校"动作记不住"的学生比例一致，均为25.00%；B校"动作记不住"的学生比例为37.40%，"不会听音乐"的学生比例为11.45%；C校学生认为"基本功练习"困难的比例为48.98%，"动作记不住"的比例为28.57%，"不会听音乐"的比例为22.45%；E校学生认为"基本功练习"困难的比例为48.48%，"动作记不住"的比例为27.27%，"不会听音乐"的比例为24.24%。

表26　　　　　　　　学生学习舞蹈课困难原因的统计

	A校		B校		C校		D校		E校	
	人数（人）	百分比（%）	人数（人）	百分比（%）	人数（人）	百分比（%）	人数（人）	百分比（%）	人数（人）	百分比（%）
基本功练习	60	62.50	67	51.15	48	48.98	39	65.00	16	48.48
动作记不住	24	25.00	49	37.40	28	28.57	15	25.00	9	27.27
不会听音乐	12	12.50	15	11.45	22	22.45	6	10.00	8	24.24
合计	96		131		98		60		33	

8. 学生的学习效果

（1）舞蹈课学习的收获

由表27可知，学生学习舞蹈课的效果明显，均有收获。A校、B校、C校三校学生表示学习舞蹈课"有"收获的比例约为80%，其中A校学生表示"没有"收获的比例为4.17%，表示"一般"的比例为18.75%；B校学生表示"没有"收获的比例为2.29%，表示"一般"的比例为18.32%；C校学生表示"没有"收获的比例为3.06%，表示"一般"的比例为14.29%；D校、E校两校学生表示学习舞蹈课"有"收获的比例约为90%。其中D校学生表示"没有"收获的比例为3.33%，表示"一般"的比例为5.00%；E校学生表示"没有"收获的比例为0，表示"一般"的比例为9.09%。

表27　　　　　　　　　　学生舞蹈课学习收获统计

	A校		B校		C校		D校		E校	
	人数（人）	百分比（%）	人数（人）	百分比（%）	人数（人）	百分比（%）	人数（人）	百分比（%）	人数（人）	百分比（%）
有	74	77.08	104	79.39	81	82.65	55	91.67	30	90.91
没有	4	4.17	3	2.29	3	3.06	2	3.33	0	0
一般	18	18.75	24	18.32	14	14.29	3	5.00	3	9.09
合计	96		131		98		60		33	

（2）舞蹈课的学习收获

由表28可知，五所学校学生通过学习舞蹈课，基本功均有了很大的提升，其中A校、B校、C校三校学生表示在基本功方面有收获的比例在56.25%以上，D校为40.00%，E校为33.33%。A校学生在舞种风格组合方面表示有收获的比例为12.50%，在舞蹈理论知识方面表示有收获的比例为6.25%，在舞蹈创编方面表示有收获的比例为4.17%，在其他方面表示有收获的比例为20.83%；B校学生在舞种风格组合方面表示有收获的比例为8.40%，在舞蹈理论知识方面表示有收获的比例为5.34%，在舞蹈创编方面表示有收获的比例为8.40%，在其他方面表示有收获的比例为14.50%；C校学生在舞种风格组合方面表示有收获的比例为12.24%，在舞蹈理论知识方面表示有收获的比例为3.06%，在舞蹈创编方面表示有收获的比例为5.10%，在其他方面表示有收获的比例为16.33%；D校学生在舞种风格组合方面表示有收获的比例为26.67%，在舞蹈理论知识方面表示有收获的比例为11.67%，在舞蹈创编方面表示有收获的比例为15.00%，在其他方面表示有收获的比例为6.67%；E校学生在舞种风格组合方面表示有收获的比例为21.21%，在舞蹈理论知识方面表示有收获的比例为9.09%，在舞蹈创编方面表示有收获的比例为24.24%，在其他方面表示有收获的比例为12.12%。

表28　　　　　　　　学生舞蹈课的学习收获

	A校		B校		C校		D校		E校	
	人数（人）	百分比（%）	人数（人）	百分比（%）	人数（人）	百分比（%）	人数（人）	百分比（%）	人数（人）	百分比（%）
基本功	54	56.25	83	63.36	62	63.27	24	40.00	11	33.33
舞种风格组合	12	12.50	11	8.40	12	12.24	16	26.67	7	21.21
舞蹈理论知识	6	6.25	7	5.34	3	3.06	7	11.67	3	9.09
舞蹈创编	4	4.17	11	8.40	5	5.10	9	15.00	8	24.24
其他	20	20.83	19	14.50	16	16.33	4	6.67	4	12.12
合计	96		131		98		60		33	

9. 实践活动

（1）学生是否了解学校有舞蹈社团

由表29可知，五所学校中，不知道学校开设舞蹈社团的学生占大多数。只有一所学校学生表示有社团的比例为51.52%，其他四所学校学生表示有社团的比例低于30.00%。

表29　　　　　　　学生是否了解学校有舞蹈社团统计

	A校		B校		C校		D校		E校	
	人数（人）	百分比（%）	人数（人）	百分比（%）	人数（人）	百分比（%）	人数（人）	百分比（%）	人数（人）	百分比（%）
有	13	13.54	22	16.79	23	23.47	18	30.00	17	51.52
没有	83	86.46	109	83.21	75	76.53	42	70.00	16	48.48
合计	96		131		98		60		33	

（2）学生参加舞蹈比赛的人数

由表30可知，五所学校学生参加过舞蹈演出的人数微乎其微。A

校、B校、C校三校学生没有参加舞蹈演出的比例约为80.00%，其中A校学生参加过舞蹈演出的比例为15.63%；B校学生参加过舞蹈演出的比例为16.79%；C校学生参加过舞蹈演出的比例为20.41%；D校学生参加过舞蹈演出的比例和没有参加过舞蹈演出的比例各为50.00%。E校学生参加过舞蹈演出的比例为54.55%，没有参加过舞蹈演出的比例为45.45%。

表30　　　　　　　学生参加过舞蹈比赛的人数统计

	A校		B校		C校		D校		E校	
	人数（人）	百分比（%）	人数（人）	百分比（%）	人数（人）	百分比（%）	人数（人）	百分比（%）	人数（人）	百分比（%）
有	15	15.63	22	16.79	20	20.41	30	50.00	18	54.55
没有	81	84.38	109	83.21	78	79.59	30	50.00	15	45.45
合计	96		131		98		60		33	

表31　　　　　　　学生对参加舞蹈演出期望的统计

	A校		B校		C校		D校		E校	
	人数（人）	百分比（%）	人数（人）	百分比（%）	人数（人）	百分比（%）	人数（人）	百分比（%）	人数（人）	百分比（%）
希望	68	70.83	91	69.47	69	70.41	57	95.00	30	90.91
不希望	3	3.13	12	9.16	7	7.14	1	1.67	1	3.03
无所谓	25	26.04	28	21.37	22	22.45	2	3.33	2	6.06
合计	96		131		98		60		33	

（3）学生对参加舞蹈演出的期望

由表31可知，五所学校学生希望参加舞蹈演出的比例很高，超过了69.00%，其中D校、E校两校学生的比例高达90.00%以上。A校学生不希望参加舞蹈演出的比例为3.13%，表示"无所谓"的比例为26.04%；B校学生表示"不希望"参加舞蹈演出的比例为

9.16%，表示"无所谓"的比例为 21.37%；C 校学生表示"不希望"参加舞蹈演出的比例为 7.14%，表示"无所谓"的比例为 22.45%；D 校学生表示"不希望"参加舞蹈演出的比例为 1.67%，表示"无所谓"的比例为 3.33%；E 校学生表示"不希望"参加舞蹈演出的比例为 3.03%，表示"无所谓"的比例为 6.06%。

（二）访谈结果的归整

本文在问卷调查的基础上，还针对高职院校学前教育专业舞蹈教学过程中所存在的问题，同院校领导和舞蹈教师共 7 人进行了访谈，对他们谈到的教学问题和建议进行整理与分析。

1. 院领导访谈内容的归整

表32　　　　　　　　学前教育专业院领导的访谈统计

重点问题	回答问题的核心内容	回答问题的人数（n=2）	百分比（%）
请介绍一下学前教育专业的培养目标及舞蹈课程设置情况	培养目标 课程设置	2	100
教学管理	教师成长 教师培训	1	50
舞蹈师资	编制紧缺的问题 引进人才的问题	1	50
舞蹈课的反响	教师业务能力 学生舞蹈比赛	2	100
对学前教育专业舞蹈课程发展的建议与期望	教学方法 培养目标	2	100

表 32 显示，对于培养目标、课程设置问题，有两位院领导介绍说：

我们学前教育专业的目标是培养德、智、体、美全面发展，具有现代教育思想，具有良好的师德，掌握学前教育专业的知识及基本技能，能从事各级各类基层幼儿园保教工作的合格幼教师资。学制是三年。舞蹈课作为学前教育的基本技能课，是五大技能课中的一项。舞蹈课的培养标准是，能够胜任各级各类幼儿园的舞蹈课教学。每星期要保证两节舞蹈课，舞蹈课是学前教育专业的一门主课。（XA）

我们学前教育专业的人才培养目标主要是面向各地区幼儿园培养幼师，学制三年。舞蹈课程在学前教育专业课程中的比例大概是3%—4%，舞蹈课程的培养标准不是培养专业的舞蹈人员，而是以幼儿的舞蹈表演和创编为主。另外，通过舞蹈课的学习来塑造学生的形体和精神面貌。（XB）

对于教学管理方面的问题，有1位院领导介绍并肯定了本校舞蹈教师的工作能力，同时谈到教师培训方面的问题。

我们的舞蹈教师全是专业舞蹈院校毕业的，都具有扎实的功底。学校会派他们参加舞蹈专业培训和幼儿园艺术教育相关的培训，另外，还会参加与职业院校相关的职业教育、转型方面的培训。（XB）

对于师资问题，有一位院领导说道：

我们学校也有几名兼职教师，因为舞蹈教师不能满足代课需求。今年，我们想引进一名舞蹈教师，但是因为种种原因而不能如愿，最后进来的是一名声乐老师。在这方面是不能做主的，是由一些职能部门按照条件筛选完以后进行招考，舞蹈专业毕业的学生一般在文化课考试后是进入不了面试的，因为舞蹈专业研究生毕业证上写的是音乐与舞蹈学，结果相关部门就认为学音乐的和学舞蹈的是一样的,所以学音乐的和学舞蹈的都可以报名考试,并且不允许我们写所学方向(比如音乐与舞蹈学,舞蹈方向),这个问题不光我们一所学校遇到了,其他学校同样也遇到过。(XA)

对于舞蹈课的反响问题,有两位院领导认为舞蹈课非常重要,肯定了舞蹈教师的工作精神,赞扬他们为学院争得了荣誉:

> 我们的舞蹈教师工作非常认真,在学院留下的印象特别好,上课认真,成绩突出。经常会编排舞蹈作品代表学院去参加各类比赛,前一阶段还参加了全省的比赛。教师指导的作品还获得了一等奖。舞蹈专业教师很活跃,为学院争得了面子。我们还要进行学前教育专业学生的技能测评,其中一项就是舞蹈技能测评,要求每位学生在毕业前必须通过测评。舞蹈课对学前教育专业的学生来说是必需的,太重要了,不管你从专业的角度来看,还是站在学生家长的角度来看,将来在工作中用途非常大。幼儿的舞蹈课怎么开展?幼儿的形体课怎么开展?这些都是我们要解决的问题,也是我们要展开研究的课题。(XA)

> 舞蹈课很重要,学生们都是比较喜欢舞蹈课的,老师们非常敬业、认真负责,教给学生们一些切实的知识,舞蹈课质量还是比较高的。学生们经常参加省级以上的比赛,目前有老师指导的舞蹈作品荣获甘肃省一等奖。(XB)

对于教学的建议与期望,有两位院领导分别谈到了学生质量、教学方法、培养目标等方面:

> 存在的问题就是学前教育专业学生的素质参差不齐。在后期工作中要思考怎样培养幼儿舞蹈教师,培养他们将来怎么上好舞

蹈课，传统的舞蹈课上课方式怎么改革。比如对我们学校的学生，可以采取分层培养，分层次教学。对专业水平好的学生可以要求高一点，像高考学生，他们没有一点基础，最起码让学生在三年以后能够在幼儿园担任一些幼儿形体舞蹈律动方面的教学工作。(XA)

舞蹈是艺术教育的形式之一。通过舞蹈课的学习，除了塑造体形、展现美之外，还要通过舞蹈表演展现对美好生活的向往。希望能和幼儿舞蹈紧密结合，让学生利用舞蹈的形式开展教学，希望老师们了解幼儿的身心发展规律，多到幼儿园去，多接触一些幼儿舞蹈培训机构，能够切实和我们的幼儿舞蹈教学紧密结合在一起。(XB)

2. 舞蹈教师访谈内容的归整

表33显示，针对教材和大纲问题，通过对三位教师的访谈，了解到个别学校存在未使用教材的现象，并且有教师认为教材没有落到实处，更换频繁。

表33　　　　　　**学前教育专业舞蹈教师的访谈统计**

重点问题	回答问题的核心内容	回答问题的人数（n=5）	百分比（%）
是否有教材和大纲	无教材 教材更换频繁	3	60
对现有课时的看法	课时量少 增加课时	5	100
对教学设施的看法	教室小 把杆少	3	60
舞蹈教学效果	进展缓慢	3	60
学校是否安排舞蹈教师参加培训或学习	没有参加过培训和学习	3	60

续表

重点问题	回答问题的核心内容	回答问题的人数（n=5）	百分比（%）
舞蹈社团与演出	演出实践活动与舞蹈课的关系 演出实践活动对学生能力的提升	2	40
教学中面临的困难	学生基础薄弱 课时少 教室封闭，课后无法练习	5	100
对学前教育专业舞蹈课程发展的个人观点	教学管理 教学设施 课时问题 学生基础	5	100

我没有见过学校规定的教材。（WA）

我们有教材，但是教材只是作为参考，不会完全根据教材备课，上课时还会加入一些舞蹈考级等内容。（WB）

教材是从前年才开始有的，更换过两次，我认为制定教材应该征求任课老师的意见或建议，我现在见过的这两本教材都是教务部门选定发放的，并且教材内容也是千篇一律的，没有学前教育专业学生的舞蹈学习侧重点。（WC）

针对课时问题，访谈的每位教师都认为舞蹈课一周两课时较少，对教师而言，不能满足教学目标，对学生而言无法胜任将来的幼教工作。

我觉得现在舞蹈课的课时量不太够，要是按照学生现有的程度和条件来说，如果每周四节课时，就能多学点舞蹈专业知识。（WA）

我认为课时量不够，不能满足教学内容的需要，因为一周两课时，学生们接触舞蹈特别少，应该多接触，我希望舞蹈课时能够再增加一些。(WB)

我认为，对本专业学生而言，舞蹈课时应该适当，毕竟这是一门技能课，没有一定的课时量，是无法体现舞蹈课价值的，没有体现出舞蹈课开设的意义。(WC)

我觉得，就学前教育专业而言，舞蹈课时是够用的，不过，对一些舞蹈能力相对高的学生来说，就会觉得舞蹈课时太少，应注重学生潜力和长处的培养，对舞蹈基础好或者兴趣高的学生专门增加几节课时会更有教育意义。(WD)

现有课时量太少，多数学生没有舞蹈基础，怎么能培养出合格的幼儿舞蹈教师，能力达不到幼儿舞蹈教学的要求。(WE)

关于教学设施的问题，有三位教师认为舞蹈教学设施还有待提高。

教室设施齐全，但是我觉得，只有一间300多平方米的教室，其他教室太小，容纳50多个学生很挤。(WA)

把杆不够用，应该增添活动把杆。目前存在的问题就是，学生多，把杆少，要分组练习，十分浪费课堂时间。(WB)

舞蹈教室太小，不规整，不方正，只能说有一个场地，还远远达不到专业舞蹈教室的要求。设备也不齐全，音响和把杆都有问题，虽然有两个活动把杆，但是不够用，因为每个班都有30多名学生。(WC)

针对教学效果的问题，有三位教师认为因学生多数零基础的原因，导致教学进展缓慢，效果欠佳。

因为绝大多数生源来自乡村，入校前从未有过舞蹈方面的训练，导致学生学习困难，很难完成教学目标。（WA）

学生基本上没有舞蹈基础，从未接触过舞蹈，导致教学进度缓慢，难以完成教学任务，大一基本上是从头学起，比如方向、点位、勾绷脚。（WC）

排课不合理，教师更换班级频繁，不能将一届学生带毕业，导致教学效果一般。（WD）

针对教师培训学习方面的问题，通过三位教师的访谈了解到教师们普遍没有参加过舞蹈方面的培训和学习。

工作至今，我没有接受过任何舞蹈专业的学习和培训，都觉得自己不是从事舞蹈专业教学的了，对舞蹈方面的信息了解得越来越少，连看舞蹈专业演出的机会都没有，得知的信息越来越少。（WA）

目前为止，还没有参加过培训学习。（WB）

我没有参加过培训，或许是工作年限短吧。（WC）

针对舞蹈社团和演出问题，有两位教师认为，舞蹈社团和舞蹈课是相互作用、共同进步的。

我们有舞蹈社团，一般进社团的学生都是有一点舞蹈功底的，舞蹈课上表现好的学生就会被选拔进入社团。进入社团的学生接触舞蹈的机会更多，所以进步会更快，会越来越好，自身有一个很大的提高，和舞蹈课是相辅相成的。(WA)

进入舞蹈社团的学生毕竟是少数，通过社团演出的锻炼，接触舞蹈机会更多，学生们进步很快，是学校参加演出和比赛的主力军。(WB)

对于教学中所面临的困难，五位教师都谈到学生基础差、课时量少和教室不允许学生课后使用的问题。

我认为最困难的就是生源问题，近几年来我基本上没有见过有舞蹈基础的学生，都是来自农村的学生。(WA)

因学前教育专业的要求，学生所学的课程太广，并且入校前所有课都没有基础，艺术课多数为空白，所以导致学生的学习压力很大。(WB)

课时少，师资力量薄弱，老师们工作量大。(WC)

内容教得深了，学生接受不了；浅了，也就是教一些皮毛的基础性知识和动作，像舞蹈基本功，学生能下横竖叉就很不错了，要是再深入，首先一周两课时太少，时间不允许，还有学生的自身条件也有限制。(WD)

学生不记动作，每周上课都得重复教学。课后没有练习时间，练功厅不让学生使用，有演出排练需要用练功厅还得写申请。(WE)

针对学前教育专业舞蹈课程的发展，五位教师分别从课程内容、生源质量、增加课时、教学管理等方面谈了自己的观点。

当然，希望系领导是本专业的，懂专业、有资历，能够起学科带头人作用，起引领作用，目前都是不懂专业的，一知半解的，管理方面很不规范。（WA）

舞蹈课的目标很模糊，没有相关的制度和要求，都是我们老师通过自己的认知来安排课程内容，应该像舞蹈专业院校一样，做出明确规定，比如民间舞课、基训课等，让老师明确每学期的舞蹈应该教授的内容。（WB）

希望能招收一些有基础的学生，还有教学环境设施能有所改善，统一教材，合理安排课程目标，能够规范化。（WC）

希望学校多举办演出和比赛，可以班级为单位，让每一位学生都有登台演出的锻炼机会。通过演出比赛可以让学生自发地重视舞蹈课程，提高学生的积极性和自身舞蹈能力，而不是每次演出总是固定的少数学生。（WD）

真希望能适当增加点课时，这也是因为教学领导不是本专业的原因吧，有本专业的领导带队，相信会有不同的教学管理和教学效果。（WE）

五 分析与讨论

当前，学前教育专业舞蹈课程虽总体实施得不错，但存在的问题仍然较多，不断遭遇着瓶颈，主要表现在课程设置、师资结构、生源结构、硬件设施、教学管理几个方面。

（一）课程设置

1. 课程内容

教学计划设定模糊，没有针对性，多数学校以民族民间舞蹈为主要教学内容，针对幼儿教师的培养方向偏移，脱离正轨，忘记自己培养的是什么样的人才。培养目标这一前提不明确，课程设计不够规范，导致"生产"过程出了问题，后期"产品"未能得到市场的认可。因此出现部分教师随意安排课程，随心所欲地教授课堂内容，只是在上一堂舞蹈课，没有方向和目标，缺乏以培养幼儿教师为教学目的的理念。不能合理安排教学内容，难以适应学前教育专业舞蹈发展的需求，无法达到预期的教学效果。

2. 课时安排

舞蹈课的课时为每周两小节，即一周一次。这对于本来基础就薄弱，接受能力有限的学生而言，更是感觉十分吃力，进步缓慢。对教师而言，难以达到教学目标，例如学生记不住动作，每节课要重复练习同样的内容，影响教学进度，只能在现有课时条件下不断压缩教学内容和练习时间，很难满足教学需求。

通过学生问卷调查和教师访谈的结果得知，学生和教师对增加舞蹈课时的期望都很高。

3. 课程教材

课程教材作为教学的基础性资源，是沟通师生学习的主要媒介，故课程教材的具体化、科学化十分关键。当前，国内舞蹈教材总体呈现出管理欠佳态势，衍生出诸多问题，诸如标准混杂无序，而且各校自主选择教材，具体使用中"千姿百态"，教材质量参差不齐，科学性不强。[①] 舞蹈课程教材是由学院教务部门选择并确定的，在教材的选择上并没有征求舞蹈教师的意见，其教材更换较为频繁，目前尚未

---

① 梁艺：《西部高师音乐专业舞蹈课程设置改革实践》，《北京舞蹈学院学报》2013年第1期。

有固定教材。

(二) 师资结构

教师是课堂的主导者,引领着学生的学习,教师自身的素质和能力,将直接影响教学质量。根据问卷调查得知,甘肃省学前教育专业舞蹈教师师资欠缺,各校均有外聘舞蹈教师,在编教师绝大多数毕业于本省大学,外省高校毕业的教师较少,均为舞蹈专业本科学历,只有极个别教师为硕士研究生学历,各校教师的职称为讲师和助教,女教师居多,男女教师比例失衡,年龄均在30岁左右。师资力量十分薄弱,教学经验有待提高,创新能力欠缺。学前教育专业舞蹈教师队伍专业信息较为闭塞,近几年来,舞蹈教师甚至有脱离舞蹈专业领域的趋势,其专业发展在职业教育获得较好发展的机遇下依旧止步不前。

(三) 生源结构

在社会倡导以学生为教学主体的大环境下,学生生源的差异会直接影响教学内容的实施。通过调研了解到,目前学前教育专业的生源来自于两个方面,即中职生和普高生,60%的学生来自于乡村,男女生比例失衡。

1. 中职生

原中职生基本上没有男生。在舞蹈课程方面,经过中职阶段的学习,有一定的舞蹈知识和舞蹈基础,教师的教学计划可以相对顺利地实施,学生们也会在中职学习的基础上得到进一步的提高,达到高职阶段应具备的舞蹈技能水平。舞蹈教育本就是慢工出细活的事情,只有慢慢积累才会得到预期的成绩。所以,中职生源在高职阶段的舞蹈课程学习中是相对轻松愉悦的,可以较好地完成教学计划,达到培养目标。

2. 普高生

普高生部分生源中男生比例极少,与中职生相比较,他们的舞蹈课程学习是一个十分艰难的过程。

首先，因为经济欠发达的地域特殊性，普高学生对舞蹈学科缺乏基本认知，严重影响学习舞蹈知识的积极性。通过调研发现，首先，有相当数量的学生来自贫困偏远地区、少数民族自治地区，基本上入学前没有接受过艺术教育，甚至在之前的九年义务教育阶段必修的音乐课程都无法得到保证，这种艺术教育脱节的现象是普遍存在于高职院校舞蹈教学中的，导致学生学习舞蹈课程十分困难，严重影响学生的学习兴趣。其次，因为在入学前多数学生少有或未接受过舞蹈训练，限制了他们舞蹈学习的主动性。源于相当数量的学生舞蹈基础能力缺乏，存在着表演能力欠佳、身体柔韧度不足、四肢僵硬没有节奏感、课堂反应慢等问题，除个人因素局限外，也与部分教师在教学中采用的一味灌输模式有关，忽略个人感受，故使学生内敛羞涩，畏苦自卑。

（四）硬件设施

舞蹈教学具有特殊性，其教学环境不同于其他课程，需要有专门的舞蹈教室，方能保证舞蹈课程正常有效开展。在调查中得知，仍有个别院校舞蹈教学硬件设施相对落后，教室尚未规范化，未达到人均6平方米的专业标准，狭小拥挤、无空间感；地面、镜子、把杆都没有达到专业化要求；其钢琴、音响、多媒体等设备不够完善，无法给学生提供一个良好的学习环境。

（五）教学管理

1. 教师培训

据调查得知，甘肃省学前教育专业舞蹈教师队伍专业信息相对闭塞，几乎没有培训和学习本专业知识的机会，近年来，甚至有脱离专业领域的趋势，在职业教育蓬勃发展的大好形势下，他们却只能闭门造车、坐井观天。

2. 教学方法

一名优秀的教师离不开教育理论的支撑，好的舞蹈教师应该了解人体身心发展规律。在调查中发现，学前教育专业舞蹈课堂上，因部分教师还未掌握学前教育专业的教学规律和培养目标，面对舞蹈零基础的学生要求过于专业化、程式化，无形中让学生丧失了自信心，对舞蹈课失去兴趣。尤其对于刚就业的年轻教师而言，面对绝大多数舞蹈零基础的学前教育专业学生，自然会感到教学的困难，无从下手，主要表现出学生难（没兴趣、缺少自信），教师难（教什么、怎么教）的现状。

3. 教室管理制度

对于舞蹈教室的管理制度相对滞后，除上课以外，其他时间未对学生开放，致使学生没有自主练习的场地，长此以往无法养成学习的主动性。在此现状下，学生对舞蹈课程适应能力缓慢，仅靠教师课堂上的灌输，既影响教师授课进度，也增加了教学难度，致使舞蹈教学质量提升缓慢。

4. 演出实践活动

演出实践活动不仅是丰富校园文化生活的形式之一，也是提升学生舞台艺术表演能力的有效途径。学前教育专业的学生演出机会较少，对于校内或校外举办的各项演出活动，通常是一些技能课相对出众的学生参加，多数学生在校期间没有演出实践活动的经历，导致演出实践活动成为固定少数学生群体的内容。

六　高职院校学前教育专业舞蹈课程与教学革新的思考

促进高职院校舞蹈课程的教学发展，仅仅把着眼点放在高职院校教学本身上是远远不够的，应针对生源基础、教师教学水平以及校方培养理念等进行全面剖析，对高职院校学前教育专业舞蹈课程的发展做出深入思考。

（一）明确课程教学目标，细化课程设置内容

1. 设定规范的教学大纲

教学大纲是课程设置的标准，它包括课程内容、要求和顺序，是教师教学的基本依据。党的十九大报告指出："健全行业企业参与办学的体制机制和支持政策，支持行业企业参与人才培养的全过程，促进职业教育与经济社会需求对接。"高职院校舞蹈教学应针对职业教育的特征，在制定学前教育专业培养方案的前提下，本着校企协同育人的理念，规划设计大纲。校方应充分了解和重视幼儿园用人需求，在制定教学大纲的过程中，可通过与合作幼儿园的沟通交流，了解幼儿园对舞蹈课程的培养需求，共同设计方案，科学有效地制定舞蹈专业教学大纲，合理实际地建立学生的培养规划。通过完善教学大纲，能够有效地使教师明确教学方向，合理有序地备课，充实完善教学内容，完成教学任务，达到教学目标。

2. 遵循幼儿教育规律

在舞蹈教学共有规律中多围绕学前教育的特性，针对学前幼儿的生理心理特征，以舞蹈为手段、以幼儿音乐为途径，让学生了解、熟悉、掌控自己的身体，感受韵律、节奏、强弱等，在享受美表现美的同时，达到身心的统一。可将舞蹈课和音乐课融为一体，利用音乐的节奏（如音乐中小鸟的叫声），通过自身的理解和感悟，启发幼儿的肢体动作和表现欲望，即加强了音乐节奏感，又培养了舞蹈表现能力，能够调动幼儿的好奇心和主动求知的积极性。

3. 增设舞蹈作品赏析类课程

舞蹈课程教学中应当多利用多媒体资源，让学生欣赏舞蹈作品，对于舞蹈基础薄弱的学生而言，欣赏舞蹈作品可以拓展视野、增强舞蹈兴趣、提升鉴赏能力。首先，在作品欣赏的过程中，教师可以同步讲解与分析，让学生了解舞蹈作品的背景、题材和形式，加强舞蹈理论知识学习，为舞蹈创编奠定基础；其次，还可利用舞蹈视频资源学习成品舞蹈，发挥学习的主动性，使学生掌握在视频中学习舞蹈的能

力，为将来步入教师岗位打下良好的基础。学生在学习视频舞蹈之后，教师再对学生加以指导，指出存在的问题与不足，加强师生互动，丰富课堂氛围，这个学习过程会对学生舞蹈能力的提高提供极大的帮助。

4. 适当加入人体解剖学的学习内容

高职学生已具备一定的理解和分析能力，所以舞蹈教师应在讲解舞蹈基本方位、空间等知识以外，让学生掌握一定的人体解剖学知识，了解有关肌肉的训练意义和各部位身体训练的运动路线。让学生意识到舞蹈不只是一门技术技能课，其背后有着完善的训练体系和科学理论的支撑。[①] 引导学生认识动作的发力点，给学生思考的空间，让学生在自主思索中进步，了解并学习舞蹈学科的理论知识。人体解剖学不仅有利于舞蹈课的学习，同时也为将来的舞蹈教育工作打下良好的基础。

5. 把握专业要求、突出主要内容

舞蹈学是一门广泛而深邃的学科，舞蹈课程的内容宽泛而全面，其中涉及训练个体注意力、观察力、协调性、审美意识及手眼身心等各个方面，教学内容更是涵盖西方芭蕾舞、中国古典舞、民族民间舞、现代舞等。学前教育专业的舞蹈课程作为本专业的必修课，目标是培养具有一定舞蹈教学能力及编创能力的幼儿教师，课程设置应满足终身学习和可持续发展的要求。[②] 如何在有限的课时内，使学生更好地掌握舞蹈基础知识和教学能力是学前教育专业舞蹈教师面临的巨大考验。结合培养目标、学生基础等实际问题，设置和使用合理且规范的教学内容和教学方法，明确舞蹈专业院校的程式化教学不适用于学前教育专业学生。学前教育专业学生应该是一专多能，即能跳会唱全面发展，培养目标应当是"学广非精"，舞蹈教学大纲的设置应以舞蹈基本功（芭蕾形体）、民族民间舞、幼儿舞蹈和幼儿舞蹈创编为

---

① 张晓明：《高职学前教育改革初探》，《戏剧之家》2014年第17期。
② 王明伦：《高等职业教育课程设置的依据和原则》，《职业技术教育》2002年第1期。

主要教学内容。

首先，抓好基本功训练。舞蹈课学习中离不开基本功训练，它是舞蹈教学的首要内容和基础前提，没有良好的基本功练习，舞蹈课程的学习就是不够完整、系统的。高职院校学前教育专业的舞蹈课程基本功训练可以通过芭蕾形体的学习来完成，芭蕾形体训练能使学生初步认识和掌握舞蹈教室的方位与空间要求，了解并感受身体每个部位、关节与肌肉的运动规律及训练意义。同时在课堂上潜移默化地了解舞蹈学科的专业术语，通过地面、把杆、把下的综合训练，开发软开度、加强训练力度、控制能力以及表现力，遵循由简到繁、由易到难的科学训练方法，使学生脱离自然体态，达到标准规范化的体态要求。

其次，应当重视中国民族民间舞蹈教学。民族民间舞蹈是学前教育专业舞蹈课程的主要内容，相对于比较枯燥的芭蕾形体练习更易受学生的喜爱。民族民间舞蹈是我国艺术的源泉，通过学习可以丰富学生的舞蹈语汇，开阔视野，了解各民族舞蹈的知识背景，也能够进一步提高学生的协调性、灵活性和表现力。所以教师应根据学生的实际情况，抓住各民族民间舞典型的主要动律，进行筛选、提炼和准备，从而以组合的形式开展民间舞蹈教学。

最后，应加强幼儿舞蹈学习及幼儿舞蹈创编能力。幼儿舞蹈创编课应让学生从简单的幼儿舞蹈单一动作开始了解，比如基本舞步（走跑跳）、叉腰手、旁按手等。创编课主要发挥学生的主观能动性，教师应做到引导、指点，教给学生创编方法和思维模式，如重复、对比、夸张、捕捉形象等，在选择题材、形式、道具等方面给予学生一定的帮助。学前教育专业的舞蹈教学受传统教学方式的制约，忽略了对幼儿舞蹈兴趣的培养，所以在学习中应当引导学生由浅入深、采用幼儿音乐和歌曲，并将其学到的舞蹈知识发挥出来。强调针对幼儿的心理和外在形象捕捉，创编适合幼儿的舞蹈作品，多站在幼儿的角度感知舞蹈魅力，分析及处理幼儿与舞蹈的关系，这样就会产生艺术化舞蹈的乐趣，吸引学前儿童的情感与兴趣。经过幼儿创编课的学习与锻炼，从而使学生达到既能跳又会编的舞蹈水平。

6. 合理选用课程教材

教材的选定直接影响着教师对教学内容、教学步骤、教学方法等的具体安排和规划。准确把握教材的内容，能够有效地帮助教师科学合理组织教学环节，提高教学质量。我国各界各类舞蹈专业、业余培训行业已经十分普及，造成社会上流通的舞蹈教材种类繁多，令人眼花缭乱。高职院校学前教育专业的舞蹈教材选择应当充分考虑生源条件，针对绝大多数学生舞蹈零基础的现状，避免所选择的教材千篇一律，缺乏针对性。教务管理部门在教材选定过程中，应充分征求任课教师的意见，选取符合本校学生基础和培养目标，并且针对幼儿年龄特征的生动有趣的舞蹈课程教材。

7. 适当增加舞蹈课时

舞蹈是一门技能课，在专业艺术院校中，芭蕾舞、古典舞、现代舞、民族民间舞等课程，都是独立的。每一门课程都有其科学的训练方法，能够使学生得到全面、专业的学习。就目前学前教育专业舞蹈课时少、学生舞蹈零基础的现状，因材施教是关键，适当增加舞蹈课时，教师则可以从容细致地备课，在课堂上也不会因为完成教学计划而一再加快进度、压缩时间，学生也不会感觉课堂内容过多，难以消化，产生倦怠感，应做到循序渐进，使学生对芭蕾舞、古典舞、民族民间舞等风格有一个全面的认识和掌握。

(二) 提高教师教学水平，培养教学创新能力

1. 发挥青年教师的优势

高职院校学前教育专业的教师队伍基本上由青年教师构成，其大多毕业于正规高校，接受了系统的专业训练，专业技能突出，心态年轻，易于与学生沟通，且精力旺盛，工作热情高。这些都是青年教师的优势所在。青年教师群体专业基础知识扎实，知识面宽，是教学研究的新生力量。青年教师教学优点为具有良好的教学态度，对学生有亲和力，有较新的知识，掌握了现代教学辅助手段，应用能力强等。

但也存在学历受专业限制，走上教师岗位时间较短，多数没有接受过师范类专业课程的系统学习与培训，缺少教育教学环节实训等劣势。①因此校方应鼓励教师进修学习，提升自身的学历水平，加强师资队伍建设，并进一步提高教学能力和教学效果。

2. 加强教师培训学习

目前，职业教育的教师队伍培训缺少统一的衡量标准，教师教学能力参差不齐，造成在教学过程中教学方法和教学质量差距明显。长此以往，所培养的技能人才的质量也将无法得到保证。近几年来，国内外舞蹈艺术发展日新月异，中国舞蹈更是走向了世界，同世界接轨。在这样飞速发展的态势下，职业院校的舞蹈教师队伍应当与时俱进，及时了解和学习舞蹈发展动态和创新成果，努力提高自身的业务能力和教学能力。

首先，校方应该多给教师进行专业学习和培训的机会，有利于教师更好地从事舞蹈教学，通过不断学习和接受新鲜血液，在思考和探索中创新出更有价值的教学体系，从而有力地提升教学质量。

其次，提高教师综合素养，以及师资队伍的整体实力。师资团队水平高低，决定着整个舞蹈教学团队教学水平的发挥，其中既有个人能力强弱的差别，也有整体效应优化组合的影响。发挥教学队伍配合的整体优势，对高职院校学前教育舞蹈教学，将起着极为关键的作用。

3. 重视教学方法

教学方法是为实现教学目的服务的。在舞蹈课教学中，"讲解法和示范法"仍然是一种主要的教学方法，而在这个过程中，学生的主体性并没有得到体现。针对学前教育专业的学生，授课方法、方式和讲解尤为重要。舞蹈教学应注重学生特点，灵活运用多种教学方法，采取多元变化的授课方式，发挥创新理念，调动学生的学习热情，培

---

① 马晓静、王淮、姚日生：《关于如何提高高校青年教师教学能力的分析和建议》，《课程教育研究》2015年第22期。

养学生自觉主动的学习习惯。

(1) 教法

教学有法，却无定法，教师应选取各教法的优点，了解学生的背景，探索出适合当下学生的教法。针对学前教育舞蹈专业的学生，应抓住其生理和心理特征，因材施教。

第一，循序渐进。

针对普高学生而言，其舞蹈基础为零，身体条件僵硬。教师首先要给学生一个适应舞蹈课堂的时间，对每位学生怀有一颗宽容的心，保持耐心。就如同对待小学一年级的学生那样，从一个生字、一个词语再到一句话开始，循序渐进，相信这样会达到预期的教学效果。而不是在面对学生动作僵硬，反应迟钝，没有节奏感，记不住动作时，就对学生进行言语性的攻击，这样会适得其反，起不到预期效果。当代著名教育家叶圣陶说"怒是教师的大忌"，舞蹈教师在面对学前教育专业的学生时就不该以"怒"传教，而应多提倡培养和教育，真正做到循序渐进。

第二，有奖无罚。

在教学中，教师应对基础较弱的学生多一点"有奖无罚"。在发现学生因舞蹈基础薄弱而缺乏自信时，教师应给予学生肯定的眼神、鼓励的话语，亲自纠正学生的动作，通过肢体的接触，增强教师亲切感，提升师生感情，消除学生紧张自卑的心理，调动学生学习的激情，化作学习的动力，起到积极作用，这样更有利于教育效果的提升。同时，在发现学生进步时，应及时给予赞许、鼓励和肯定。在教学过程中，教师不能只关注学生的有形进步，学生的无形进步也是教学的成果之一。比如，学生基本功明显进步了，通过练习可以下叉弯腰了，这是学生的有形进步；暂时不能下叉弯腰的学生的进步体现在舞蹈鉴赏能力和自身审美能力的提高方面，可以区分动作的对与错、美与丑，包括如何站队形、体现出团队合作精神等，这都是无形的进步。

教师的态度会体现在学生对舞蹈课的兴趣上，所以教师应抓住学生心理，让兴趣成为最强有力的教师。

第三，探索创新的现代化教学方法。

舞蹈教学的方法主要是言传身教，由教师做出动作示范，学生通过模仿进行学习，并反复练习。伴随着教育改革的要求，各个学科都利用互联网进行现代化技术教学，开展教学数据库的建设。

教育改革就是让教育工作者不断思考和革新不同以往的教育教学方法，打破常规，摆脱传统陈旧的教育理念。我们可以利用互联网，建立舞蹈课程数据库，将本学期舞蹈组合及规格要领录入视频数据库，以提供给学生观看和学习，将书本文字内容变成可视的动态内容，对学生起到预习和复习的作用，以视频辅助课堂教学。采取视频数据库的学习方式，不但可以提高学生学习的主动性和积极性，还能对零基础的学生起到帮助和促进作用。同时，教师教学计划的开展也会更加顺利，起到"双赢"的作用。

（2）学法

教师不仅要摸索和研究科学的教法，在传授知识的同时，还应该教授学生正确的学习方法，引导学生巧学会学，采用有效的学习方法，加强学生自主学习的能力。达到教与学的高度统一，这样才能达到预期的教学效果。

第一，引导学生端正学习态度。

面对学前教育专业舞蹈基础弱的学生，教师应引导他们形成"勤能补拙，一分辛苦一分才"的学习态度，让学生体会到学习舞蹈没有任何捷径，只有靠自己的努力与付出，才会有所收获。多给学生正能量，经过在校几年的学习，使其渐渐适应舞蹈课学习模式，点滴的进步不光教师看在眼里，学生自身更是深有体会。对舞蹈知识的了解和舞蹈技能的掌握，会让学生更加自信，步入工作岗位更加从容。

第二，分组学习。

舞蹈课的学习主要通过看和模仿，多看多模仿，多学多思考，取他人之长补自己所短。课堂上教师应多采取分组练习，一组做组合练习时，另一组学生在旁边观看，在这个环节里，教师应告诉学生这是一个很重要的学习过程，让学生学会学习的方法，为将来的自我发展奠定基础。同时，分组练习也会提高学生的表现力，通过分组观看的过程，相互学习，提升教学效果。①

第三，增加课后练习。

据问卷调查发现，多数学生因中小学艺术教育缺失，导致出现舞蹈动作和音乐节奏相互脱离的现象。音乐是舞蹈的灵魂，教师可将课堂音乐留给学生，让他们在课后和着音乐主动练习，向乐感差的学生提供帮助。并且可以采取同宿舍或分组的形式，指定学习对象，互帮互助，共同进步，同时提高学生的集体荣誉感和相互协作精神。

4. 科学分配课堂时间

在仅有两课时的条件下，应当如何合理有效地安排课堂时间，完成舞蹈课教学内容和进度，并且让学生学到有用的舞蹈知识和技能？通过访谈专业舞蹈教师，笔者了解到合理安排课堂时间的重要性。现提出一些相关意见与建议：在第一课时的前1/2时间里，主要以基本功训练为主，到高年级就停止基本功训练，是不符合舞蹈课训练规律的，等于前功尽弃，也不会对舞蹈课的进展有所帮助。基本功训练不单纯是练习软开度，它对学生的稳定性、平衡性以及身体重心的掌握有很大的帮助，基本功训练在三年的学习中应该一直保持；在第一课时的后1/2时间里，以复习前一节课的内容为主，在复习中教师对发现的学生问题应及时指出并纠正，学生在课堂上的反复练习中会熟能生巧，掌握规律，这样就会更加自信，取得进步。在第二课时，可以按照教学大纲的内容（例如民族民间舞），教授新内容，在提高学生灵活性、协调性和反应能力的同时，完成教学任务。下课前，教师还应留给学生自主练习的时间，回顾本堂课的新内容，对未掌握的内容请教老师或同学，自主自由地进行练习，基础好的学生带动基础弱的

---

① 戴娇娇：《高等职业院校学前教育专业课程设置研究——以职业技术学院培养计划为文本》，学位论文，陕西师范大学，2012年。

学生，相互交流与讨教，共同进步。由于课时少，课堂上留出自主练习的时间，也是让学生将新内容进行消化并加深动作记忆的过程。同时教师应对学生在课堂上的不足做一总结，并提出要求，让学生养成课后自主思索、复习动作的好习惯。

5. 以赛促教、以赛促学

技能大赛是各级职业类院校教学培养人才的"奥运会"，能够比较准确地反映参赛院校的教学水平，起着"助推器"的积极作用。近几年来，从省级到国家级别的职业技能大赛如火如荼地举办，各专业尤其是艺术类参赛作品的层次和参赛学生的技能水平逐年提升。各校应本着"以赛促教、以赛促学"的宗旨，通过自愿报名、集中审核、层层筛选的方式，对有创意、具备一定舞蹈水准的学生作品，指定专业教师对优秀学生加以重点培养，通过辅导和提炼，提高学生的艺术水平，达到能够参加省级以上比赛的专业程度。就舞蹈教师而言，参赛可以向外延展教学，调动其教学热情。通过赛前对学生的辅导，充分发挥自身的专业技能、总结归纳教学方法，指导学生提高能力、完善参赛舞蹈作品，也是教师自身学习和提高的过程。就学校而言，可以利用各级技能大赛的平台，对表现突出的学生，有针对性、有重点地加以培养。通过精心做赛前的准备与排练，不仅使学生的舞蹈能力有了飞跃，还对其综合艺术素养的提升有所帮助。通过参加各级技能大赛，可以增加学生学习兴趣和专业自信心，并将其转化为学习动力，发挥出主观能动性。

校内应多举行文艺汇演，在加强校园文化建设，充实学生校园生活的同时，为学生参与演出提供平台，毕竟能参加各级比赛的学生是少数，校内演出给不能参加比赛的多数学生提供了上台展示的机会，力争使每一位学生都有站在舞台上的时刻，提高他们的心理素质和表现能力。参赛与汇演对学前教育专业的学生提高艺术能力和表现水平有着深远的意义。

(三) 重视生源美育教育，培养学生职业能力

1. 重视中小学美育教育

美育是美的教育，可以让受教群体感受美、发现美和创造美，使其陶冶情操直至塑造完美的人格，既是伴随人终身的教育，更是人性真善美的教育。艺术教育是美育教育的重要组成部分，是美育教育的重要载体，也是整个基础教育中不可缺少的一部分，关系到促进智力发展，提高人们对美的感受和理解。1999 年 6 月，第三次全国教育会议颁布的《中共中央国务院关于深化教育改革 全面推进素质教育的决定》指出："美育不仅能陶冶情操、提高素养，而且有助于开发智力，对于促进学生全面发展具有不可替代的作用。要尽快改进学校美育工作薄弱的状况，将美育融入学校教育全过程，将美育列入素质教育的有机组成部分。"2002 年党的十六大报告提出"培养德智体美全面发展的社会主义建设者和接班人"。2013 年 11 月，党的十八届三中全会提出"改进美育教学，提高学生审美和人文素养"。2015 年 9 月，国务院办公厅提出"关于全面加强和改进学校美育工作的意见"。而党的十九大报告提出，要"培养德智体美全面发展的社会主义建设者和接班人"。可见，美育的地位得到了重视，被提到了党的教育方针的高度，在十九大报告中得到进一步肯定。

通过调查问卷得知，甘肃省偏远山区和少数民族地区的学生在中小学阶段没有接受过艺术课程的学习，课表上虽排有音乐、美术课程，却没能在课堂教学中呈现出来，动辄就被占用来学习语文、数学等课程。向数理化倾斜的现象，造成相当一部分群体严重缺少美育教育和审美意识。而高职院校学前教育专业 60% 的生源来自乡村，导致高职院校学前教育专业的学生在校期间的艺术技能课学习提高缓慢，让教师在教学过程中无从下手。学生零基础的状况使教师只能教授最简单的入门知识，渐渐远离教学计划，导致培养目标无法完成。学生毕业后在工作岗位上，舞蹈仍是最薄弱的一面。这种美育素质教育缺失的现象普遍存在，导致高职阶段的学习有相当部分的教学时间

被用在补习中小学阶段的艺术课程上。如果每位学生在中小学阶段都能接受良好的美育素质教育，全面普及，环环相扣，那么，在步入高职阶段学前教育专业的课程学习中就不会如此艰难。所以普及包括舞蹈教学在内的美育教育，提升素质教育，重视提高艺术素养，势在必行。

2. 培养学生职业能力

学前教育专业的教学目标是培养合格的幼儿教师，舞蹈课程是培养幼儿教师具有舞蹈教学和幼儿舞蹈编创的能力，所以教师不能只注重学生的舞蹈实践能力，还应抓住培养教育工作者的重点，在教学中教授学生作为教师必备的教学能力。

（1）记笔记

教师应该要求学生养成记舞蹈笔记的好习惯，教授学生规范的舞蹈笔记格式。将每一堂课的内容、动作过程、规范要求、音乐节奏转化成文字记录下来，将实践转化为理论，形成有用的教学法，并且随时抽查，起到督促作用。记舞蹈笔记的过程也是学生对课堂的再次回顾，是对舞蹈动作和音乐节奏的复习和梳理，可以加深印象。同时为学生将来保留一笔有形财富，为胜任教育工作奠定基础。

（2）编教案

教案是教师上课必备的教学材料，教师按教学大纲的要求将教学目标、教学内容以课时为单位编写出来。教案有利于教师合理地安排教学内容，有计划地开展教学工作，是保证教学效果的基本条件。

教师应本着培养教育工作者的出发点，科学合理地分配课时，为学生讲解规范的教案格式、设计步骤以及编写教案的意义，使学生了解编写教案对教育工作的重要性，使其成为一名合格的教师。

（四）加强硬件设施投入，改善学生的学习条件

经过调查发现，甘肃省高职院校舞蹈教学硬件仍有未达标现象。教学环境、设施的落后，尚未对舞蹈课教学起到积极作用，无法保证舞蹈课教学的质量。舞蹈是门艺术课程，首先，教室环境应带给学生

不同于其他课堂的艺术氛围，比如宽敞方正的教室和专业的地板、把杆等，使学生在进教室的瞬间就感受到舞蹈艺术的气息、感受艺术熏陶，所以校方应进一步改善舞蹈课的学习环境，创建专业、规范的舞蹈教室。参照文化课教室普及多媒体教学硬件的模式，在舞蹈教室也应逐步普及多媒体教学硬件。

（五）完善教学管理工作，规范课程考评体系

1. 提升教学管理意识

在我国教育体制建设中，规范管理工作是各级各类高职院校优化培养结构和提升教育质量的前提，在新形势下，办学新思维和人才培养方案的引领至关重要。

系部教学的管理工作是教师队伍的主心骨，核心是设置好课程计划和教学标准，促使教师用心揣摩教学方法，将其落到实处，细化到如何上好每一堂课上，做到紧密衔接。通过课程建设，合理规范地设置教学大纲；通过带动师资队伍建设，提高教师工作的使命感；加强教师的团队意识、合作精神，共同把教学工作抓好，对外重形象、对内夯实力，整合有形资源，重视专业人才，形成良好的学校教学氛围。

所以应有效防止教学管理滞后的现象，一流的教学背后一定有一流的管理体系，重视教学管理工作，培养管理意识，提高管理质量，管理目标明确，只有管理走在前面，才能有效促进教学质量的提高。

2. 优化舞蹈教室管理模式

应适当增加舞蹈教室对学生的开放时间，尤其是课后时间的开放，以便学生巩固练习课堂内容。例如，各班每周轮流抽出一个晚自习的时间在舞蹈教室进行舞蹈课的巩固练习，同学们之间相互学习，相互交流，舞蹈基础好的学生可以带动和指导较弱的同学，长此以往，共同进步，提高舞蹈能力。与此同时，教师也能在授课过程中明显感受到学生的进步，师生双方互相促进，形成良性循环，使得教学计划顺利实施，教学质量得到显著提高。

3. 改革课程评价与考核体系

使评价和考核相辅相成，互相起到积极作用。评价体系应当采用教师和学生为媒介，进行相互评价，包括课堂内容和课堂环节的评价。通过课堂评价，教师可以发现学生在学习过程中的困难和自身教学的不足，对症下药，及时纠正，不断完善课程设置和教学方法，开发创新思维，用改革的理念设计课程，去其糟粕取其精华。同时，也可以起到鉴定学生的学习成绩和教师的教学水平的作用。在评价环节中，教师应以鼓励为主，肯定学生现阶段的发展成就，提高其自信心和学习兴趣，并将之有效地转化为学习动力，起到积极作用。在肯定与鼓励的同时，适度地进行批评，指出学生的不足和学习方向，这样可以有效地提高学生的自尊心和上进心，激发学生的学习动力。所以，课程评价体系在改善课堂氛围，建立和谐的师生关系方面，起着良性循环作用，师生相互推动、共同进步。而考核体系则是学生学习成绩的反映，让教师清楚学生对所学内容的掌握程度。舞蹈课程最常见的考核形式是以学生综合素质为标准，通过直观的方式评定成绩，但该方式同样也只能针对受过专业院校培训的学生，对非舞蹈专业的高职学生而言，这种直观性的考核方式是不合理的，成绩评定后学生只知道成绩，而无法获悉为什么扣分、在哪里扣分等具体的考核信息，所以制定考核要求和设置内容尤为重要，例如，基本功分值比例（包括腿直、脚绷、后背直立），音乐节奏感分值比例，动作协调性分值比例，舞蹈表现力分值比例等，然后计算各分值的总和作为最后得分，将其反馈给每位学生，让学生对照各分值了解其不足，这对提高学习成绩将有极大的帮助。

七 结语

甘肃省高职院校舞蹈教育近年来获得了长足的发展，同时也衍生出诸多新的问题，既有与时代发展脱节这样的客观因素，也有自身发展动力缺乏这样的主观问题。促进高职院校学前教育专业舞蹈课程的实施，进行教学的改革创新已经迫在眉睫，加强校方的重视程度，改善现有教学软硬件设施，提高教师队伍的综合素质，创新多元化的改革策略，提升甘肃省高职院校舞蹈教育教学质量，使之顺利融入党的十九大后我国教育改革的大潮中，为学前教育领域的发展增添强大的助力。

后　　记

历经数年,《高等舞蹈教育研究文集》和《甘肃省中小学舞蹈教育研究文集》即将出版，这是西北师范大学在出版关于西北民间舞蹈文化研究方向系列成果之后，再次集结出版的舞蹈教育研究方向的部分硕士生论文。尽管有些论文还有待改进，有些观点有待进一步以商榷，但这些研究成果汇聚了行走在舞蹈教育实践道路上的一些青年人的点滴思考，既有舞蹈教育进程中的探索，也有舞蹈教育实践的总结与反思。借此，我想对本书的出版说明以下几点：

第一，本书所收集的文章均为本人指导的西北师范大学舞蹈学院部分硕士研究生的毕业论文，今后还将陆续出版《舞蹈教育研究》系列专著成果。

第二，本书的具体分工为：

《中小学舞蹈教育现状及对策研究》　　　　　　　　　高佳佳
《校外少儿舞蹈教育的现状调查与思考》　　　　　　　路　静
《甘肃省普通高中舞蹈高考教育现状调查与研究》　　　邓　洁
《甘肃省中等职业类艺术院校舞蹈专业人才培养模式研究》陈怡杉
《甘肃省高职院校学前教育专业舞蹈教学研究》　　　　缑　静

第三，感谢西北师范大学重点科研项目的经费支持，感谢甘肃省创新团队项目资助，感谢中国社会科学出版社的支持。

邓小娟

2020 庚子年春于水塔山下